REGINA SCHLEHECK

Mörderisches Leverkusen und Umgebung

MORD UND TOTSCHLAG Von der Straße betrachtet könnte man meinen, Leverkusen bestehe nur aus Autobahnen. Doch wer sich in die Stadt hineinwagt, wird überrascht sein, wie grün sie tatsächlich ist. Folgen Sie Regina Schleheck in 11 Kurzgeschichten auf kriminelle Entdeckungstour durch ihre Wahlheimat Leverkusen und deren Umgebung, geprägt durch idyllische Natur, wirtschaftlich-kulturelle Blüte, sportliche Höchstleistungen – und entsprechende Risiken. Ein Kletterwettbewerb moderner »Kreuz-Ritter« endet tödlich. Abgründe der durch wechselnde Machtverhältnisse zusammengeschweißten Gegend offenbaren sich beim Ein- und Ausbuddeln von Leichen. Selbst Wanderausflüge im Bergischen bergen ungeahnte Abenteuer. Gleich mehrere Schlaglichter gelten Sonnen- und Schattenseiten der Chemieindustrie, die seit 150 Jahren die Region prägt. Leverkusen ist anders als andere Städte in der Umgebung – und hochspannend. Ergänzt werden die Geschichten durch 125 Freizeittipps zu Orten, die man erlebt haben muss. Also machen Sie sich am besten gleich auf den Weg.

Regina Schleheck hat sich im Krimi und in der Phantastik einen Namen gemacht. Mit dem Friedrich-Glauser-Preis der Krimiautoren und dem Deutschen Phantastikpreis wurden ihr die begehrtesten Auszeichnungen beider Genres zugesprochen – neben vielen anderen. Die Oberstudienrätin, freiberufliche Referentin, Herausgeberin, Lektorin und fünffache Mutter veröffentlicht seit 2002 ihre Werke. Unter ihrem Namen sind Hunderte Kurzgeschichten erschienen, zudem Hörspiele, Lyrik, Theaterstücke und Drehbücher. Sie ist Mitglied im Phantastik-Netzwerk PAN, in den Kriminetzwerken »Syndikat« und »Mörderische Schwestern« sowie im PEN. Mit »Mörderisches Leverkusen und Umgebung« wendete sie sich ihrer Wahlheimat Leverkusen schriftstellerisch zu.
www.regina-schleheck.de

Bisherige Veröffentlichungen im Gmeiner-Verlag:
Der Kirmesmörder – Jürgen Bartsch (2016)
Wer mordet schon in Köln? (2016)

REGINA SCHLEHECK

Mörderisches Leverkusen und Umgebung

11 Krimis und 125 Freizeittipps

GMEINER SPANNUNG

Bei Fragen zur Produktsicherheit gemäß der Verordnung über die allgemeine Produktsicherheit (GPSR) wenden Sie sich bitte an den Verlag.

Immer informiert

Spannung pur – mit unserem Newsletter informieren wir Sie regelmäßig über Wissenswertes aus unserer Bücherwelt.

Gefällt mir!

Facebook: @Gmeiner.Verlag
Instagram: @gmeinerverlag
Twitter: @GmeinerVerlag

Besuchen Sie uns im Internet:
www.gmeiner-verlag.de

Im Ehnried 5, 88605 Meßkirch
Telefon 07575/2095-0
info@gmeiner-verlag.de

Lektorat: Katja Ernst
Herstellung: Julia Franze
Umschlaggestaltung: U.O.R.G. Lutz Eberle, Stuttgart
unter Verwendung eines Fotos von: © Jeppe Hein
https://commons.wikimedia.org/wiki/File:Jeppe_Hein,_Water_Island,_2010.jpg
Druck: Libri Plureos GmbH, Friedensallee 273, 22763 Hamburg
Printed in Germany
ISBN 978-3-8392-2325-3

KREUZ-RITTER

Wir waren noch mitten in dem Alter, in dem man auf Mittelalter steht, Ritter und so. Beziehungsweise die moderne Variante: Jedi-Ritter. »Wir« hieß Finn und ich. Weil man modernen Rittern nix vom Pferd erzählen kann, waren wir mit Skates und Mountainbikes unterwegs. Im Neuland-Park [1], im Wiesdorfer Skatepark [2] unter der Stelzenbrücke und auf der Leichlinger Sandberge-Crosspiste [3] von »Forest Jump«. Als Padawane – so was wie Knappen oder Azubi-Ritter – wussten wir, dass es neben flexiblen Fortbewegungsmitteln auf totale Körperbeherrschung ankam. Also lagen wir unseren Eltern in den Ohren, dass wir was mit Klettern machen wollten. Im Aktionsklettergarten Alkenrath [4], im A-Werk [5] und im Leichlinger Steinbruch [6]. Wir wollten fit sein für den nächsten Krieg der Sterne.

Bis uns George und Lucas in die Quere kamen.

Finn kannte ich schon seit dem katholischen Kindergarten Kreuzhof bei St. Antonius [7]. Die Kommunion, das Café Mittenmang [8], diverse Zeltlager und die Zeit am Lise [9] hatten uns zusammengeschweißt. Unsere Freundschaft überlebte, als wir in die Pubertät kamen, Lisa und Maite und sogar Günni, der sich, wenn wir uns mit einigen aus der Klasse abends zum Lagerfeuer zwischen den Wiesdorfer Buhnen [10] unterhalb des Kanuclubs [11] und der »Wacht am Rhein« [12] trafen, vergeblich bemühte, uns ans andere Ufer zu locken, bis er schließlich dem dicken Dorian auf die Nerven ging, der bei den Mädels eh nix zu melden hatte.

Finn stand Schmiere, als ich am Regenrohr zu Lisas Fenster hochkletterte, um einen Maibaum auf dem Sims zu befestigen. Zwei Monate später zündete ich auf demselben Fensterbrett eine Stinkbombe in Form einer mit Milch, Cola, Apfelschorle und Deo gefüllten Plastikflasche, in der eine Wunderkerze steckte, nachdem ich Lisa nach ein paarmal knutschen und kurz nach dem öffentlichen Bekenntnis, dass wir miteinander gingen, mit einem anderen Jungen erwischt hatte.

Bei Maite war weder das eine noch das andere erforderlich, weil sie erst ab Juni mit Finn gegangen und in den Sommerferien überraschend weggezogen war. Ihr Vater wurde vom Bayer nach Brunsbüttel geschickt, wie sie Finn per SMS mitteilte.

Das war's dann erst mal mit der Minne. In den Sommerferien konzentrierten wir uns wieder auf unsere Kernkompetenzen als Ritter und trainierten Urban Climbing auf den Dächern unserer Elternhäuser. Als die Nachbarn Alarm schlugen, mussten wir etwas Neues auftun. Also suchten wir am Wochenende Baustellen heim und fuhren unter der Woche durch die Gegend, um Gelegenheiten zu checken. Unsere Eltern waren einigermaßen gechillt und fragten nicht, wo wir uns rumtrieben, während sie in der Firma waren. Auch nicht, als die Schule wieder anfing. Hauptsache, es gab keine Klagen und wir brachten gute Noten heim. Wo es später hingehen sollte, war eh klar: Unsere Eltern und Großeltern waren beim größten Arbeitgeber vor Ort, auch wenn der inzwischen lauter andere Namen hatte. Irgendwie blieb trotzdem alles in der Familie. Opa hatte noch Elektriker gelernt, Papa war Industriemechaniker. Ich hatte in beiden Abteilungen ein Praktikum gemacht, aber als wir in der siebten Klasse Chemie bekamen, wusste ich, dass ich wie meine Mutter Chemikant werden wollte.

In der Schule kamen wir klar. Die meisten Lehrer waren cool drauf und verstanden Spaß. Einmal packte Herr Sauer, unser Chemielehrer, Finn, der mitten im Unterricht laut und anhaltend rülpste, unter den Armen, hob ihn hoch und hängte ihn mit den Worten: »Frische Luft gefällig?«, aus dem Fenster unseres Klassenzimmers im ersten Stock. Herr Sauer hatte Schwarzenegger-Format und hielt Pädagogik für Bullshit, wie er sagte. Alle Mädchen waren in ihn verknallt. Noch in der gleichen Nacht schmissen wir ihm eine Rauchbombe durch das gekippte Klofenster seines Einfamilienhäuschens in der Waldsiedlung 13. Da er uns das Rezept dazu – mit Kaliumnitrat, braunem Zucker und Backpulver gefüllte Tischtennisbälle – im Chemieunterricht persönlich diktiert hatte, konnte er sich denken, von wem der Gruß kam. Als er am nächsten Tag den Klassenraum betrat, steuerte er mit erhobenem Arm unseren Tisch an, knurrte: »Finn und Oliver! Wie ich sehe, habt ihr in meinem Unterricht tatsächlich etwas gelernt!«, holte mit der geöffneten Handfläche aus, als wollte er uns eine scheuern, stoppte mitten in der Bewegung, zwinkerte, sagte: »Gimme five!«, und wir klatschten uns ab.

Chemie war neben Sport unser Lieblingsfach. Schon großartig, was man mit ein bisschen Pulver oder Säure anstellen konnte. Als Ritter sowieso. Wobei wir weniger über Sprengstoffanschläge, Raketen oder Bomben nachdachten als über Nebelmaschinen und Blendfeuerwerk, alles also, was den Gegner verwirrte, aber nicht umbrachte. Wir waren Jedis, keine Schlächter.

Am Kiosk im Stadtpark 14 trafen wir die Realos, die inzwischen an der Ecke Rathenaustraße/Am Stadtpark untergebracht waren. Bis vor Kurzem hatte unser Gymnasium das Gebäude des ehemaligen Carl-Duisberg-Gymnasiums gemeinsam mit der Realschule genutzt. Da hatte es auf dem Schulhof dauernd Zoff gegeben. Außerhalb des Schulgeländes flogen erst recht die Fetzen. Gelegentlich, wenn die eine oder andere Gruppe in der Unterzahl war, landeten Turnbeutel in der Dhünn. Oder deren Besitzer. Was nix machte, weil die Dhünn viel zu niedrig war, als dass man hätte ertrinken können. Aber auch nasse Schuhe und Klamotten sorgten für Ärger, es gab Elternabende, Konferenzen, Bannmeilen.

Am Kiosk kamen natürlich trotzdem alle zusammen. Da lernten wir George und Lucas kennen. Die genauso dicke Freunde waren wie wir. Nur eben nicht unsere. Realos halt. Wir waren die Gümmis. So was wie natürliche Feinde. Wie Sith-Lords die Feinde der Jedis sind. Wichtigster Unterschied: Jedi-Ritter kämpfen für das Gute. Sie beherrschen ihre Gefühle und stehen einander bei. Die Sith bedienen sich der dunklen Seite der Macht. Von ihnen gibt es im Star-Wars-Imperium immer nur zwei, einen Lehrer und einen Schüler, der seinem Meister so lange unterlegen ist, bis er ihn tötet und selbst zum Meister wird. Für die beiden Realos passte das wie die Faust aufs Auge. Der eine war gut einen Kopf größer und doppelt so breit. Eindeutig der Bestimmer.

Einmal nickte der Kleinere uns zu, als wir am Kiosk rumstanden. »Hallo.«

»Fresse, Lucas!«, knurrte sein Kumpel.

Der zog den Kopf zwischen die Schultern. »Ist ja gut, George!«

Das Muskelpaket machte nicht den Eindruck, als wäre es Lucas an Intelligenz überlegen. Wieso ließ der sich das gefallen? Was in ihm steckte, war schwer einzuschätzen, weil er tatsächlich meist die Fresse hielt. So oder so: Es musste

Gründe geben, wieso *beide* es nicht aufs Lise geschafft hatten.

»Wie heißt du? George?«, vergewisserte Finn sich. »Bist du Engländer?«

»Geht dich das was an?«, pampte der zurück. Vermutlich hatte er die Frage nicht zum ersten Mal gehört.

»Komm, Finn.« Ich zog meinen Kumpel am Ärmel.

»Finn?«, höhnte George. »Bist du Finnländer?«

»Wenn schon, dann Finne«, gab Finn zurück.

George zog geräuschvoll Rotz hoch und spuckte uns vor die Füße. Damit waren die Fronten geklärt.

Sportlich waren sie. Was George Lucas an Kraft voraushatte, machte der mit Gewandtheit wett. Im Luna-Park rund um die Doktorsburg [16] standen reichlich Bäume, die Finn und ich zum Klettern nutzten. Das war halt unser Ding. Bis wir eines Tages George und Lucas beobachteten, die in den Platanen an der Dhünnallee herumkraxelten. Unser Ehrgeiz war geweckt. Wir nahmen uns vor, sämtliche Bäume im Stadtpark bis an das CaLevornia [17] zu schaffen.

George und Lucas sahen es – und machten es nach.

Wir fingen an, Zeichen in die Baumstämme zu kratzen, die zeigten, dass wir dagewesen waren. Ein »F« und »O« für »Finn« und »Oliver«. Dazwischen ritzten wir eine Schlangenlinie, von der ich gar nicht mehr sagen kann, wie sie zustande gekommen war. Vielleicht hatten wir den Bindestrich beim ersten Mal nicht sauber hingekriegt, später verband ich damit die geschlängelten Wege, die man halt beim Biken, Skaten und Klettern zurücklegt.

Dann registrierten wir, dass unsere Zeichen entfernt wurden. Die Rinde war mehr oder weniger sauber abgeschält, und unmittelbar daneben hatte jemand ein »G« und »L« angebracht. Damit wären wir ja noch irgendwie klargekommen. Aber die Schlängellinie zwischen den beiden Buchstaben war geklaut. Das konnten wir nicht auf uns sitzen lassen.

Wir hinterließen am Kiosk Botschaften. Zettel, die wir mit Kreppband befestigten. Zeichnungen vom Park, auf denen wir Bäume mit Kreuzchen versahen, die wir markiert hatten. Reine Provokation. Klar hätten wir das auch bei Instagram oder so hochladen können. Aber der Kick war ja gerade das Nichtvirtuelle. Die physische Herausforderung.

»Wat soll der Quatsch?«, fragte Eddy, der den Kiosk betrieb.

Wir erklärten es ihm.

»Immer noch besser, wie wenn ihr euch die Fresse poliert.« Er hatte einschlägige Erfahrung, im wahrsten Sinne des Wortes, und keinen Bock auf geschäftsschädigende Auseinandersetzungen. Die Zettel ließ er hängen.

Der Battle zog Kreise, als wir nach den Bäumen im Park auf alle möglichen und unmöglichen Objekte stiegen und mithilfe von Zetteln an Eddys Büdchen die jeweiligen Gegenden und Gebäude kommunizierten.

Das Hitdorfer Kran-Café [18]. Eigentlich Pipikram. Wir waren mit den Bikes am Rhein entlanggefahren. Es dämmerte, keine Passanten in der Nähe, die Fähre [19] war gerade auf der anderen Seite angekommen. Wir über das Geländer auf das Dach und dann den Kran-Ausleger-Arm rauf bis zur Spitze. Ganz oben malten wir unser Logo mit Edding auf den Stahlträger. In dem Moment kam der Betreiber des Cafés raus, vielleicht hatte er was gehört, und schrie uns zu, wir sollten runterkommen. Im Yachthafen wurde es lebendig. Auf einmal waren da allerhand Leute, zückten Handys, fotografierten, was uns zu allerhand Posen und Stunts anspornte. Bis schließlich eine Polizeisirene aufheulte. Da waren wir im Nullkommanix unten, schafften es, uns vom

Dach zu hangeln und Haken schlagend zu entkommen. Trotzdem gab es am nächsten Tag einen Bericht mit Bild in der »Rheinischen Post«. Am selben Nachmittag stand ein Beamter in Zivil bei unseren Eltern auf der Matte.

»Olli«, sagte meine Mutter, als er weg war. »Ich finde es schon toll, was ihr gemacht habt. Aber erstens will ich dich nicht im Krankenhaus besuchen müssen. Schon gar nicht im Leichenschauhaus. Zweitens fände ich es auch nicht okay, wenn jemand Wildfremdes einfach auf unserem Dach rumklettert. Drittens: Wenn man schon Blödsinn macht, sollte man sich nicht erwischen lassen.«

Mein Vater stand hinter ihr, die Arme um sie gelegt. Als hätten sie sich gegen mich verbündet. Trotzdem irgendwie total lieb. Er guckte ernst, aber so, dass man es nicht wirklich ernst nehmen konnte. »Du musst jetzt ganz stark sein, Olli«, sagte er. »Deine Mutter hat eine Vergangenheit, von der du bisher nichts geahnt hast. Sie war einmal der Stern des Tanzcorps der KG Wiesdorfer Rheinkadetten [20] und hat sich erst durch mich Karnevalsmuffel von einer Karriere als international gefeiertes Hebe-Mariechen abbringen lassen.«

Mutter drehte sich um und boxte ihm in den Bauch. Vater tat, als bräche er zusammen und müsste nach Luft ringen, fasste meine Mutter um die Taille, revanchierte sich mit einer Kitzelattacke, ließ aber gleich wieder von ihr ab, als sie quietschte, und wurde ernst. »Dass deine Mutter eure akrobatischen Darbietungen bewundert, nachdem sie ihre eigenen Träume von einer Luftnummer begraben hat, kann man vielleicht nachvollziehen. Trotzdem habt ihr schlicht Scheiße gebaut. Ist das klar?«

»Klar«, sagte ich.

Im Rausgehen drehte er sich um. »Mach das nicht noch mal!«

Mein »Versprochen!« war absolut ehrlich gemeint. Wozu sollten wir noch mal auf den Kran steigen? Kindergarten.

Finns Eltern reagierten ähnlich. Seine Mutter entpuppte sich zwar nicht als ehemaliges Funkemariechen, aber sie nahmen es auch locker.

In der Schule waren wir die Helden.

Ein paar Tage später klebte eine Nachricht mit Bild am Kiosk. »G~L« stand da auf dem Stahlträger neben unserem mit Edding übermalten Logo, eine nächtliche Blitzlichtaufnahme vom Hitdorfer Kran.

Wir rissen das Blatt ab und hielten ein Feuerzeug dran.

Eine Woche darauf hängten wir ein Foto des Kesselhauses [21] in der Neuen Bahnstadt Opladen [22] auf, eine Aufnahme von der Seite, auf der das Rohr bis zu den Schornsteinen auf dem Dach führte. Und eins mit unseren Initialen an einem der Kaminrohre. Eine Nachtaufnahme, klar.

Ein paar Tage später kam die Revanche.

Das einzig Schöne an diesem Hase-und-Igel-Spiel war: Wir waren immer die Ersten. Die anderen zogen zwar nach und löschten unsere Spuren aus. Aber sie waren die ewigen Zweiten. Loser halt.

Wir begannen die Stadt mit anderen Augen zu sehen. Der Blick ging nach oben. Wo ließen sich Aufstiegsmöglichkeiten finden? Es war wie ein Fieber. Die Herausforderung war nicht nur rein sportlicher Natur. Neben der Frage »Würden wir das überhaupt schaffen?« beschäftigten uns andere: Welche Wege konnten wir nehmen? Welche Hilfsmittel benötigten wir? Seile, Haken, Gurte, Karabiner?

Zuallererst aber musste geklärt werden, wie wir uns dem Objekt unserer Begierde überhaupt nähern konnten. Gab es Mauern, Bauzäune, Sicherheitspersonal, Kameras, Alarmanlagen? Wir begannen uns für Herausforderungen zu interessieren, die bisher außerhalb unserer Reichweite gelegen hatten. Für eine, mit der wir endgültig unter Beweis stellen konnten, dass wir die Guten. Die Besten. Die Jedis waren.

Die. Größte. Challenge. Überhaupt.

The. One. And. Only.

Das. Symbol. Der. Macht.

Ich vermute, George und Lucas waren irgendwann davon ausgegangen, dass wir aufgegeben hatten. Dabei hatten wir kaum noch etwas anderes im Kopf. Wir schmiedeten Pläne, beratschlagten das Vorgehen, spionierten die Möglichkeiten aus und nahmen schließlich mehrere Probebegehungen des Geländes vor. Erst als wir uns unserer Sache ganz sicher waren, fertigten wir einen Lageplan für George und Lucas, den wir mit Datum, Uhrzeit und einem Treffpunkt versahen. Eine Herausforderung zu einer Challenge, in der wir unmittelbar gegeneinander antreten würden. Wir klebten den Zettel in der ersten großen Pause an den Kiosk. In der zweiten war er verschwunden.

Als ich am nächsten Abend wie verabredet an der Musikschule **23** ankam, lehnte Finn neben seinem Bike an der Backsteinmauer und wirkte grün im Gesicht. Vielleicht lag es am Licht der Außenlampe. Ich fragte lieber nicht. Schweigend radelten wir zum vereinbarten Ort.

War ich erleichtert, als ich die massige Gestalt neben der schmalen Silhouette erblickte?

»Hallo«, raunte Lucas.

»Fresse!«, zischte George.

Wir ketteten die Fahrräder fest. Finn ging voran, ich bildete die Nachhut.

Es ist merkwürdig mit der Verachtung. Solange man den anderen nicht sieht, kann man ihn ohne Probleme verachten. Wenn man dem anderen aber in die Augen guckt, funktioniert es nicht mehr richtig. Erst recht nicht, wenn man einen gemeinsamen Job ausführt. Dies war kein gemeinsamer Job. Und irgendwie doch. Wir traten gegeneinander an. Zu einem gemeinsamen Abenteuer. Ich fühlte tatsächlich so etwas wie Achtung, als ich hinter den beiden herschlich. Sie hatten sich der Herausforderung gestellt. Waren gekommen. Nun mussten wir erst einmal an den Punkt gelangen, von dem es losging. Dazu hatten wir ihnen Firmenausweise in die Hand gedrückt, die wir zu Hause ausgeliehen hatten. Wir mischten uns unter die Belegschaft, die zum Schichtwechsel antrat, und gelangten ohne Probleme durch die Drehtür. Auf dem Gelände nahmen wir unterschiedliche Wege. Trafen uns schließlich im Obergeschoss des Gebäudes, auf das es ankam. Auf meinen Schlüssel war ich superstolz. Ich hatte ihn selbst nach einem Modell gefertigt, das ich mir bei meinem Großvater geborgt hatte. Wozu ein Industrie-Praktikum gut sein kann! Leider hatte ich das Ergebnis weder meinem Opa noch meinem Vater zeigen können. Aber ich bin sicher, sie wären stolz gewesen.

Wir hatten mit Klebeband, Klorollen, Alufolie und Wunderkerzen Pyrofackeln gebaut, die wir verteilten, bevor es losging. Wer oben als Erster ankam, würde sie zünden.

Finns Gesichtsfarbe sah wieder besser aus, soweit ich das in der Dämmerung erkennen konnte. Bis hierhin hatten wir es geschafft. Jetzt gab es kein Zurück mehr. Dieser Gedanke sorgte für einen Adrenalinschub, den wir bitter benötigten.

Lucas hatte die ganze Zeit über kein Wort von sich gegeben. Jetzt legte er den Kopf in den Nacken und kicherte. Es klang ein wenig irre. Dass George ausholte und ihm mit der flachen Hand eins auf den Hinterkopf gab, nervte mich trotzdem.

»Hey, lass das!«, sagte ich. »Wir bleiben fair. Auch im Team!«

George glotzte mich an, dass ich einen Moment dachte, jetzt knallt er mir eine. Das Schlimme ist, dass er es in dem Moment vermutlich gar nicht einmal richtig böse gemeint hatte. Es war einfach eine Gewohnheit, dieses Runtermachen von seinem Kumpel. Er war der Boss und duldete keinen Widerspruch. Wie so eine Art Ritus. Ich weiß nicht, wie ich das erklären soll. Ich denke, er war kein wirklich schlechter Mensch. Ein super Sportler und durchaus fair. Aber eben nicht zu seinem Freund. Wenn ich die beiden so sah, dachte ich manchmal, wie sich das für Lucas wohl anfühlen mochte. Er duckte sich halt immer weg. Wie jetzt auch wieder. Wer wollte sich in dieser Situation schon streiten?

Mit meinem Opa war ich einmal im Förderkorb gefahren. Er hatte im Spätsommer 2009 die Leuchtdioden in die »Leverkusener Sonne« eingesetzt, sie hatten damit für eine Stromersparnis von 80 Prozent gesorgt, worauf er total stolz war, vor allem nachdem das Wahrzeichen zwei Jahre zuvor noch hatte abgerissen werden sollen.

Wir kletterten los. In Sichtweite, aber mit ausreichendem Abstand, sodass wir uns nicht in die Quere kamen. Wir konnten nur den Mittelweg nehmen. Den über den vertikalen Schriftzug. Eine andere Aufstiegsmöglichkeit gab es nicht. Natürlich führte das dazu, dass das Licht von der einen oder anderen Seite kurz verdeckt wurde. Außerdem geriet die Anlage ins Schwanken, klar. Wir mussten uns beeilen, um nicht entdeckt zu werden. Auf der anderen Seite: Die Drahtseile schwankten immer. Bei starkem Wind oft so sehr, dass man den Förderkorb nicht ausfahren konnte. Entsprechend war es normal, dass das Licht blinkte. Einzelne Dioden fielen auch mal aus. Und: Wir hatten Neumond. Vor dem dunklen Nachthimmel würde man uns nicht gut ausmachen können. Die Beleuchtung auf dem Gelände war auf die Wege der Belegschaft beschränkt. Weit nach oben reichte sie nicht. Wer guckte auch schon auf dem Weg von und zur Arbeit in den Himmel?

Während des Aufstiegs vergisst du sowieso darüber nachzudenken, was du da machst. Du bist tausendprozentig auf das Klettern konzentriert. Immer nur auf den nächsten Griff. Und auf deinen Partner. Man entwickelt einen Rhythmus, die Bewegung wird fließend. Der Blick geht immer nach oben oder zur Seite. Never ever nach unten. Noch nicht einmal beim Abstieg. Die Hände sind das Wichtigste. Jeder Griff muss sitzen. Die Füße tasten sich ihren Weg, suchen Halt. Wenn du nach unten guckst, wird es schwierig. Dann kommt der Schwindel.

Auf den Partner musst du dich total verlassen können. Wir sicherten uns mit Gurten und Karabinerhaken und halfen uns gegenseitig beim Befestigen und Lösen. Mit Finn lief das großartig, wir waren ein eingespieltes Team.

Unsere Gegner nahmen wir nur schemenhaft wahr. Hörten ihr Keuchen. Spürten das Schwanken, das sie erzeugten. Es hatte eine gewisse Unwucht, logisch. Aber war auch durchaus rhythmisch. Man konnte sich drauf einstellen. Sie waren nicht schlecht, keine Frage. Auch wenn wir ihnen ein kleines Stückchen voraus waren. Wir erreichten den einzigen Engpass auf der Strecke, den Fuß des Ypsilons, als Erste. An der Stelle kam nur einer nach dem anderen weiter. Finn kletterte voraus, ich folgte. An der Gabelung angekommen, riskierte ich einen kurzen Blick zurück. Ich schwöre, es muss ein Sekundenbruchteil gewesen sein, bevor George aufschrie. Vielleicht war da eine Ahnung, eine ungute Schwingung, ich kann es nicht erklären. Ich gucke sonst nie nach unten. Ich sah den Moment gestochen scharf. Wie in Zeitlupe. Den Moment, als George, der sich eben hochziehen wollte, ins

Schwanken geriet, das Gleichgewicht verlor und stürzte. Er war in dem Augenblick nur durch einen Gurt gesichert. Der mit einem kleinen krachenden Geräusch riss.

Ich schwöre: Lucas hat ihn nicht berührt! Er stand stocksteif auf der oberen Leiste des E und klammerte sich mit beiden Händen fest. Sein Gesichtsausdruck war so verzerrt, dass er mich an sein irres Kichern vor dem Aufstieg erinnerte. Vollkommen panisch, wie es schien. Er musste den Moment genauso deutlich gespürt haben wie ich. Georges Aufschrei. Nur kurz. Ich sah ihn noch zappeln. Stumm. Im Fallen. Über mir kreischte Finn. Dann der Aufprall. Gut 30 Meter unter uns.

Im Nachhinein weiß ich, dass viel Zeit verstrichen, viel passiert sein muss. Der Alarm. Der Werksdienst. Feuerwehr. Notarzt. Abtransport. Der Förderkorb, mit dem man uns aus dem Kreuz pflückte. Die Polizisten. Unsere Eltern.

Wir müssen unter Schock gestanden haben. Ich erinnere nichts mehr von alledem.

Das Einzige, was mir seitdem nicht aus dem Kopf geht: ein abgerissener Schnürsenkel. In dem Moment, als ich nach unten sah, hatte ich ihn mikroskopisch scharf vor Augen. Das eine Ende verschwand unter Lucas' Fuß. Einem Fuß, der seine Position auf dem Draht nicht verändert hatte. Das andere Ende des Schnürsenkels baumelte aufgefasert in der Luft. Das Ende, an dem eben noch George gehangen hatte. George, der ins Schwanken geraten war, weil etwas ihn abrupt gebremst haben musste, als Lucas' Fuß den Senkel erwischt und nicht mehr losgelassen hatte.

Der Sekundenbruchteil, der dem vorausgegangen sein musste, verfolgt mich in meinen Albträumen. Nacht für Nacht versuche ich seitdem, das Bayer-Kreuz **24** zu bezwingen. Immer kommt der Moment, wenn ich gerade auf halber Höhe bin. In dem irgendeine Macht mich bremst. Wenn ich mich gerade mit Schwung hochziehen will. An meinem Fuß reißt, sodass ich die Balance verliere. Weil jemand auf meinem Schnürsenkel steht.

Der endlose Sturz in die Schwärze.

Bis ich schreiend aufwache.

FREIZEITTIPPS:

1 NEULAND-PARK

Der Neuland-Park ist in Wirklichkeit eine beschönigte Altlast. Auf 25 Hektar in unmittelbarer Werksgelände- und Rheinnähe hatte die Bayer AG ab 1923 bis Ende der 40er-Jahre etwa drei Millionen Tonnen Müll, Bauschutt und Chemierückstände in Wiesdorf 2 abgelagert. Ab den 50er-Jahren wurden darüber die A 1, Wohnungen und Freizeiteinrichtungen gebaut. Erst 1985 begann man über die Verträglichkeit des Untergrunds nachzudenken. Nach langwierigen Prüfungen und Planungen wurde das Gelände »entwohnt«, die Bebauung abgerissen und ab 1985 mit der Abdichtung der Deponie begonnen. Allein zum Rhein hin musste eine 3,6 Kilometer lange und 40 Meter tiefe Sperrwand als Grundwasserbarriere gebaut werden. Fünf Jahre wurde abgedichtet, Schicht für Schicht gesichert, belüftet, ab- und aufgetragen. Von den 110 Millionen Euro Kosten trug die Stadt Leverkusen ein Drittel. Auf der frisch aufgetragenen Oberflächen-Bodendecke wurde anlässlich der Landesgartenschau 2005 der Neuland-Park errichtet, der nicht nur die Vegetation sämtlicher Städtepartner in Themengärten vereinte, sondern sich bemühte, mit einem vielfältigen Freizeit-, Sport-, Fitness- und Spielplatzangebot der gewachsenen Vegetation vergleichbarer Gartenschauareale etwas entgegenzusetzen. Vier Brückenkonstruktionen verbinden Bereiche des Parks miteinander und mit der Umgebung und schaffen Übergänge über umliegende Straßen und die Dhünn. Außer dem Sport sollte die Gestaltung kulturelle Angebote wie Konzerte, Lesungen, Theater und Kleinkunst ermöglichen.

Im Zuge der Vorarbeiten zum Autobahn(um)bau 41 wurden im März 2017 im Neuland-Park größere Flächen gerodet, insbesondere am oberen Rand, dem sogenannten »Waldgürtel«, für den 2005 viele Leverkusener Bäumchen und größere Bäume gespendet beziehungsweise Patenschaften für Bäume übernommen hatten, darunter ein Mammutbaum aus Kanada. Zum Dank dafür erhielt jeder einen persönlichen Granitstein mit Messingplatte für eine Widmung. Die Steine wurden samt den Bäumen entfernt. Da es sich um bedingungslose Spenden handelte, gab es keine Einspruchsmöglichkeit für die Bürger, die ihr Engagement schlecht gewürdigt sahen.

Von unzähligen Events, denen der Neuland-Park seit seiner Entstehung Raum bot, sei der Nordische Weihnachtsmarkt erwähnt, der seit der Eröffnung 2005 jährlich stattfindet. Immerhin seit 2008 gibt es die Irish Days im August/September. Im Mai 2017 veranstaltete der Verein Internationale Liste ein Festival der Kulturen, erstes Gastland war Hellas – aus guten Gründen: Die Griechische Gemeinde von Leverkusen konstituierte sich 1964 unter Jannis Goudoulakis als erster ausländischer Verein der Stadt.

2 WIESDORFER SKATEPARK

Der Skatepark unter der Stelzenautobahn umfasst 3.400 Quadratmeter und wurde 2004 eingeweiht. Damit wurde er aus dem Sportpark 17 an der Bismarckstraße ausgelagert, wo Jugendliche bis dahin kostenlos skaten konnten. Der Sportpark umfasst heute neben dem Freizeitbad CaLevornia 17 die Trainingsstätten, die den Ruhm der Sportstadt Leverkusen beziehungsweise der Bayer-Sportvereine begründeten: die BayArena 62, das gegenüberliegende Soccer-Centor, bis 2007 Eissporthalle, jetzt kommerzielle Fußballhalle, und die Kurt-Rieß-Anlage der Leichtathleten. Der Skatepark als Just-for-fun-Sportstätte wurde durch die Auslagerung sicherlich eher aufgewertet, zumal die Lage unter der Autobahn und fern von Wohnbebauung optimal ist. Der 2015 entstandene Skate-Pool in der Neuen Bahnstadt Opladen **22** kann der Wiesdorfer Anlage nicht das Wasser reichen. In Wiesdorf ist man auf einem großen Areal neben den Grünanlagen an der Dhünn unter sich, kann auch mal die Boxen aufdrehen und Party feiern. Wie es weitergeht, hängt vom Schicksal der Stelzenbrücke ab. Die aus Beton gegossene, 900 Meter lange Hochstraße B, die vom Kreuz Leverkusen-West ausgehend den Stadtteil Küppersteg durchquert, weist erhebliche Schäden auf. Sie muss dringend saniert und um zwei Spuren verbreitert werden. Das mag für die Skater noch lustig sein, für die Anwohner von Wiesdorf und Küppersteg ist es ein Riesenproblem. Der Ausbau hängt am Bauvorhaben Leverkusener Autobahnbrücke **41**. Zur Verbreiterung der Trasse wird es wohl nur eine Alternative geben: eine von mehreren Tunnelvarianten, für die sich Leverkusener Politiker und Bürgerinitiativen einsetzen. Die Entscheidung über die Maßnahme liegt in den Händen von »Straßen.NRW«, für die die Kommune, wie Bert Gerhards, Leiter der Lokalredaktion des »Leverkusener Anzeiger« im Mai 2018 formulierte, eher ein »Verkehrshindernis« zu sein scheine.

Der Stadtteil Wiesdorf an der Südgrenze der Stadt ist als Heimat des Bayer-Werks von zentraler Bedeutung und Sitz des Rathauses, weshalb der Wiesdorfer Bahnhof auch »Leverkusen Mitte« heißt. Das war nicht immer so. 1107 findet sich »Wistubbe« erstmals urkundlich erwähnt. 1815 wurde es Teil der Bürgermeisterei Schlebusch im Kreis Opladen. 1820 wechselte Wiesdorf in die Bürgermeisterei Opladen. Mit der Ansiedlung der Ultramarin-Farbenfabrik des Apothekers Carl Leverkus am Kahlen Berg bei Wiesdorf im Jahr 1860 nahm die Industrialisierung Fahrt auf. Der ursprüngliche Wermelskirchener benannte den Kahlen Berg nach seinem Stammsitz Leverkusen. 1889 schloss sich Wiesdorf mit dem benachbarten Bürrig 44 zu einer gemeinsamen Bürgermeisterei zusammen, die sich nach der an beide angrenzenden Ortschaft Küppersteg nannte. 1891 wurde das erste Werk des Wuppertaler Unternehmens Bayer in Wiesdorf eröffnet. Als die heutige Bayer AG 1912 ihren Firmensitz an den Rhein verlegte, wuchs Wiesdorfs Bedeutung. Acht Jahre später entstand die neue Bürgermeisterei Wiesdorf, der Bürrig und Küppersteg angehörten. 1921, ein Jahr später, erhielt Wiesdorf die Stadtrechte. Wieder neun Jahre darauf, 1930, wurden Schlebusch 73, Steinbüchel 93 und Rheindorf 84 Wiesdorf zugeschlagen. Die von drei auf sechs Stadtteile gewachsene Stadt erhielt den Namen Leverkusen. 1975 kamen Opladen 22, Bergisch Neukirchen 17 und Hitdorf 18 dazu.

Der Stadtteil Küppersteg ist von den anstehenden Baumaßnahmen noch stärker betroffen. Darüber hinaus wird er von der B 8 durchschnitten, verkehrstechnisch-baulich ist er also eher ein Stiefkind. Neben den erwähnten Sportstätten gibt es die katholische Christus-König-Kirche an der B 8, eine Backstein-Saalkirche mit Satteldach von 1928 mit 52 Meter hohem querrechteckigem Glockenturm aus den 50er-Jahren. Freizeitwert erhält Küppersteg vor allem durch den Wildpark Reuschenberg an der Grenze zu Bürrig, nach dem ehemaligen Schloss Reuschenberg benannt, das sich 1295 bis 1968 in der Nähe befand, aber aufgrund von Kriegsschäden abgerissen wurde. Zur Opladener Seite, an der Robert-Blum-Straße, kann Küppersteg mit dem von Wäldern und Wiesen umgebenen Silbersee punkten.

3 LEICHLINGER SANDBERGE-CROSSPISTE

Unter dem schönen Namen »Forest Jump« haben Mountainbikefreunde aus Leichlingen und Langenfeld 78 einen

Querfeldeinparcours wenige Meter hinter der Leichlinger Stadtgrenze gebaut, Trampelpfade zwischen den Bäumen zu Fahrspuren eines Rundkurses angelegt und Sprunghügel modelliert. Im Sommer 2014 erhielten sie schließlich den Segen der Stadt Langenfeld und des Kreises Mettmann. Der Parcours darf nun offiziell als Trainingsgelände genutzt werden.

Vorausgegangen war dem ein Verbot der Unteren Landschaftsbehörde des Rheinisch-Bergischen Kreises aus dem Jahr 2010, als Mountainbiker nur ein paar Hundert Meter entfernt in den Leichlinger Sandbergen eine Crosspiste geschaffen hatten. Die Rampen, Schanzen, Baumbrücken und Steilkurven gefährdeten das Naturdenkmal des eiszeitlichen Sandberg-Hügels, hieß es damals. Andere Behörden, andere Sichtweisen.

Leichlingen, Leverkusens nördliche Nachbarstadt an der Wupper, trägt seit 2013 den Namenszusatz »Blütenstadt«, was den Stellenwert der Natur unterstreichen mag, der bereits im Namen angelegt ist, sich aber auf ein anderes Element bezieht: »Leich« kommt – anders als der Krimiliebhaber vermuten könnte – von »(Fisch-)Laich« und »lingen« steht für eine Flussschlinge oder -schleife. Das Attribut »Blütenstadt« bezieht sich auf die zahlreichen Obst(streu)wiesen und -plantagen rund um die Ortschaft, die 973 n. Chr. als »Leigelingon« erstmals urkundlich erwähnt wurde und seit dem 12. Jahrhundert ein Kirchort war, in dem die Landwirtschaft bis heute eine große Rolle spielt, was in dem Obstmarkt in der Balker Aue, der seit mehr als 120 Jahren im Herbst stattfindet, und dem bei Wanderern beliebten »Leichlinger Obstweg« Niederschlag findet. Etwa acht Kilometer beträgt er und führt über Hülstrung nach Bennert, Oberschmitte und Leysiefen, wo der östliche Scheitelpunkt erreicht ist. Zurück geht es über Dierath und Bergerhof.

Daneben gab es, wie in fast allen Gemeinden an der Wupper, jahrhundertelang Schleifer, Weber, Bleicher, Färber und Gerber. Die Industrialisierung konzentrierte sich auf die Branchen Textil- und Metallverarbeitung. 1909 verschaffte der Elberfelder Luftfahrtpionier Oskar Erbslöh dem Ort durch den Bau eines Hangars, damals der größten freistehenden Luftschiffhalle Deutschlands, kurzzeitig Ruhm als »Stadt der jungen Luftfahrt«, von der ein Jahr später niemand mehr etwas wissen wollte, als das Luftschiff »Erbslöh« im dichten Nebel abstürzte und fünf Besatzungsmitglieder in den Tod riss. Ein Denkmal an der nach ihm benannten Oskar-Erbslöh-Straße in Balken, das einen mit ausgebreiteten Flügeln auf dem Rücken liegenden Bronze-Adler zeigt, vermeldet: »13. Juli 1910 – Himmelan ging euer Flug, wie ein Aar der Sonne entgegen. Doch ein widriges Geschick stürzte euch jählings herab.« Erfolgreicher und bekannter wurde in der Folgezeit Graf Zeppelin, dessen Luftschiffe zunächst zivil, ab 1914 auch zu Kriegszwecken eingesetzt wurden. Erst nach dem Zweiten Weltkrieg endete die Ära der Luftschiffe.

Sehenswert: die Höhenburg Haus Vorst aus dem 13. Jahrhundert, bis 2015 für Ausstellungen und Veranstaltungen genutzt, heute in Privatbesitz, Zugang nicht mehr gestattet. Für die Krimireihe »Mord mit Aussicht« hielt Haus Vorst als Spukschloss her. Die Dreharbeiten zu »Die Erfindung der Liebe« mit Mario Adorf und Sunnyi Melles mussten 2011 unterbrochen werden, als die Hauptdarstellerin Maria Kwiatkowsky in Berlin an einer Überdosis Kokain starb, 2014 kam der Film aber doch noch in die Kinos. Weitere (bau-)historische Leichlinger Denkmäler: Die »kleine« Villa

Weyermann, Überbleibsel eines Villenensembles der Industriellenfamilie Weyermann, 1877 im Stil des späten Historismus erbaut, wird heute als Bürgerhaus genutzt. Schloss Eicherhof, Rokoko-Schlösschen von 1762/63, Am Hammer, ist heute in den Händen einer privaten OHG, kann aber für standesamtliche Trauungen genutzt werden und gibt seit 2007 die Kulisse für die städtische Kleinkunst-Reihe »Kultur im Schloss«.

Mehr Beispiele für die Naturnähe Leichlingens?

Ein junges Unternehmen namens »Baokyard Boat Customs« baut nachhaltige Kanus, Kajaks und Surfbretter aus Wupperbambus mit einem Plastikanteil von weniger als fünf Prozent.

Im Eicherhofer Park hat die Stadt genau an der Stelle, an der Flaneure bereits 1890 an einem berankten Gartenpavillon auf einem wie eine Aussichtsplattform wirkenden Rondell die Idylle an der Wupper genießen konnten, Sitzstufen aus Steinquadern angelegt.

Wem der Leichlinger Obstwanderweg nicht genügt, der kann im Leichlinger Ortsteil Witzhelden noch fünf Kilometer (oder mehr) dranhängen und Gegenden mit so interessanten Namen wie Krähwinkel, Holzerhof und Claasholz kennenlernen – immer dem Apfel-Hinweis folgen!

In der feuchten Weltersbachaue gibt es Wasserbüffel zu bestaunen, die in der Nacht zum 14. Mai 2018 landesweit für Aufsehen sorgten, als sie aus ungeklärter Ursache ihre Weide verließen und auf die nahe gelegene A 3 ausbüxten. Polizei und Feuerwehr waren stundenlang auf dem beidseitig gesperrten Autobahnabschnitt zwischen der Ausfahrt Langenfeld und dem Kreuz Leverkusen im Einsatz, ehe die fünf Tiere eingefangen waren und der morgendliche Berufsverkehr wieder ins Rollen kam.

Im Pilgerheim Weltersbach wird dem Besucher auf einem 1.700 Quadratmeter großen Gelände die Bibel auf Botanisch nahegebracht: 80 der im Alten und Neuen Testament genannten 120 Pflanzen werden dort angebaut. Zudem werden Begebenheiten wie die Schöpfung, die Zehn Gebote, die Hochzeit zu Kanaa, die Emmausjünger und viele andere mehr künstlerisch dargestellt. Überregional wahrgenommen wurde das Pilgerheim als Hintergrund in dem Film »Sein gutes Recht« mit Thekla Carola Wied und Matthias Habich.

Neben dem pfingsttägigen Grammo-Festival im Leichlinger Stadtpark, bei dem Rock und Reggae dominieren, – 2018 zum zehnten Mal mit Teilnehmer- und Besucherrekord – bietet das städtische Kulturprogramm seit über 20 Jahren die sogenannten Sommerserenaden im Grünen: handgemachte akustische (Volks-)Musik auf seltenen Instrumenten wie Autoharp, Harfe oder Dudelsack.

Seit 2015 macht die Traube dem Apfel Konkurrenz: Ein Winzerfest im Stadtpark bietet süffige Erfrischung im August.

Literarischer Botschafter Leichlingens ist ein Hase. Ein glücklicher: Annette Langens »Felix«-Kinderbücher wurden in über 30 Sprachen übersetzt.

Dem SinnesWald an der Wietsche ist ein eigener Eintrag gewidmet 6.

4 AKTIONSKLETTERGARTEN ALKENRATH

Der Aktionsklettergarten Alkenrath ist nur eines von vielen Angeboten, mit denen die Evangelische Jugend der Kirchengemeinde Leverkusen-Schlebusch Kindern und Jugendlichen am Alkenrather See Anregungen zur Entwicklung persönlicher, sozialer und emotionaler Kompetenzen geben und interkulturelles Lernen ermöglichen möchte. Ob Teilnehmer sich vom Rest der Gruppe hochziehen lassen, am

Seil über den Boden pendeln, eine frei hängende Strickleiter hochklettern, eine Rutsche aus acht Metern Höhe heruntergleiten – oder auch zwischendrin einmal Kaulquappen beim Schlüpfen beobachten: Es geht um neue Erfahrungen, das Überwinden von Grenzen, allein und mit Hilfe anderer. Dem gemeinsamen Erleben dienen auch Kulturveranstaltungen wie Konzerte, Kabarett, Apfelsaftaktionen, liturgische Feste und Ferienfreizeiten. Maßnahmen, die in ähnlicher Form auch von katholischen Einrichtungen in einem Wohngebiet angeboten werden, das zu Beginn des 21. Jahrhunderts einen alarmierenden Anstieg in der Jugendkriminalität aufwies und sich zum sozialen Brennpunkt zu entwickeln schien. Dabei hatte es so schön begonnen: Alkenrath ist der jüngste von 13 Leverkusener Stadtteilen, wenngleich es dort sogar Funde aus der Jungstein- und Hallstattzeit gibt und eine erste urkundliche Erwähnung von »Alfkenroide« das Jahr 1458 angibt. Die Gezelinkapelle **70** und Schloss Morsbroich **69** gehören zu Alkenrath. Aber erst 1953 wurde das bis dahin landwirtschaftlich genutzte Gebiet von der Stadt Leverkusen erworben und systematisch mit Wohnbebauung und Infrastruktur versehen. Ein beschauliches Pflaster für Besserverdienende und Rentner mit vielen Einfamilien- und Reihenhäusern entstand rund um den Alkenrather Park. Daneben gibt es heute eine stark befahrene Durchgangsstraße und große Wohnblöcke im Norden dicht an der A 1, in denen sich Sozialhilfebezieher konzentrierten. Wer den Stadtteil mit dem Auto durchquert, wird die Tankstelle nicht übersehen können, auf deren Dach eine Antonov AN 2 steht, als wäre sie eben notgelandet. 2011 fügte der Besitzer dem Flieger einen zweiten Blickfang hinzu: einen Hubschrauber.

5 A-WERK

Das A-Werk, Kürzel für »Ausbesserungswerk«, ist Geschichte. Daher hat es unter dem Stichwort »Neue Bahnstadt« 23 nichts mehr verloren. Weil es so schön war, soll es hier dennoch einen Gedächtniseintrag bekommen. Es stand für ein Stück Leverkusener alternative Lebenskultur. Weniger geeignet für sportliche Höchstleistungen, da die Höhe der Fabrikhalle dem Klettern natürliche Grenzen setzte, aber im oberen Bereich gab es durchaus knackige Routen. Mangelnde Heizmöglichkeit sorgte in der kälteren Jahreszeit für eine besondere Herausforderung. Punkten konnte es mit der familiären Atmosphäre, die sich nicht nur in liebevoller Betreuung und vielfältigen Anregungen niederschlug, sondern auch in gelegentlichen Grill- oder Flammkuchenabenden. Überlegungen, auf dem Neue-Bahnstadt-Gelände am Kesselhaus 21 eine Kletterwand einzurichten, zerschlugen sich leider. Kletterfreunde können in Opladen seit 2010 aber den großartigen Klettergarten Birkenberg in der Nähe des Wildparks Reuschenberg 2 nutzen. Er bietet einen Kinderparcours für die Kleinen bis 120 Zentimeter Körpergröße, eine »Free-Fall«-Station in 13 Metern Höhe, einen Panoramaparcours mit 14 Stationen in fünf beziehungsweise neun Metern Höhe und ein Bistro. Außerdem gibt es eine 130 Meter lange Seilrutsche in den Wald, wo man für alle Altersgruppen erlebnispädagogische Teamtrainings buchen kann. Wem das nicht genug ist, dem bleibt der Steinbruch an der Wietsche 6 – neben dem Aktionsklettergarten in Alkenrath 4.

6 LEICHLINGER STEINBRUCH

Südlich des Leichlinger 3 Zentrums fließt der Murbach in der Ortschaft Balken in die Wupper, ein Name, der vermutlich auf eine Wegsperre oder einen Schlagbaum zurückzuführen ist. Ein Stückchen oberhalb im Grünen liegt die Hofschaft Wietsche, abgeleitet von dem alten Gewässernamen des Murbachs, der vom althochdeutschen Wort für »weiß« stammt. An der Wietsche gab es mehrere Steinbrüche, die seit Tausend Jahren zur Gewinnung von Baumaterial für die umliegenden Orte genutzt wurden. Erst gegen Mitte des letzten Jahrhunderts wurden die Arbeiten in dem größten Steinbruch eingestellt. Seit der letzten Jahrhundertwende wird er für kulturelle Veranstaltungen, wie Konzerte und Open-Air-Kino, und zudem als Kletterort genutzt. 2017 ließen die heutigen Grundstückseigentümer, denen auch die historische Wassermühle am Murbach aus dem 14. Jahrhundert gehört, in einer spektakulären Aktion einen bröselig gewordenen Felsüberhang sprengen, um die Sicherheit der Besucher zu garantieren, die in den Sommermonaten zahlreich herbeiströmen, um die Kulturaktionen an historischem Ort zu genießen.

1855 hatte ein Leichlinger Tuchfabrikant die Mühle erworben und eine Spinnerei errichtet, 1916 folgte ein Solinger Unternehmer, der das Obergeschoss der Fabrik in eine Wohnung umbaute und medizinische Geräte und Prothesen produzierte. Zum Gelände gehören Nebengebäude und die alten Wasseranlagen, ein Wehr und der 1.500 Quadratmeter große Stauteich. 1956 kauften Flüchtlinge aus Ostpreußen das Anwesen und betrieben als Nebenerwerb Landwirtschaft. Ihre Tochter Wicze Braun, deren Vorname den Vor-Namen des Murbachs aufgreift, trat 1986 das Erbe ihrer Eltern an und wandelte es zusammen mit ihrem Lebensgefährten Wolfgang Brudes zu einem Erlebensort von Kultur und Natur um. Jedes Jahr findet dort nun eine Skulpturenausstellung mit um die 100 Kunstwerken zwischen Wald, Steinbruch, Wiese und See statt. Künstler, Schulklassen und

Initiativen stellen Exponate inmitten schönster Natur im »Sinneswald« aus und bieten vielfältige Wahrnehmungen und Eindrücke, die zum Entdecken, Ausprobieren, Staunen, Bewundern, Rätseln und Nachdenken einladen. Zu jährlich wechselnden Mottos: ursprünglich waren es sagen- und märchenhafte Themen, seit den Terroranschlägen am 11. September 2001 sind sie politisch, 2018 lautete das Thema »Freiheit«. Die Ausstellung ist frei zugänglich. Darüber hinaus gibt es eine ganze Reihe von Veranstaltungen und Workshops im historischen Gebäude und unter freiem Himmel.

Für ihr außergewöhnliches Engagement wurden Wicze Braun und Wolfgang Brudes 2007 mit dem Rheinlandtaler ausgezeichnet, 2012 zum Gartenfest des Bundespräsidenten ins Schloss Bellevue eingeladen, und 2014 erhielten sie die Ehrenplakette der Stadt Leichlingen. Besucher sollten die Parkplätze an der Oskar-Erbslöh-Straße nutzen und bedenken, dass die Tallage den Hall verstärkt, sodass Kindergeschrei die meditative Erfahrung des Ortes beeinträchtigen könnte.

7 ST. ANTONIUS

St. Antonius an der Kirchstraße in Wiesdorf 2 ist eine kleine katholische neugotische Backsteinhallenkirche, eine Filialkirche der Gemeinden Herz Jesu und St. Antonius.

1657 war die Vorgängerkirche bei Rhein-Hochwasser weggespült worden, weshalb die heutige Kirche an einer etwas höher gelegenen Stelle steht. 1966 wurde der Turm vollendet, Erweiterungsbauten entstanden 1872 und 1902. Nicht nur die Kirche, auch Ausstattung und Ausbauten stehen unter Denkmalschutz, außerdem die Glocken und die Orgel. Letztere war Anfang des 19. Jahrhunderts von Wilhelm Schaeben aus Köln für die Kölner Dompfarrkirche St. Maria im Pesch erbaut worden und kam 1863 nach Wiesdorf.

Aus der Gemeinde ging ein Verein hervor, der sich in Sachen Jugendarbeit engagiert. Legendär ist die über 60-jährige Tradition der Zeltlagerfahrten, zunächst in den Schwarzwald, schließlich viele, viele Jahre an die Ardèche in Südfrankreich. Aufgrund kommunaler Umstellungen auf französischer Seite steht das Projekt allerdings derzeit auf der Kippe.

Vor der Kirche befindet sich eine bronzene Figur mit einer Kuh, erschaffen von dem Leverkusener Bildhauer Kurt Arentz, das »Paulinchen«. Pauline Pohnke gilt als Leverkusener Original, 1907 mit Bruder und Schwägerin aus Westpreußen nach Wiesdorf in die Kirchstraße gekommen, am 15.04.1980 gestorben und auf dem Manforter Friedhof begraben 81. In Arentz' Abbildung von 1982 scheint die Kuhmagd mit Kopftuch, Kittelschürze und Gehstock stracks auf die Kirche zuzumarschieren, das etwas widerspenstige Rindvieh, das den Kopf zur Seite abwendet, am Seil mit sich führend. Genau so muss sie täglich durch die Wiesdorfer Straßen zu den Rheinwiesen in den Kämpen gezogen sein, wo sich heute der Neuland-Park 1 befindet. Nebenbei ging sie »beim Bayer« putzen. Sie blieb zeitlebens ledig und war stolz darauf, bestand auf der Anrede »Fräulein«. Angeblich hatte sie schon in Westpreußen alles getan, um Bewerber um ihre Hand abzuwimmeln. So habe sie es einmal, als ein junger Mann sich bei ihr vorstellte, fertiggebracht, das Kaffeewasser anbrennen zu lassen, und den armen Aspiranten so in die Flucht gejagt. Die Kinder hätten sich über sie lustig gemacht, heißt es, aber sie habe jeden Spaß verstanden und auch gut austeilen können. Ihr Wahlspruch lautete: »Immer lustig und vergnügt, bis der Arsch im Sarge liegt.« Die Nazis konnte sie nicht leiden. Als sie an einer Sammelstelle Milch abliefern sollte, mischte sie Wasser darunter. Von SA-Leuten zur Rede gestellt, soll sie aus ihrer Verachtung keinen Hehl gemacht haben: »Unsere gute Milch ist zu schade für euch!«

Die Karnevalsgesellschaft »Rheinkadetten« 20 verleiht einmal jährlich den »Paulinchen-Orden«.

8 CAFÉ MITTENMANG

Das Café Mittenmang ist einer von vielen Jugendtreffs oder eine der OT, »Offenen Türen«, in Leverkusen, von denen ein kleines Spektrum vorweg angerissen werden soll: Das »Medienzentrum Wiesdorf« spricht internetaffine Jugendliche an. Das »Fan-Projekt Leverkusen« in der Wiesdorfer Lichstraße will Jugendliche für Fußball begeistern. Der städtische Manforter Jugendtreff »Lindenhof« bietet im gleichnamigen historischen Gebäude freie Jugendarbeit an. Im Jugendzentrum Bunker an der Manforter Dr.-August-Blank-Straße ebenso, hier haben Jugendliche sich einen Proberaum für Bands eingerichtet und veranstalten wöchentliche Song-Contests. In Rheindorf 84 gibt es einen Bauspielplatz, der zunächst von der AWO betrieben wurde, heute von katholischen und evangelischen Gemeinden gemeinsam betreut wird. Das »JuLe-Café« unter der katholischen Aloysiuskapelle in Opladen 22 macht offene Jugendarbeit mit jugendpastoralen Angeboten. Der Mädchentreff »MaBuKa« 92 in Quettingen 26 möchte Stärken, Fähigkeiten und Wünsche von Mädchen fördern. Die »Evangelische Jugend Schlebusch« ist mit Freizeitangeboten bis hin zu Segeltouren in Schul- und Ferienzeiten am Start. Die städtischen »Jugendkunstgruppen« bieten an verschiedenen Orten ebenfalls ganzjährig und speziell in den Ferien Kurse mit künstlerischen Schwerpunkten.

Das Wiesdorfer »Café Mittenmang« steht also alles andere als allein im Bemühen, Jugendliche von der Straße zu holen und für gemeinsame Aktionen zu begeistern. Als Jugendzentrum der katholischen Herz-Jesu-Kirche **28** ist es seit 2008 offen für Kinder aller Konfessionen ab dem Schulalter. Zur Verfügung gestellt werden Möglichkeiten zum Kickern und im Internet zu surfen, Tischtennis, Billard, Wii, Karten- und Gesellschaftsspiele. Darüber hinaus gibt es Nachhilfeunterricht in Deutsch und Mathematik, nächtliches Geocaching, gemeinsames Kochen und Backen, man geht skaten, ins Schwimmbad und in Freizeitparks, trifft sich zum 3-D-Minigolf, zu Stadionführungen und Karnevalspartys, zum Mädchencafé, zu »Boysdays« und, und, und. Der interkulturelle Ansatz ist speziell in der Wiesdorfer Innenstadt, in der viele Kinder einer großen Roma-Familie leben, ein wichtiger Beitrag zur Integration.

9 LISE-MEITNER-GYMNASIUM

1923 wurde das spätere »Lise« als »Höhere Mädchenschule Wiesdorf« gegründet, 1925 an das Realgymnasium angegliedert, 1928 erfolgte der Umzug in dessen neues Gebäude am Stadtpark.

Das »Lise« wurde nach der jüdischen Physikerin Lise Meitner (1878–1968) benannt, Wegbereiterin der Atomforschung in Zusammenarbeit mit Otto Hahn, 1938 aus Berlin ins Exil ans Nobelinstitut nach Stockholm vertrieben, bis zum Tod entschiedene Befürworterin der friedlichen Nutzung von Kernenergie. Die Schule ist heute Mint-EC-Gymnasium (Verein mathematisch-naturwissenschaftlicher Excellence-Center), Eliteschule des Sports und des Fußballs samt Sportinternat. Um die Jahrhundertwende hatte es eine Vorreiterrolle im Rahmen des Schulversuchs »Schule & Co.« der Bertelsmann-Stiftung, der das selbstständige Lernen in den Fokus nahm, weshalb der damalige Bundeskanzler Gerhard Schröder der Schule im Jahr 2000 einen Besuch abstattete, und damit vielen Kooperationen den Boden bereitete. Auch künstlerisch war/ist das »Lise« gut aufgestellt, unter anderem war seine Theater-AG die Keimzelle für das Junge Theater Leverkusen 94. Sein »Eine-Welt-Café« steht für das soziale und globale Engagement, das 1959 seinen Ursprung in der Partnerschaft mit der Leprastation in Mwena/Ndanda in Tansania nahm. Seit 1998 ist der Eine-Welt-Kreis als gemeinnütziger Verein anerkannt. Daraus erwuchs eine Eltern-Lehrer-Schüler-Initiative, die zwei Fliegen mit einer Klappe schlug: Vollwert-Pausenverpflegung durch ehrenamtliche Elternarbeit und Erwirtschaftung von Mitteln zur Unterstützung von Entwicklungsprojekten. Seit 2011 ist durch einen Mensabau und einen Caterer das Mittagsangebot deutlich erweitert worden, aber das »Eine-Welt-Café« ist nach wie vor eine wichtige Versorgungsbasis und Projektträger in Kooperation mit Tansania und Chinandega in Nicaragua, einem der Städtepartner Leverkusens.

Die Geschichte des »Lise« oder LMGs ist eng mit der des Carl-Duisberg-Gymnasiums verknüpft 15, dessen ehemalige Räumlichkeiten es bis 2016 als Nebengebäude nutzte. Unbedingt empfehlenswert für Passanten ohne besondere Absichten: ein Blick auf das Glasfenster von Georg Meistermann im Treppenhaus des ersten Gebäudetrakts und einer in die ebenfalls im ersten Trakt parterre beheimatete Bibliothek, die nicht nur ein Selbstlernzentrum mit 80 Schülerarbeitsplätzen – auch am Computer – bietet. Die liebevolle Gestaltung der Räumlichkeiten mit Bildern, Kunstobjekten, Dokumentationen, historischen und naturkundlichen Sammlungen macht den Aufenthalt zum Genuss und ist einfach sehenswert.

10 WIESDORFER BUHNEN

Dem Rhein sei aufgrund seiner Bedeutung ein Extravermerk gewidmet. Wenn Leverkusen ohne die Bayer AG nicht denkbar ist, so wäre die Bayer AG in Wiesdorf nicht ohne den Rhein denkbar gewesen. Der schrittweise Umzug der »Farbenfabriken vorm. Friedr. Bayer & Co.« zwischen 1895 und 1900 nach Wiesdorf 2 wurde nötig, da das Betriebsgelände zwischen den Abhängen im Wuppertal nicht weiter wachsen konnte. In und um Wiesdorf war Raum, der allerdings von den Mitarbeitern eher als Walachei empfunden wurde. Zu jener Zeit kursierte in der Firma der Spruch:

»Kann er einen nicht verknusen,
schickt er ihn nach Leverkusen.
Dort an diesem End' der Welt
ist man ewig kaltgestellt.«

Mit »er« war der Chemiker Carl Duisberg (1861–1935) gemeint, der mit der Planung des neuen Unternehmenssitzes beauftragt war. Natürlich ging es dem Unternehmen nicht nur um Platz, sondern auch um Transportwege. Der Rhein war eine der bedeutendsten Handelsstraßen seit der Römerzeit. Er bot aber weitere Optionen: Der Betrieb des expandierenden Unternehmens benötigte Wasser für Produktion und Energiegewinnung, insbesondere entstanden in der chemischen Industrie Abwässer, die kostengünstig entsorgt werden sollten. Die schmale Wupper war längst zur Kloake verkommen. Bereits 1876 konstatierte eine von der preußischen Regierung genehmigte Schrift, im Raum Barmen und Elberfeld gleiche der Fluss »meistens einem Tintenstrom«. Beschwerden häuften sich. Dem großen Rhein unterstellte man eine Selbstreinigungskraft, die Durchsetzung von Grenzwerten sei nicht praktikabel, zumal bei der Vielzahl der anliegenden Fabriken Verursacher schwer zu ermitteln waren. Die wirtschaftliche Bedeutung der Industrie erfordere nun mal Zugeständnisse, hieß es. Anfängliche Selbstverpflichtungen und -kontrollen wurden zwar mit Beginn des 20. Jahrhunderts durch unabhängige Sachverständige ergänzt, man erkannte die Verpflichtung zur Vermeidung von Verschmutzung grundsätzlich an, aber Auflagen wurden abgelehnt. Duisberg nannte sie eine »Vergeudung von Nationalkapital«, trat für die »Freiheit der fließenden Welle« ein und forderte eine unbeschränkte industrielle Nutzung der Wasserläufe. Von dieser Auffassung will man heute nichts mehr wissen. Das globale Wirken des Chemiekonzerns ist allerdings in Hinsicht auf ökologische und ethische Prinzipien immer wieder der Kritik ausgesetzt.

Dass das Wohnen am Fluss auch ein Stück Lebensqualität sein kann, erleben die Leverkusener erst, seit die Deponie Dhünnaue zum Neuland-Park 1 umgestaltet wurde. Der Rheinzugang war von dem heutigen Chempark-Gelände schlussendlich vollkommen in Beschlag genommen worden, weiter rheinabwärts hatte sich die Mülldeponie ausgeweitet, im Bürriger Bereich blockieren die Verbrennungsanlage und das Klärwerk das Flussufer. Wer die Nähe des Wassers suchte, musste nach Rheindorf 84 oder Hitdorf 18 ausweichen. Bevor die Deponie letztendlich zur Seite und nach oben hin abgedichtet wurde, war sie im Randbereich mit Wohnhäusern überbaut worden, hier betrieb man auch Wassersport 11. In der ersten Hälfte des letzten Jahrhunderts hatte Paulinchen 7 noch ihre Kühe in die Dhünnaue getrieben. Kinder spielten in den Wiesen und auf der Deponie, stapften durch schillernde Pfützen und suchten unter den Abfällen Verwertbares wie Filmrollen von Agfa.

Natürlich wurde im Rhein auch geschwommen, wo immer man ihn erreichte. Wasserqualität war keine Kategorie in den Köpfen der Menschen. Wohl aber wusste man um die Tücken der Strömung. Um die im Randbereich zu regulieren und die Ufer zu schützen, wurden schon seit Jahrhunderten Buhnen gebaut, Steindämme, die rechtwinklig zum Ufer in das Wasser hinein angeschüttet wurden. Zwischen den Buhnen – auch Kribben genannt – entstehen Stillwasserzonen, in denen man relativ gefahrlos baden, mit kleineren Booten anlegen oder angeln kann, zu Letzterem lautet die Empfehlung: Die Wiesdorfer Buhnen 3 bis 5 haben die besten Fangmeldungen. Gleichzeitig verhindern die Aufschüttungen die Erosion am Ufer, insbesondere bei Hochwasser, weil die Strömung sich in der Flussmitte konzentriert und die Buhnenfelder die Sedimente halten. Hochgefährlich ist die Strömung am Buhnenkopf, wo es zu Strudeln mit lotrechter Achse kommt, die den Schwimmer unweigerlich in die Tiefe ziehen.

11 KANUCLUB

In den 1950er-Jahren wurde zeitgleich mit der A 1 die Wohnungsanlage Dhünnaue über der Bayer-Werksdeponie gebaut, und der »Verein für Kanusport – Bayer Leverkusen 1922 e. V.« siedelte sein Bootshaus an der Rheinallee am Rand des Wiesdorfer Rheinufers an. 2002 wurde nach den Plänen des Architekten Eberhard Foest der einer Rheinwelle nachempfundene Neubau auf dem Bayer-eigenen 2.600 Quadratmeter großen Grundstück eingeweiht. Der von zwei Seiten zugängliche funktional getrennte Baukörper – Bootshalle mit Garagen, sanitären Anlagen und Klubhaus – wird nicht nur zum Sporteln, sondern gerne auch zum Feiern genutzt und kann angemietet werden. Die Lage am Rhein ist unvergleichlich. Das familienorientierte Breitensportangebot umfasst neben Kanu- und Kanadierwandern Wildwassertouren, Kanu-Polo und -Freestyle weit über Rhein und Wupper hinaus.

12 »WACHT AM RHEIN«

Auch die »Wacht am Rhein« beruht auf einem Entwurf des Architekten Eberhard Foest. Er schuf zudem die zehn Meter hohe Stahlskulptur vor dem Gebäude, die das Rheinpanorama dominiert. Eine stilisierte Frauenfigur, die vermeintlich leicht vorgebeugt über den Rhein späht. Auch wenn die Haltung hier ganz passend ist, handelt es sich doch nur um eine vergrößerte Kopie anderer Foest-Figuren auf dem Stadtgebiet 80, was Kritiker als Einfallslosigkeit brandmarkten. Bei ihrer Errichtung schlug der Leverkusener Anzeiger vor, sie »Loreley von Wiesdorf« zu nennen. Der Name »Loreley« steht für eine Zauberin, die der Sage nach im Mittelrheintal auf einem Schieferfelsen die Schiffer bannte, sodass sie in die Felsen steuerten und untergingen. Die »Wacht am Rhein« hingegen birgt ganz andere Implikationen. Es handelt sich um ein deutsch-nationales Lied, das im Kaiserreich 1871 neben »Heil dir im Siegerkranz« als inoffizielle Nationalhymne gesungen wurde. Der Text macht deutlich, dass es darum ging, den Rhein als letzte natürliche Demarkationslinie gegen die Franzosen zu verteidigen:

»Es braust ein Ruf wie Donnerhall,
Wie Schwertgeklirr und Wogenprall:
Zum Rhein, zum Rhein, zum deutschen Rhein!
Wer will des Stromes Hüter sein?«
Und der Refrain:
»Lieb' Vaterland, magst ruhig sein,
Fest steht und treu die Wacht, die Wacht am Rhein!«

Ältere kennen vielleicht noch den Spruch, jemandem »die Wacht am Rhein singen« oder »die Wacht ansagen«, was so viel heißt, wie jemandem eine eindringliche Warnung auszusprechen beziehungsweise ein Ultimatum zu setzen. Die »Wacht« will also abschrecken, nicht anlocken, es geht um Säbelrasseln statt um Romantik – im Ergebnis ebenfalls mit tödlichem Ausgang.

Der Name »Wacht am Rhein« wurde von einem Vorgängerbau übernommen, der zu Beginn des 20. Jahrhunderts bis 1954 auf der Rheinstraße an der Stelle stand, wo sich heute das »Tor 8« der Bayer-Werke befindet. Die »Wacht am Rhein« hieß im Volksmund anfangs nur »Giesens Korn«, weil der Besitzer Heinrich Giesen dort eine »Dampf-Kornbranntwein-Brennerei« betrieb. 1910 wurde hier mit den Roten Funken **20** die erste Wiesdorfer Karnevalsgesellschaft aus der Taufe gehoben. 20 Jahre später geriet die »Wacht am Rhein« zur braunen Hochburg, in der der spätere Gauleiter Robert Ley agitierte. Ley war 1928 nach Angriffen auf jüdische Aufsichtsratsmitglieder der Bayer-Zweigniederlassung der I.G. Farben als Nahrungsmittelchemiker entlassen worden, machte unter Hitler Karriere und wurde zuletzt als Reichswohnungskommissar einer der führenden Nazis.

Nach dieser »Wacht am Rhein« also wurde der Neubau benannt, der das gastronomische Angebot der Laga 2005 an exponierter Stelle abrunden sollte. Für ausreichend Platz ist bestens gesorgt: 200 Plätze im Innenbereich, 200 auf der Terrasse und weitere 200 im Biergarten vor dem Haus. Der Ausblick erhält jedes Mal Bestnoten. Die kulinarische Kunst und der Service lassen Luft nach oben.

Der Bootssteg unterhalb der »Wacht am Rhein« wurde anlässlich der Landesgartenschau 2005 **1** eingerichtet, wird aber heute nur sehr selten genutzt, unter anderem für die Riverboat-Shuffle-Tour des Jazz-Lev-Fördervereins 34.

13 WALDSIEDLUNG

Der kleinste Leverkusener Stadtteil, Schlebusch 73 ugehörig, liegt zwischen Köln-Dünnwald und Bergisch Gladbach-Schildgen auf dem Gelände einer ehemaligen Dynamitfabrik, die 1887 hier angesiedelt und bis 1926 auf 450 Gebäude und Anlagen erweitert wurde, deren Betrieb aber nach einer Explosion eingestellt wurde. Stattdessen entstanden – auf zu Teilen verseuchtem Grund und Grundwasser – Wohnhäuser in naturnaher, vermeintlich gesunder Gegend. Eine Sanierung kam nur schleppend voran und wurde 2001 abgeschlossen. Der beeindruckende Baumbestand und das Grün zwischen der überwiegend durch Einfamilienhäuser geprägten Bebauung machen neben dem umgebenden Waldgebiet dem Namen der Siedlung aber alle Ehre. Kulturelles Zentrum ist die 1964 eingeweihte evangelische Friedenskirche, in der neben Gottesdiensten und Gemeindeleben Konzerte und Ausstellungen stattfinden. 2014 erhielt sie einen freistehenden Glockenturm und drei Bronzeglocken mit den schönen Namen »Auferstehung«, »Friede« und »Freude«.

An der Saarstraße, der West-Grenze der Waldsiedlung, steht das DOM Brauhaus 40.

14 STADTPARK

Leverkusens grüne Mitte ist der in den 30er-Jahren angelegte Stadtpark an der Dhünn zwischen dem Manforter 81 Freizeitbad CaLevornia 17 und dem Wiesdorfer 2 Forum 60. Vorher befanden sich in dem Areal Kleingärten. Seit dem Herbst 2016 heißt er offiziell »Wilhelm-Dopatka-Park« – benannt nach dem ehemaligen SPD-Bürgermeister, der von

1954 bis 1961 und von 1964 bis zu seinem Tod im Jahr 1979 die Geschicke der Stadt regelte. 1974 bis 2009 trug bereits die neu erbaute, damals zweitgrößte deutsche Rundsporthalle an der Bismarckstraße seinen Namen, später die wechselnder Sponsoren (aktuell Ostermann-Arena). Die Umbenennung des Parks wird durch eine Stele an der Weggabelung in der Nähe des Forums unmittelbar hinter der Bahnunterführung erläutert. Sie erinnert an Dopatkas Verdienste um Leverkusens Entwicklung zur Großstadt.

Das »Büdchen Am Stadtpark« liegt etwa in der Mitte des Parks zwischen dem ehemaligen CD- 15 und dem Lise-Meitner-Gymnasium 9 und ist Versorgungsstation sowie kommunikativer Treffpunkt für die Schülerschaft des »Lise«, der Realschule Am Stadtpark und von Rentnern und anderen Menschen mit Tagesfreizeit.

Der Luna-Park ist der Teil des Stadtparks um die Doktorsburg 16. Während der obere Teil eher zum Sporteln und Lagern auf den Wiesen einlädt, gilt der untere Teil, der stärker mit Beeten, zum Teil ungewöhnlichen Pflanzen und Bäumen gärtnerisch gestaltet ist, als »Schmuckkästchen«.

Von April bis Oktober gibt es im Stadtpark jeden ersten Sonntag im Monat für Eisenbahnfans einen Fahrtag mit einer Minidampflok, betrieben von dem Verein Dampfbahn Leverkusen, etwa 30 Meter Strecke zwischen Dhünn, Sportplatz des BV Wiesdorf und der Realschule Am Stadtpark 15.

15 CARL-DUISBERG-GYMNASIUM

Das Wirken des Chemikers und Industriellen Carl Duisberg (1861–1935) war grundlegend für die Stadt Leverkusen, insofern er entscheidenden Anteil an der Realisierung des Umzugs der Bayer-Werke an den Rhein und an der beispiellosen Erfolgsgeschichte des Unternehmens in der

Folgezeit hatte. Kein Wunder also, dass nicht nur in seiner Heimatstadt Wuppertal, sondern natürlich auch in Leverkusen ein Gymnasium nach ihm benannt wurde.

Das Carl-Duisberg-Gymnasium, kurz »CD«, war 1922/23 aus der »Höheren Knabenschule der Stadt Wiesdorf« hervorgegangen, 1925 wurde die Schule in ein »Realprogymnasium in Erweiterung« umbenannt, zwei Jahre später hieß sie »Reformrealgymnasium in Erweiterung«. Im November 1928 bezog sie als Carl-Duisberg-Realgymnasium ein eigenes Gebäude unter der Adresse Am Stadtpark 27–29 – gemeinsam mit der Höheren Mädchenschule, dem Vorläufer des Lise-Meitner-Gymnasiums **9**. Der Architekt Wilhelm Fähler schuf den L-förmigen Backsteinkörper, der von vorn den Charme einer Kaserne mit Schießscharten hat. Zum schattigen Hof hin ist er mit großen Fenstern versehen, die Zöglingen wie Lehrenden einen kühlen Kopf bewahren mögen. Im Eingangsbereich befindet sich ein Brunnen mit einer Knabenskulptur, der von Ernesto de Fiori gestaltet wurde.

Der Betrieb des CD wurde im letzten Kriegsjahr eingestellt, aber 1945 wieder aufgenommen – unter Leitung des 1934 abgesetzten Dr. Paul Leopold. Er richtete für die Schüler, die aufgrund der Kriegswirren den Schulabschluss nicht hatten machen können, ein Abendgymnasium ein, in dem die Lehrer mit großem Engagement vier Tage die Woche in drei Jahren den Abiturstoff vermittelten. Die Behörden waren nicht bereit, das Unternehmen zu unterstützen, sodass es ein privates Engagement blieb. Am Ende traten 13 Schüler zur Externenprüfung an und bestanden.

1960 nahm das Freiherr-vom-Stein-Gymnasium **45** im CD-Gebäude für mehrere Jahre seinen Betrieb auf, ehe es seine Heimat in Schlebusch **73** fand.

1960 bezog das Lise-Meitner-Gymnasium schließlich seinen ersten eigenen Trakt nur wenige hundert Meter entfernt. 1992 wurde der Unterricht am CD-Gymnasium eingestellt, die Anmeldungen gingen zurück, das »Lise« war vom reinen Mädchengymnasium in eine koedukative Schule umgewandelt worden. Die ehemaligen »Cedisten« bleiben über eine eigene Homepage in Verbindung.

Heute wird das ehemalige CD-Gebäude von der Realschule Am Stadtpark genutzt. Es soll in den kommenden Jahren mit 16 Millionen Euro von Grund auf renoviert, barrierefrei umgebaut und die Dreifachsporthalle als Versammlungsstätte genutzt werden, welche bis zu 400 Personen fasst, sodass auch Dritte die Schulhalle nutzen können.

16 DOKTORSBURG

Die Doktorsburg, eine ehemalige Wasserburg an der heutigen Rathenaustraße 63 in Wiesdorf 2, auch Haus Büchel oder Oberbüchel genannt, wurde erstmalig 1171 urkundlich erwähnt. Den Namen »Doktorsburg« erhielt sie allerdings wesentlich später, als ein Dr. Jakob von Omphal das Grundstück im Jahr 1540 erwarb. Nach seinem Tod 1567 blieb es noch weit über 100 Jahre im Familienbesitz. Zwischenzeitlich gehörte es Abraham Schaaffhausen, der 1817/18–1824 Schlossherr von Morsbroich 69 war. 1682 wurde das Gebäude durch den Komtur des Deutschen Ordens Freiherr Goswin Scheiffart von Merode neu aufgebaut und als Gutshof betrieben. 1910 übernahm es die Gemeinde Wiesdorf. In den 1930er-Jahren gab es Überlegungen, in der Doktorsburg ein Heimatmuseum einzurichten, was der preußische Reichsminister aber verhinderte. Stattdessen wurde die Doktorsburg, gleich gegenüber der Kolonie III 64, zur Zentrale der Nationalsozialisten.

Das heutige Gebäude, zweigeschossig in fünf Achsen mit polygonalem Erker und Dachhäuschen, wird als Begegnungs- und Tagungsstätte für Senioren genutzt.

Rund um die Doktorsburg ist der Luna-Park, der Richtung Leverkusener Innenstadt gelegene Teil des Stadtparks **14**, in dem das ganze Jahr über etwas blüht, stehen hier doch Rhododendren, Magnolien, aber auch Exoten wie der Eisenholzbaum oder das Flügelnüsschen. Eine Zeitlang war der Luna-Park fast verwaldet, bis Anfang des 20. Jahrhunderts 90 Bäume gefällt wurden.

17 CALEVORNIA

Vorzeigestätte des Leverkusener Sportparks ist seit 1998 das Spaßbad CaLevornia an der Bismarckstraße 182 in Manfort, gleich neben der BayArena **62**. Im Innenbereich wird dem Besucher neben Sauna, Gastronomie und einem klassischen Schwimmbecken eine Wasserlandschaft mit vielen Extras geboten: Grotte, Kinderrutsche, Sprudel- und Massagedüsen, Sprudelbank, Solebecken, Strömungskanal, Wasserpilz, separates Baby-Planschbecken und eine 100 Meter lange verschlungene Röhrenrutsche mit bunten Lichtern und Videoprojektionen. Man kann Massage-, Kursangebote, Kinderanimation und viele Veranstaltungen genießen. Das große Außengelände bietet neben einem abgeschlossenen Saunabereich mit unterschiedlichen Möglichkeiten zum Saunieren und Erholen im Grünen – mit Teich, Skulpturen und gärtnerisch gestalteten idyllischen Nischen – viele Sport- und Spielmöglichkeiten: Beachvolleyball und -soccer auf je zwei Feldern, eine Wasserbasketballanlage, ein großes Kleinkindbecken mit Piratenschiff und einen Matschplatz.

Bahnenschwimmen ist out. Fun ist die Devise und der Tod der klassischen Badeanstalten. Die letzte, die die Leverkusener zu Grabe tragen mussten und gegen deren Abriss immer noch heftig protestiert wird, ist das Freibad Auermühle in Schlebusch. Neben dem CaLevornia gibt es nun nur noch das hinter Gut Ophoven 52 gelegene Opladener Kombibad Wiembachtal, die Schwimmhalle im Physio-Centrum Medilev am Gesundheitspark Leverkusen mit ihrem 16-Meter-Hubbodenbecken und das Hallenbad Bergisch Neukirchen an der Wuppertalstraße oberhalb von Opladen 22. Apropos Bergisch Neukirchen: Es gilt als »Tor zum Bergischen Land«, bietet eine Fülle von Fachwerkhäusern, darunter eins aus dem Jahr 1561, das älteste von Leverkusen. 1562 bekannte sich Bergisch Neukirchen zum Protestantismus. 1784 wurde eine evangelische Kirche im bergischen Barockstil erbaut, die heute auch aufgrund ihrer reichen Innenausstattung zu den Sehenswürdigkeiten des Ortes gehört, samt dem danebenstehenden Kriegerdenkmal für die Gefallenen der Einigungskriege 1866 und 1870/71, 1911 gestiftet von dem Färbermeister Albert Römer. Außerdem gibt es den außer Betrieb gesetzten Bahnhof Pattscheid, an dem die sogenannte Balkantrasse vorbeiführt. Ein stillgelegter Gleisstrang, heute einer der drei Bergischen Panoramaradwege.

18 HITDORFER KRANCAFÉ

Schnuckeliges, wenn auch sehr beengtes 16 Quadratmeter großes Café mit Biergarten, Selbstbedienung und entspannter Campingplatz-Atmosphäre, das vor allem durch das Rheinpanorama überzeugt, auch wenn das Drahtgitter, von dem man umgeben ist, das Gefühl von Freiheit ein wenig beeinträchtigt. Der Kran ist der Hingucker an der 62 Meter langen Steganlage des Yachthafens, von Dauer- und Gastliegern, Wassersportvereinen, -schulen und Privatpersonen genutzt.

Historisch und wirtschaftlich ist der Hitdorfer Hafen für das ursprüngliche Fischerdorf am Rhein sehr bedeutsam gewesen. 941 findet sich eine erste Erwähnung von »Huttdorp«. Die Besiedlung reicht deutlich weiter zurück, wie die jungsteinzeitlichen Funde eines Landwirts aus dem Ortsteil Voigtslach beweisen, die er 2018 dem Heimatmuseum in der Straße Am Werth übergab: ein Kult-Beil aus Amphibolit und eine Arbeitsaxt aus devonischem Quarzit. 1857 erhielt Hitdorf Stadtrechte, gegen Ende des 19. Jahrhunderts bildete es eine Verwaltungsunion mit seinem südlichen Nachbarn Rheindorf 84, bis Letzterer 1960 Leverkusen und Hitdorf Monheim angegliedert wurde. 1975 kam Hitdorf im Zuge der kommunalen Gebietsreform ebenfalls zur Bayer-Stadt.

Der Hitdorfer Hafen wurde 1356 erstmals urkundlich erwähnt und diente vor allem dem Umladen von Waren, die von den stromaufwärts fahrenden Schiffen nicht über eine quer durch den Rhein verlaufende Kiesbank transportiert werden konnten. 1825 wurde das Hindernis ausgebaggert, danach begann hier für viele Auswanderer der Weg rheinaufwärts und übers Meer.

Im Auftrag der Kleinbahngesellschaft, die die Strecke Hitdorf–Monheim–Langenfeld an die Köln-Mindener-Eisenbahnlinie anband, errichtete die Maschinenfabrik Losenhausen 1908 den 16 Meter langen Greiferdrehkran, der 4,5 Tonnen trug, bei seiner Inbetriebnahme 1928 als technisches Wunderwerk gefeiert wurde und den Hafen als wichtigen Umschlagplatz für das Bergische Land aufwertete. 1987 verhinderte eine Bürgerinitiative den Abriss, seit 1997 wird der mittlerweile unter Denkmalschutz stehende Kran gastronomisch genutzt. Der Denkmalschutz gilt im Übrigen auch für den Hafen. Der Plan, die nicht mehr standsichere Kaimauer durch eine zum Wasser hin abfallende optisch wie touristisch attraktivere

Treppenanlage zu ersetzen, wurde daher abgelehnt. Alternativ wird über eine Aussichtsplattform nachgedacht.

19 FÄHRE HITDORF

Das Fährrecht des zum Amt Monheim gehörigen Orts wurde 1633 erstmalig beurkundet. Die Rheinfähre nach Köln-Langel ist bis heute ein wichtiges Verkehrsmittel für die Region, zumal sie die nächste nördliche Rheinüberquerungsalternative zu der maroden Leverkusener Autobahnbrücke darstellt. Sie kann LKW, Busse und Landmaschinen mit einem Gewicht bis zu 32 Tonnen befördern. Die Fähre »Fritz Middelanis« quert den Rhein seit 1962, ist 42 Meter lang und elf Meter breit und tut ihren Dienst an 362 Tagen im Jahr am Rheinkilometer 705,3. Rund 800 Fahrgäste nutzen sie pro Tag, 360 PKW, 35 Last- und Lieferwagen, 150 Fahrräder und 20 Motorräder. Betreiber sind die Kölner Häfen- und Güterverkehrgesellschaft und die Stadt Leverkusen. Wer die Überfahrt genießen möchte, sollte mehrmals fahren, man ist in fünf Minuten hüben oder drüben. Der Aufenthalt auf den Hitdorfer Rheinwiesen mit Spielplatz und Biergarten, mit Blick auf Rhein, gegenüberliegendes Ufer, Fähre, Sonnenuntergänge, Vorbeiflanierende oder einfach in den Himmel ist im Sommer traumhaft schön.

Hitdorf ist nicht nur durch die Rheinlage eine Stadt am Wasser, sondern wird umgeben von einer Reihe Baggerseen, von denen der Hitdorfer See, dessen Gelände auch als »Blaue Donau« bekannt ist, zum Baden und Tauchen genutzt werden darf. Liegewiesen und Spielgeräte laden zum Verweilen ein, umliegende Felder, Wiesen und Wälder zu ausgedehnten Spaziergängen.

20 KG WIESDORFER RHEINKADETTEN

Die Wiesdorfer Rheinkadetten 1949 e. V. sind dem Brauchtum und »d'r Spaß an d'r Freud« verpflichtet, insbesondere in Hinsicht auf den Karneval, aber auch auf alle anderen Anlässe, die sich im Jahreslauf bieten. Da gibt es Sommerfeste und (Familien-)Frühschoppen in der Wiesdorfer 2 Bürgerhalle am Rhein-Ende der Hauptstraße. Ganzjährig trainieren natürlich auch die Kinder- und Jugendtanzcorps, die »Kadette-Pänz« nehmen bereits Dreijährige auf und konnten in den letzten Jahren vordere Plätze bei Pokalveranstaltungen erzielen. Ein Tanzcorps hatte der Verein schon vom Jahr seiner Gründung an, er nutzt die Jugendarbeit als schöne Form der Nachwuchsbindung. Der Vereinsgründung vorausgegangen war ein sogenannter »Panhasclub« mit seinem »Panhasfürsten«. Der rheinische Panhas oder Pannas ist eine Kochwurst, ein preisgünstiges, schmackhaftes Essen aus der Nachkriegszeit.

2016 stellten die Rheinkadetten zum ersten Mal auch den Leverkusener Karnevalsprinzen. Der Karnevalsprinz wird vom »Festausschuss Leverkusener Karneval« bestimmt. Für ihn gilt: Er muss männlich sein, ist nicht wie in Köln von Bauer und Jungfrau begleitet, sondern durch einen männlichen Prinzenführer und dessen zwei weibliche Adjutantinnen. Er geht im Wiesdorfer und Opladener 22 Zug mit, wohingegen der Schlebuscher 73 als »Veedelszug« – Stadtviertelzug – ohne Prinzen auskommen muss, die Schlebuscher erkennen seine Hoheit trotzdem an. Einen Opladener Prinzen gibt es seit der Gebietsreform 1975 nicht mehr. Hitdorf 18 und Lützenkirchen 26 hingegen haben jeweils eigene Prinzen/Könige. Die Wiesdorfer Kadetten verleihen jedes Jahr den Paulinchen-Orden 7. Eine freie Untergliederung der Kadetten, seit 2003 eigenständiger Verein, war seit 1953 bis zur Auflösung 2012 die »Tafelrunde der Ritter des Humors«, die alljährlich eine Ritterpersönlichkeit ernannte – mit der FDP-Politikerin Hiltrud Meier-Engelen auch schon mal eine Ritterin –, die sich im Karneval oder in humanitären Fragen engagierte.

Dass die Stadt Leverkusen ein Zusammenschluss aus vielen lange selbstständigen Stadtteilen ist, äußert sich bis heute in der Vielfalt der Karnevalszentren auf dem Stadtgebiet. Den Auftakt macht am Altweiberdonnerstag Schlebusch, wo zwar kein Umzug stattfindet, aber der Beginn der tollen Tage auf Straßen und Plätzen gefeiert wird. Am Karnevalsfreitag geht es weiter mit dem »Hetdörper Schull- und Veedelszoch« die Hitdorfer Straße am Rhein entlang, an den sich der Leichlinger und der Schlebuscher »Schull- un Veedelszoch« am Samstag und der große Wiesdorfer Karnevalsumzug sowie der Lützenkirchener und der eher familiäre Veedelszug in Holzhausen am Sonntag anschließen. Am Rosenmontag vollendet Opladen dann den Umzugsreigen, bevor am Dienstagabend nach der Nubbelverbrennung wieder Ruhe einkehrt. Der Nubbel – hier auch »Zachäus« genannt – hängt an den Karnevalstagen über den Eingängen einschlägiger Kneipen und wird als eine Art Sündenbock zum Ende des tollen Treibens verbrannt, nachdem er von einem Jecken-Trauerzug unter Wehklagen und Gesängen zu Grabe getragen wurde. Die Nubbelverbrennungen werden zum Teil von Karnevalsvereinen organisiert und finden an zentralen Orten wie etwa dem Schlebuscher Lindenplatz oder in der Nähe des Opladener Funkenturms statt.

Bürrig 44 leistet sich einen eigenen »Zooch« außerhalb der Session: Ende August findet dort ein großer Kirmesumzug 43 statt, der vollkommen einem Karnevalsumzug entspricht – bis auf die Jahreszeit.

Die Wiesdorfer Rheinkadetten sollen natürlich nur stellvertretend für viele andere Karnevalsvereine genannt sein, die hier unvollständig und in der Chronologie ihrer Entstehung aufgelistet sind:

KG Altstadtfunken Opladen vun 1902 e. V.
im Funkenturm 50
Rote Funken Leverkusen 1910 e. V.
KG Wupperveilchen e. V. – Opladen 1925
Karnevalsfreunde Manfort 1930 e. V.
KG Grün-Weiß Schlebusch von 1934 e. V.,
seit 2001 »Die Schlebuscher«
KG Prinzengarde 1937 e. V.
KG Rhingdörp Alaaf 1947 e. V.
KG Hetdörper Mädche un Junge vun '93 e. V. –
Hitdorfer Fährgarde von 1993 e. V.

21 KESSELHAUS

Das Kesselhaus des ehemaligen Ausbesserungswerkes der Deutschen Bahn AG 22 befindet sich in der Bahnstadtchaussee 2. Das 21 Meter hohe Backsteingebäude mit den prägnanten Schornsteinen ist schon von Weitem auszumachen. 1948 wurde es auf den Fundamenten des Vorgängerbaus errichtet. Das Werk hatte im Zweiten Weltkrieg große Bombenschäden erlitten, nun sollte es weitergehen. Im Kesselhaus wurden Wärme und Energie für alle Werkstätten erzeugt. Drei riesige Dampfkessel im ersten Geschoss waren dafür zuständig. Im Untergeschoss fuhren Waggons ein und aus, die die Kesselasche abtransportierten. Da das Gebäude bis zur Schließung des Werks im Jahr 2003 in Betrieb war, ist es ein sehr gut erhaltenes Industriedenkmal, das 2009 auch den entsprechenden Eintrag in die Denkmalliste erhielt. Damit war die weitere Nutzung an erhebliche Auflagen gebunden.

2012 bot die Stadt es für einen Euro zum Verkauf an. Viele Vorschläge waren in der Diskussion, unter anderem hätte sich das hohe Gebäude mit den glatten Außenwänden sicherlich gut als Kletterwand geeignet. 2015 schlug ein Investor nach langen Verhandlungen zu, um nach dem Entwurf des Kölner Architekten Bernd Oxen im oberen Teil des Gebäudes Wohneinheiten zu schaffen. Eine Glaskuppel als Dach soll für Helligkeit sorgen, im Erdgeschoss wird Raum für Gastronomie entstehen. Dabei wurden Kompromisse auf beiden Seiten gemacht. Von den ursprünglich drei Dampfkesseln bleiben nur zwei erhalten. Die Fassade wird saniert, statt Balkonen sollen Loggien eine Öffnung der Wohnungen nach außen erlauben. Die durch die Kessel begrenzten Möglichkeiten nach innen lassen nur Mikroappartements mit 25–30 Quadratmetern zu. Ein energiesparendes Haus-in-Haus-System wird die Nebenkosten niedrig halten, wodurch die Attraktivität des neuen studentischen Wohnraums neben der Nachbarschaft zur FH und der Bahnanbindung zur Universitätsstadt Köln gesichert werden soll.

Die Umgebung des Kesselhauses wird zwischenzeitlich für verschiedene Events genutzt. Unter anderem kamen 2018 bereits zum fünften Mal Old- und Youngtimer-Fans aus der ganzen Region zusammen, um ihre Fahrzeuge zur Schau zu stellen und zu fachsimpeln. Bedingung: Das Gefährt muss mindestens 25^SJahre alt sein, um als Young-, beziehungsweise 30 Jahre, um als Oldtimer zu gelten.

22 NEUE BAHNSTADT OPLADEN

Die Neue Bahnstadt Opladen ist ein 70 Hektar großes Gelände – zum Vergleich: die Vatikanstadt umfasst 44 Hektar –, das mit dem Ende der Ära Opladens als Eisenbahnerstadt 2003 in den Besitz der Stadt überging. Nach 100 Jahren schloss die Deutsche Bahn AG das Bahn-Ausbesserungswerk. E-Loks und Waggons aus ganz Deutschland waren hier repariert worden, mit 1.000 Arbeitnehmern war das Unternehmen einer der wichtigsten Arbeitgeber der Region. Im Krieg einer der gefährlichsten: 1944 kamen im Dezember bei einem Bombenangriff 234 Menschen um, darunter 104 Fremdarbeiter, denen der Zugang zu Schutzräumen untersagt war 51. Wer von ihnen überlebte, musste anschließend Leichenteile einsammeln, mit bloßen Händen auf Karren laden und diese die Quettinger Straße hoch zu einem Massengrab auf dem Lützenkirchener Friedhof 26 ziehen. 56 Minenbomben und 1.744 Sprengbomben wurden abgeworfen. Im März 1945 gab es einen weiteren schweren Angriff. Ab den 1950er-Jahren ließ die Bedeutung des Verkehrsknotenpunkts Opladen nach, sodass die Bahnanlagen ab den 1960er-Jahren nach und nach reduziert wurden.

Die städtebauliche Planung und Investitionssteuerung für das frei gewordene Areal wurde in die Hände einer städtischen Tochter, der »neue bahnstadt opladen GmbH«, gelegt, deren Aufsichtsrat von dem ehemaligen Oberbürgermeister Hebbel geführt wird. Es ging darum, eine optimale Mischung aus Wohnbau, Gewerbe und Infrastruktur zu ermöglichen und geeignete Investoren zu finden. Die unter anderem mit neuen Finanzierungsmodellen in Form von Crowdfunding oder Schwarmfinanzierung antreten: Eine Vielzahl stiller Kapitalgeber unterstützt die Geschäftsidee und erhält im Gegenzug Boni bei der Inbetriebnahme. Es galt aber auch, planerisch den Charakter der ursprünglichen Bebauung zu bewahren, zumal einige der Gebäude wie das Magazin von 1903, der Wasserturm 50 und das Kesselhaus 21 unter Denkmalschutz gestellt worden waren. Unter Denkmalschutz stehen außerdem an der Werkstättenstraße: ein Einmannbunker 92, die alte Feuerwache und die Eisenbahnerwohnhäuser. Außerdem ist das Ledigenheim zu ergänzen, ein sogenanntes »Bullenkloster« gegen das »Schlafburschen-Unwesen«. Hier wurden unverheiratete junge Männer einquartiert, die es sich ansonsten nur leisten konnten, in Privatunterkünften für einige Stunden ein Bett zu mieten, was aufgrund der räumlichen Nähe zu Vermieterinnen und deren Töchtern gelegentlich zu unerwünschten Schwangerschaften führte.

Zuallererst musste auf dem Ausbesserungswerksgelände der Untergrund saniert werden, der industrielle Altlasten enthielt. 100.000 Kubikmeter Boden wurden »bewegt«. Zur optimalen Ausnutzung des Geländes verlegte man zudem die Gütergleise dichter an die parallel laufende Bahntrasse. Zwei Überführungen sorgen heute für die Anbindung an die Opladener Innenstadt über die Gleise hinweg: die Bahnhofs- und die Campusbrücke. Die hohe Bahnhofsbrücke erwies sich allerdings für Reisende mit Koffern, die die Gleise wechseln mussten, als Problem. Zwar wurde ein Aufzug gebaut, doch der war oft kaputt, sodass zeitweise Gepäckträger zum Einsatz kamen.

Das Areal hat viele Grünflächen und eine »Grüne Mitte« mit hohem Wohnwert erhalten. Auf 7.500 Quadratmetern wurde ein ökologischer Handwerkerhof eingerichtet, außerdem eine Lebenshilfe-Werkstatt für Menschen mit psychischer Behinderung. Ein- und Mehrfamilienhäuser, eine genossenschaftliche Mehrgenerationen-Wohngemeinschaft und ein Wohnprojekt für Menschen mit Behinderungen, ein Bahnspielplatz mit Möglichkeiten zum Klettern, Schwingen und Balancieren, eine Skaterbowl und ein Fußballplatz entstanden, Letztere beiden aufgrund der Lärmentwicklung in der Nähe der gewerblichen Bebauung und leider deutlich unterdimensioniert.

Die Stadt erhielt den Zuschlag für eins der wichtigsten Projekte: Die 11. Fakultät der Technischen Hochschule und Kölner Universität, die »Fakultät für angewandte Naturwissenschaften«, kommt auf das Gelände. Nachdem 2009 bereits ein Studiengang der Technischen Chemie, 2010 der Pharmazeutischen Chemie in Übergangsräumlichkeiten im Chempark eingerichtet worden waren, konnten 2013 die ersten Studenten verabschiedet werden. Im Mai 2017 wurde an der Bahnstadtchaussee, direkt gegenüber von Magazin und Wasserturm, in dem die Altstadtfunken Opladen vun 1902 e. V. 20 bereits ihr Quartier bezogen hatten, das Studentenwohnheim des Kölner Studierendenwerks eingeweiht, ein hochmodernes dreigeschossiges energieneutrales Passivhaus mit 60 möblierten Einzelappartements für 62 Bewohner. Was noch fehlte: das eigentliche Fachhochschulgebäude, der Campus, dessen Grundstein nach umfänglicheren Planungen erst im April 2017 gelegt wurde.

Ein autonomes Kulturleben, basierend auf 40-jähriger Förder- und Trägervereinsarbeit der Freien Jugendzentren Leverkusens, hatte sich noch vor der offiziellen Planung mit dem »Kulturausbesserungswerk – Autonomen Zentrum für Kultur und Politik«, kurz KAW, in der ehemaligen Bahnhalle eingenistet und bietet Musik-, Theater- und Kabarettveranstaltungen für Jugendliche aller Altersklassen. Namen wie Wilfried Schmickler, Michael Müller-Schlesinger, die Gruppe Ars Vitalis und Petra Clemens 94 sollten in dem Zusammenhang genannt werden. Das benachbarte städtische »Haus der Jugend« wartet mit Freizeitangeboten für U-68er auf, und der Männerchor »Germania Opladen« von 1905 – optisch ergrauter Werkschor der Bahn, ohne Altersbegrenzung – hat ein neues Zuhause in einem Sängerheim nebst ausrangiertem Bahnwaggon und funktionstüchtigem Signal, das freie Fahrt anzeigt, an der Werkstättenstraße gefunden.

Auch ohne die Neue Bahnstadt war und ist Opladen ein bedeutendes Zentrum für Leverkusen – neben Wiesdorf **2** und Schlebusch **73**, die alle drei unabhängige Städte mit eigenen Zentren waren und bis heute über gut frequentierte Fußgängerzonen verfügen, auch wenn sie sich gelegentlich gegenseitig das Wasser abgraben. Opladen war immerhin lange Kreisstadt. Erste Besiedlungsfunde reichen in die Steinzeit zurück.

Der Name »Upladhin« erschien erstmalig auf einer Urkunde, die ihren Ursprung zwischen 1168 und 1174 hat, und kann auf das westfälisch-bergische »up« (oben, hoch) und »slade« (Abhang, Tal, Bergschlucht) zurückgeführt werden. Bezeichnet wurde damit ein Kirchspiel, kein geschlossener Ort, sondern ein Zusammenschluss verschiedener Höfe, die sich um die Remigius-Kirche **27** scharten und von denen der Friedenberger Hof **74** und das Gut Ophoven **52** teilweise noch erhalten sind. Zur Reformationszeit wechselte die Kirchengemeinde zum Protestantismus, 20 Jahre später, 1620, kehrte sie schon wieder zum Katholizismus zurück. Als im 19. Jahrhundert das Verhältnis zwischen Kirche und Staat – hier dem Königreich Preußen – neu ausgehandelt wurde, entstanden 1850 eine katholische Knabenschule, das Aloysianum, und 1866 die Marienschule als katholisches Mädchenlyzeum. Nachdem der Schulleiter des Aloysianums seinen Zöglingen 1935 die Teilnahme an einer HJ-Veranstaltung untersagt hatte, kam er in Schutzhaft; seine Anstalt wurde drei Jahre darauf geschlossen. Es gab nur noch die Adolf-Hitler-Schule, 1906 als paritätische Höhere Schule gegründet, die 1956 schließlich unter dem Namen Landrat-Lucas-Schule, später -Gymnasium firmierte und seit 1963 am Opladener Markt beheimatet ist. Das Marianum wurde während der Nazizeit ebenfalls geschlossen, zwischenzeitlich nutzte die nationalsozialistische Hans-Schemm-Schule dessen Gebäude, nach dem Krieg übernahm die Marienschule wieder. Heute ist sie koedukativ, in der Trägerschaft des Erzbistums Köln und befindet sich nach wie vor in der Straße An St. Remigius.

Opladen ist tagsüber wegen der Grünzüge an der Wupper und am Birkenberg und abends wegen der Kneipenszene sehr gefragt. Die Bierbörse **102** ist weit über die Stadtgrenzen bekannt und beliebt. Zudem gibt es eine lebendige Kunst- und Theaterkultur neben dem KAW, die vor allem in den Bunkern der Karlstraße beheimatet ist, **92** und **94**, und das Programmkino Scala in der Uhlandstraße.

Das 2017 neu entwickelte Opladener Logo veranschaulicht in einer stilisierten Liniengrafik vier Stärken des Stadtteils gemäß dem Slogan: »Opladen, hier fühl ich mich wohl.« Ein Eisenbahnsignal steht für die Bahnstadt, eine Einkaufstüte für die Fußgängerzone mit ihren Einkaufsmöglichkeiten, ein Haus steht für die Wohnqualität und ein Cocktailglas für die Ausgehmöglichkeiten.

23 MUSIKSCHULE

Bereits 1930 wurde die Wiesdorfer **2** städtische Musikschule gegründet, die aus der evangelischen Knabenschule von 1900 und der »Hubert Haveniths Singschule« aus den 20er-Jahren hervorging. Ihr Hauptgebäude befindet sich in der Friedrich-Ebert-Straße, zwischen der Kugel **42** und dem »Notenschlüssel« **35** in der Nähe des Rathauses **68**, daneben gibt es eine Fülle von dezentralen Unterrichtsräumen in allen Stadtteilen, die meisten in Schulen. Wer sich dem imposanten Hauptgebäude nähert, dem fällt als Erstes die davor auf dem breiten Rasenstreifen platzierte Stahlskulptur des Künstlers Alf Lechner auf. Sie hat die Form eines Vierkantstabes, der einen Kreisbogen schlägt, ohne dass der Kreis sich schließt. Die beiden Enden driften scheinbar immer weiter auseinander, wenn man das Objekt umrundet. Genauso schließt der Kreis sich vermeintlich wieder, wenn man es von der Seite betrachtet. Sinnbild des Zueinanderfindens in der Musik?

Als kommunale Einrichtung ist das erste Ziel der Musikschule, Kindern, Jugendlichen und Erwachsenen Musikunterricht zu bezahlbaren Preisen zu ermöglichen. Um dieses Ziel zu erreichen und eine hohe Breitenwirkung zu erzielen, wird viel getan, viel Engagement im Lehrbetrieb bewiesen, der durch Kürzungen und zunehmende Unsicherheit geprägt ist. Die Relation von Festangestellten zu Honorarkräften verkehrte sich von 70 Prozent zu 30 Prozent hin zu 30 Prozent zu 70 Prozent. Viele Sponsoringmaßnahmen und Kooperationen mit Firmen, Schulen, Bildungspartnern ermöglichen dennoch nach wie vor eine beeindruckende Arbeit, mit der neben dem regulären Unterricht 300 Veranstaltungen jährlich auf die Beine gestellt werden, darunter außenwirksame wie Fahrten nach Israel (2016, 2010), Indien (2014) und in die finnische Partnerstadt Oulu (2010) sowie Auftritte im Rahmen öffentlicher Veranstaltungen, aber auch Teilnahmen an Wettbewerben neben »internen« Konzerten, Tagen der offenen Tür und Musikschulfreizeiten. 2016 errangen 21 von 53 Leverkusener Teilnehmern beim Regionalwettbewerb »Jugend musiziert« erste Preise mit Weiterleitung an den Landeswettbewerb, weitere 25 Jugendliche erhielten Preise und Urkunden, sieben sicherten sich einen zweiten Platz. Immer neue Schülergruppen wurden erreicht, zum Beispiel mit Integrationsangeboten und internationalen Klassen oder mit Kursen zur musikalischen Früherziehung für Kleinstkinder ab sechs

Monaten. Die reguläre Musikalische Früherziehung ohne Eltern besuchen Kinder ab vier Jahren. Danach öffnet sich ein breites Spektrum an Instrumental-, Vokal-, Einzel- und Gruppenunterricht sowie Üben in Gruppen und Orchestern. Gelegentlich gelingt es der Musikschule sogar, mit Teilnehmern aus verschiedenen Musik- und Altersgruppen gemeinsame Opern zu inszenieren.

24 BAYER-KREUZ

Friedrich Bayer und Johann Friedrich Weskott gründeten am 1. August 1863 in Barmen einen Betrieb mit drei Beschäftigten zur Herstellung künstlich erzeugter Farbstoffe wie Fuchsin und Anilin. 1881 hatte die Firma bereits 300 Mitarbeiter und wurde in eine AG umgewandelt. Zwei Jahre später stieß der Chemiker Carl Duisberg zu dem Unternehmen und baute die chemisch-pharmazeutische Forschung in Elberfeld aus. Dort entdeckte Felix Hoffmann den Wirkstoff Acetylsalicylsäure (ASS), der unter dem Namen Aspirin 1899 auf den Markt kam und mit dem Bayer den weltweiten Pharmamarkt eroberte. Ab 1910 wurde das Bayer-Kreuz in die Tabletten geprägt. 1898 produzierte Bayer Heroin als Hustenmittel. Obwohl die Suchtwirkung bekannt war, stoppte man die Produktion erst 1931. 1895 erfolgte nach und nach der Umzug an den Rhein, aber erst 1912 wurde Leverkusen zum offiziellen Unternehmenssitz. 1904 wurden Fotochemikalien entwickelt, 1906 künstlicher Kautschuk. 1918 erwarb Bayer das Gelände des Farbenherstellers Carl Leverkus und Söhne in Wiesdorf 2. Aus einer Arbeitersiedlung entstand schließlich die Stadt Leverkusen. Zu Beginn des Ersten Weltkriegs besaß Bayer Werke und Töchter in vielen Ländern Europas, Asiens und den USA. Im Krieg wurden Sprengstoffe und Kampfgase produziert. Die Niederlage Deutschlands führte zum Verlust aller ausländischen Werke. Duisberg hatte bereits 1904 eine Interessengemeinschaft der deutschen Farbenindustrie initiiert. 1925 kam es zum Zusammenschluss von Bayer mit sieben deutschen Chemiefirmen zur IG Farben, dem größten Chemieunternehmen der Welt. 1933 wurde das 70 Meter hohe Bayer-Kreuz in Leverkusen errichtet, beleuchtet von 2.200 Glühlampen. Die IG Farben lieferte das Zyklon B, eigentlich ein Schädlingsbekämpfungsmittel, für die Vernichtungslager der Nazis und setzte KZ-Häftlinge und 4.000 Zwangsarbeiter in der Produktion ein. Nach dem Krieg wurde die IG Farben zerschlagen und die Bayer AG 1951 neu gegründet, die den internationalen Markt eroberte. 2001 sorgte der von Bayer hergestellte Cholesterinsenker Lipobay in den USA für einen Skandal, man machte ihn für den Tod vieler Patienten verantwortlich. Der Konzern nahm das Produkt vom Markt. 2002 wurde die Pflanzenschutzsparte ausgebaut. 2005 folgte auf die Übernahme der Arzneimittelfirma Roche die Aufgabe der Chemiesparte. Die aus der Bayer AG hervorgegangene Firma Lanxess AG führte die Kunststoffproduktion weiter. 2006 wurde die Arzneimittelfirma Schering übernommen.

Heute produziert die Bayer AG nichts mehr in Leverkusen, nur noch in Köln-Flittard, der Schwerpunkt hat sich verlagert auf Tabletten und Pflanzenschutz. Der neue Firmensitz wurde aus finanztechnischen Gründen nach Monheim ausgelagert, was für die Stadt Leverkusen den andauernden Nothaushalt zur Folge hatte. Das frühere Gelände des Bayerwerks nennt sich heute »Chempark« und beheimatet neben einigen Firmen, die nicht zu Bayer gehören, verschiedene Bayer-Nachfolgefirmen, etwa die Kunststofffirma Covestro, das Feinchemie-Unternehmen Saltigo, den Silikon-Spezialisten Momentive und die Firma Currenta, die den Chempark betreibt.

Die Firma Covestro übernahm übrigens als Bayer-Erbe ein Vollkunststoff-Unikat: das einzige Auto der Welt, das ausschließlich aus Kunststoff hergestellt wurde. Der K67 war einer von fünf Prototypen, die in den 60er-Jahren von Bayer entwickelt und produziert wurden, um zu beweisen, dass man kein Metall braucht, um ein Auto zu bauen. Drei der Wagen wurden in der Konstruktionsphase »geschrottet«, eins wanderte ins Deutsche Museum nach München, der orangefarbene K67, der in Bayer-Besitz verblieb, wird, um Standschäden zu vermeiden, immer wieder mal ausgefahren – mit dem »H« im Kennzeichen, das nur historische Fahrzeuge tragen dürfen. Der Plaste-Wagen ist dabei alles andere als eine antiquierte Skurrilität, sondern muss nach den Rekordabschlüssen, die auch für 2018 erwartet werden, als zukunftsweisendes Symbol gelten: Ist doch der Leichtbau im Automobil-Sektor aktuell das größte Thema, weshalb Covestro-Bauteile mittlerweile in fast jedem Auto Verwendung finden.

Ende 2016 wurde die Übernahme des amerikanischen Saatgut- und Herbizid-Konzerns Monsanto durch die Bayer AG verkündet, was weltweit kritische Stimmen auf den Plan rief, die durch die mit der Fusion einhergehende Monopolisierung Umweltschutz, Arbeitsplätze, Arbeitnehmerrechte und Verbraucherinteressen in Industrie- wie Entwicklungsländern gefährdet sehen. Hierzulande fällt der Name immer wieder im Zusammenhang mit dem dramatischen Bienensterben. Der Bayer-Vorstandschef beklagte im Gegenzug den bürokratischen Aufwand, den Kartellämter in den USA und Deutschland forderten: 40 Millionen DIN-A4-Seiten – ein Papierberg, etwa 25-mal so hoch wie der Kölner Dom.

Das Kreuz mit dem Namenszug als Bayer-Logo entstand eher zufällig: Einer Überlieferung zufolge kritzelte ein Mitarbeiter der pharmazeutischen Abteilung es 1900 während einer Sitzung auf seinen Schreibblock. Ab 1904 verdrängte es den geflügelten Bayer-Löwen mit Merkurstab und Vordertatze auf einer Weltkugel als Symbol des Unternehmens. 1933 wurde das Bayer-Kreuz als Großlicht-Anlage zwischen zwei 126 Meter hohen Schornsteinen errichtet. Der Durchmesser betrug 72 Meter. 1939 wurde es im Zuge der Verdunkelungsmaßnahmen wegen des Kriegs abgeschaltet und 1944 abgebaut, 1958 schließlich das heutige Bayer-Kreuz einige hundert Meter entfernt zwischen zwei Stahlrohrmasten installiert. Der gekreuzte Schriftzug wird von 1.710 Lampen erhellt und hat einen Durchmesser von 51 Metern. Der geplante Abriss der längst zum Leverkusener Wahrzeichen avancierten Lichtinstallation wurde 2007 durch eine Bürgerinitiative verhindert. Stattdessen ersetzte man 2009 die Glühbirnen durch Leuchtdioden. Der heutige stündliche Stromverbrauch liegt bei circa 11.600 Watt, was dem von drei Wasserkochern entspricht. Während früher alle vier Wochen Glühbirnen ersetzt werden mussten, ist jetzt nur noch einmal im Jahr ein Austausch mancher Lampen nötig. Wiewohl es sich herausgestellt hat, dass die Dioden gern von Vögeln angeknabbert werden, die sie für Futter halten. Die Ausbesserungs- oder Reparaturarbeiten werden über einen Förderkorb vorgenommen. Aktuell denkt man darüber nach, »kleine Prüfungen« durch Seilkletterer durchführen zu lassen. Das 300 Tonnen schwere Bayer-Symbol bleibt und leuchtet den Leverkusenern rund um die Uhr heim. Nur im Frühjahr und Herbst wird es zwischen 22 Uhr und 4 Uhr abgeschaltet, den Zugvögeln zuliebe. Schließlich erhellt der Schriftzug seine Umgebung in einem Radius von fünf Kilometern.

GO, MAN!

Als es den Josef auf der A 3 bei Langenfeld zerlegte, hatte ich endgültig die Schnauze voll. Der Josef ist – nein, war ein prima Kumpel. Es gibt immer sone und sone. Der Josef gehörte definitiv zur zweiten Kategorie. Ich meine, wir sind alle eine große Familie und reißen keinen rein. Aber bei so was hört der Spaß auf. Nichts haben die Bullen nachweisen können. Einen tragischen Alleinunfall nannten sie es. Gerade 38. Der Josef, meine ich. Die Tachonadel wird schon ein bisschen mehr angezeigt haben. Der VW hat sich dreimal überschlagen. Den Mann am Steuer hat's in die Böschung geschleudert. Anschnallen war nicht so seins. Klar war er allein im Auto! Wer steigt schon neben so einem Kandidaten ein, um ihm das Steuer zu verreißen? Direkt am Parkplatz Reusrather Heide! Na, klingelt's? Da hatte der Josef seine Stricher stehen. Hinter den Toiletten in den Büschen ging es mächtig ab. An milden Sommerabenden blieb da bald kein Baum oder Strauch mehr vögelfrei. Teile unserer Sippschaft fanden das im wahrsten Sinne des Wortes anstößig. Dabei verfügten die über einen weit größeren Pferdestall. Aber eben am anderen Ufer. In der Kunstfeldstraße gleich hinter St. Joseph 25, in der Porschestraße in Quettingen, nahe dem Bürgerbusch 26 und in Solingen. Ein paar kleinere Etablissements in Wiesdorf, Manfort und Opladen hatten sie unter sich aufgeteilt. Josef war klar gewesen, dass er neben all den Brüdern, Onkels und Cousins keine Schnitte kriegen würde. Also hatte er sich eine Nische gesucht. Da wurde die heilige Familie auf einmal ganz katholisch. Bis dahin ja nur auf dem Papier und wenn's ums Feiern ging. Das steht bei uns traditionell nun mal hoch im Kurs. Der Charly hat denn auch prompt eine Beerdigung für den Josef organisiert, die sich gewaschen hatte. Aus ganz Europa ist die buckelige Verwandtschaft angereist, um den »lieben Jung« zu beweinen. In St. Joseph, klar. Am offenen Sarg. Der Schönheitschirurg hatte ganze Arbeit geleistet. Eine gewisse Ähnlichkeit war tatsächlich wieder zu erkennen. Ich meine, ich hab ihn vorher noch im Krankenhaus erlebt. Seinen letzten Krächzer. Ich hatte mich verdammt weit über ihn beugen müssen, um eine Ahnung zu kriegen, was er mir sagen wollte. Das eine war klar: Mit »Janis« fing es an und mit »Scheißkerl« hörte es auf. Das waren seine letzten Worte. Nicht dass einer jetzt auf falsche Gedanken kommt. Wir waren Freunde. Verwandte sowieso. Aber ich meine, eben ganz normal. Mit der Nische hatte das nichts zu tun. Das war ein reines Geschäftsmodell. In dem ich ohnehin nur als Berater mitgewirkt hatte.

Wir waren Nachbarn in der Carl-Leverkus-Straße gewesen. Die einzigen Kinder unserer Sippe, die einigermaßen regelmäßig die Schule besucht haben. Weshalb ich heute keine Teppiche verkaufen muss und auch nix am Telefon. Ich hab richtig was gelernt. Krankenpfleger im Remigius-Krankenhaus 27. Das früher mal »St. Josef« geheißen hatte.

»Mensch, Josef«, hab ich damals gesagt. »Komm mit! Wenn das kein Zeichen ist!«

Sie hatten ihn zu fest im Griff.

Früher waren wir immer gemeinsam unterwegs gewesen. Tagsüber den Wiesdorfer Platz unsicher gemacht. Damals war der Saturn noch unten im Kaufhof. Gegenüber der Herz-Jesu-Kirche 28, neben den Luminaden 29 Ein Paradies. Leute abziehen. Bei Einbruch der Dunkelheit, wenn nicht mehr so viel los war, sind wir durch die Nebenstraßen und haben Fahrräder abgeräumt. Im Nachhinein denke ich oft, ich hatte eine tolle Kindheit. Wir waren viele. Dieses Zusammengehörigkeitsgefühl ist schon etwas Besonderes. Wir konnten machen, was wir wollten. Solange wir lieferten. Und uns konnte keiner was. Klar hatten wir überall Hausverbot. Aber wie wollten die das denn kontrollieren? Mit den Bullen waren wir per du. Die fuhren uns regelmäßig in die Heymannstraße, da wurden Protokolle aufgesetzt und dann ging's mit dem Polizeitaxi in die Carl-Leverkus-Straße.

Als ich 14 wurde, hab ich von einem Tag auf den anderen aufgehört. Mein Alter konnte sich auf den Kopf stellen und mit den Beinen wackeln. »Ich will nicht ins Gefängnis kommen!«, hab ich gesagt.

Mein Vater hat mir eine schallende Ohrfeige verpasst. »Wer ins Gefängnis kommt, hat den Knall nicht gehört!«, hat er gebrüllt. »*Mein* Sohn ist schlau genug, sich nicht erwischen zu lassen.«

»*Dein* Sohn?«

Er zuckte zusammen: Treffer. Versenkt.

»*Du* warst doch dauernd im Gefängnis! Und wieso behauptet Mama auf dem Jugendamt, dass sie nicht weiß, wer mein Vater ist? Es wäre so dunkel im Japanischen Garten [30] gewesen, dass sie ihn nicht erkannt hätte? Nur damit du den Unterhaltsvorschuss nicht zurückzahlen musst?«

Peng! Die nächste Ohrfeige. Ehe ich mich wieder aufgerappelt hatte, war mein Vater durch die Tür.

Mutter heulte: »Wie kannst du nur so reden? Dabei warst du doch immer ein braver, lieber Junge!«

War ich gewesen. Jetzt wollte ich endlich ein anständiger Mensch werden.

Dass mein Vater mehrere Tage nicht auftauchte, war normal. Die Männer unserer Sippe waren immer geschäftlich unterwegs.

Am Sonntag fuhr der große schwarze Mercedes mit den abgedunkelten Scheiben vor. Mir wurde mulmig. Charlys schwere Schritte im Flur, Rasierwasserschwaden fluteten das Zimmer, dann schob sein dicker Bauch sich durch die Tür. Der Rest kam hinterher. Zuletzt mein Vater. Bleich.

Ich war vom Sofa aufgesprungen, Mutter schaltete den Fernseher aus und rief mit aufgesetzter Munterkeit: »Mensch, Charly, setz dich! Ich hol uns einen Aufgesetzten!«

Charly würdigte sie keines Blickes. Er fixierte mich, als wäre ich ein unbekanntes Insekt. 150 Kilo setzten sich in Bewegung. Unter mir bebte der Boden. »Hallo, Onkel Charly«, stieß ich hervor und plumpste zurück aufs Sofa. Mein Vater schob dem Vetter einen roten Samtsessel hin. Goldene Troddeln wippten. Der Clanchef ließ sich fallen. Der Sessel stöhnte. Mutter floh in die Küche. Vater setzte sich neben mich. Ächzend. Ich schwieg.

»Lu sagt, du willst einen Abschluss machen«, begann Charly. »Wozu?«

»Um Arzt zu werden.« Ich verfluchte meinen Stimmbruch.

Charly lachte röhrend. »*Wozu*?«

»Da verdient man ein Scheißgeld«, schob ich panisch nach. Geld war das einzige Argument, das zählte.

Er lachte so laut und anhaltend, dass mein Vater schließlich einfiel. Charly erhob sich, haute meinem Vater auf die Schulter, grölte: »Dein Balg hat sie nicht mehr alle, Lu!« Zu mir, ernst: »Bei *mir* kannst du richtiges Scheißgeld verdienen. Hundertmal leichter. Aber einen Arzt in der Familie – auch nicht schlecht. Braucht man.« Und im Rausgehen: »Go, man! Aber mach deiner Familie keine Schande!«

Zum Arzt hat es dann nicht gereicht. Himmel, was muss man nicht alles wissen für so ein blödes Abitur, womit ich nie im Leben was zu tun gehabt hatte! Die anderen Schüler machten immerhin den Eindruck, als hätten sie von all diesen Dingen schon mal was gehört. Bei mir blieb nix hängen, stattdessen blieb *ich* gleich hängen, als ich es auf dem Kolleg probierte, und dann hab ich es erst mal an den Nagel gehängt.

Seit damals war ich jedenfalls raus aus der Nummer. Konnte tatsächlich den Realschulabschluss machen, dann die Ausbildung. Noch vor der Prüfung bin ich ausgezogen. Nicht weit weg. In eine Dachgeschosswohnung über dem Deichmann und einem der familieneigenen Nightclubs. Da konnte ich mir mit kleinen Hausmeisterjobs ein bisschen was dazuverdienen. Durch das Fenster sah ich sie hocken. Wie fette schwarze Krähen. Die Männer meiner Familie. Die im Eiscafé Minini [31] in den Luminaden Geschäftliches besprachen. Die Kinder, die durch die Einkaufszone stromerten, auf der Suche nach unaufmerksamen Passanten und unbewachten Auslagen. Die rundlichen Frauen mit quietschbunten Tüchern, goldfarbenen Slippern und prallen Plastiktüten.

Josef war der Einzige, der mich ab und zu besuchen kam. Er hatte die Mittlere Reife mit Ach und Krach geschafft. Nicht weil er zu doof war, sondern weil er dauernd abgezogen worden war. Er hatte einfach zu viel verpasst. Natürlich verbrachten wir immer noch Zeit miteinander. Hingen im Shadow [32] ab, im Kinopolis [33]. Aber ein bisschen ging es da schon auseinander.

Ich fing an, mich für andere Musik zu interessieren,

selbstgemachte. Klar hatten wir großartige Musiker in der Familie. Aber es war halt immer das gleiche überlieferte Zeugs. Um die Ecke in der Hauptstraße, im »Topos« 34, gab es Jazz. Im »Notenschlüssel« 35 an der Friedrich-Ebert-Straße Irish Folk.

Ich fing an zu lesen. In der Stadtbibliothek 36 lieh ich mir Fachliteratur aus, die ich für die Ausbildung brauchte. Der Wahnsinn. So viele Bücher auf einem Haufen! Ich stöberte. Im Zentralantiquariat 37 in der Lichstraße besorgte ich mir alle möglichen Schinken, Abenteuerromane, Krimis. Einfach so, weil es Spaß machte. Wenn meine Eltern mich mit einem Buch in der Hand trafen, schüttelten sie den Kopf. Aber da war auch so was wie Respekt. Zumindest ließen sie mich in Ruhe.

Josef nicht. Der kriegte kein Bein auf die Erde. Er saß sozusagen zwischen allen Stühlen. Im Nachhinein denke ich, dass es auch meine Schuld war. Ich hab ihn den anderen entfremdet. Aber sie haben ihm auch keine Chance gelassen. Und er hatte ein Problem: Er war nicht skrupellos genug. Deshalb konnte er einfach nicht mithalten. Sie haben ihn immer nur benutzt. Handlangerdienste. Als Fahrer, Kurier, Strohmann. Einmal traf ich ihn auf dem Schulhof des Opladener Berufskollegs 38. Da sollte er gefälschte Abiturzeugnisse an den Mann bringen. Die Formulare enthielten so viele Fehler, dass es sogar der interessierten Kundschaft auffiel.

Offensichtlich gab es nur zwei Möglichkeiten: mitmachen und Erfolg haben oder komplett raus. *Go, man*! Aber keine halben Sachen.

Den größten Fehler machte er mit der »Aktenzeichen XY ... ungelöst«-Sendung. Es ging um einen Anschlag drei Monate zuvor. Jemand hatte Brandsätze in eine Parterrewohnung in der Carl-Leverkus-Straße geworfen, das Nachbarhaus. Zum Glück war niemand in dem Zimmer gewesen, aber immerhin neun aus der Familie in der Wohnung. Die vollständig ausbrannte. Niemand wurde verletzt. Auch die Sippenmitglieder in den Etagen darüber konnten sich rechtzeitig in Sicherheit bringen.

Mehr als dass ein dunkler VW Polo mit Neusser Kennzeichen mit hoher Geschwindigkeit weggefahren war, konnte niemand bezeugen. Ein politisch motivierter Hintergrund? Fremdenfeindlichkeit? Unsere Familie war vor einem halben Jahrhundert in Leverkusen eingewandert. Charlys große Stunde. Wochenlang pilgerte er durch Talkshows und beklagte die mangelnde Akzeptanz durch die hiesige Bevölkerung, ließ sich von Grünen und Linken in Diskussionsrunden einladen, lamentierte über zunehmenden Rechtsradikalismus, Integrationshemmnisse, ungenügende Bildungschancen und fehlende berufliche Förderung von seinesgleichen. Und die mangelnde Bereitschaft der Polizei, die wahren Drahtzieher hinter dem Attentat zu entlarven.

Irgendwas musste Josef dabei falsch verstanden haben. Die ganze Straße hatte gemauert, keine Ahnung, oder war den Ermittlern durch die Lappen gegangen. Es gab widersprüchliche Beschreibungen der Männer in dem Auto, keine verwertbaren Spuren. Bis das »XY«-Team anrückte und Josef vor die Kamera kriegte, der sich an die letzten beiden Ziffern des Kennzeichens erinnerte. Nicht genug damit, dass sie jetzt die Nummer hatten. Josef war voll im Bild, als sie ihn befragten. Damit war wiederum die ganze Familie im Bilde, wer sich so gut erinnert hatte. Was dazu führte, dass der Halter des Polo im Nu ermittelt war. Und auspackte. Über einen Falschgelddeal mit einigen Mitgliedern unseres Clans, die ihn tüchtig über den Tisch gezogen hatten. Wofür er ihnen einen Denkzettel hatte verpassen wollen. Nix Nazi …

Vielleicht hatten sie Josef ja auch nur einen Denkzettel verpassen wollen. Er war schon immer schreckhaft gewesen. Überholen und ein wenig schneiden, das reichte schon. Sie haben seinen Tod billigend in Kauf genommen. Ihn ermordet. Daran änderte auch das Prunkbegräbnis nichts, das sie ihm zukommen ließen. In der Familiengruft auf dem Reuschenberger Friedhof 39. Ich muss zugeben, es hatte was. Zumindest hat es mich auf eine Idee gebracht. Charly neben seinem Bruder Janis vor dem offenen Grab, rechte Hand auf dem Herzen, Schmierenkomödianten, alle beide. Die Ansammlung fetter schwarzer Krähen in der ersten Reihe, weiter hinten ein Gewimmel von wehklagenden Frauen und Kindern, gekleidet wie die Eltern: Jungs in schwarzen Anzügen, Mädchen mit Kopftüchern und goldenen Ohrringen. Ich hatte oft genug ein Gefühl von Entfremdung gehabt. Jetzt wandelte es sich in Hass.

Das DOM Brauhaus 40 platzte aus allen Nähten. Nur ein Teil der angereisten Familienmitglieder fand drinnen Platz, sodass ein ständiges Kommen und Gehen herrschte. Die Mülheimer Straße war vollkommen zugeparkt. Ich schlängelte mich bis zu Charly durch, der am Kopf der Haupttafel saß. Nach den üblichen Küssen und Umarmungen erkundigte ich mich nach seiner Gesundheit. Gab meiner Sorge Ausdruck, dass er einen überanstrengten Eindruck machte, ließ etwas von »Burn-out« fallen und bot an, ihm in seiner Villa in der Waldsiedlung einen Hausbesuch abzustatten. Er hatte bereits genug getankt, dass er einen Moment brauchte, um mein Gesicht einzuordnen. Andererseits hatte er einen Enthemmungspegel erreicht, der ihn mein Angebot wohlwollend aufnehmen ließ. Er nannte mir einen Vormittag in der kommenden Woche, an dem er sich Zeit für einen Gesundheitscheck nehmen wollte. Ich war mir nicht sicher, wie gut er über den Stand meiner medizinischen Laufbahn im Bild war. Vermutlich hatte er mein Berufsziel »Arzt« noch im Gedächtnis. Dass ich über den Krankenpfleger nicht hinausgekommen war, mochte ihm entgangen sein. Mein Vater gehörte nicht zum Inner Circle. Egal. Hauptsache, er ließ mich ran.

Ich bin nicht lebensmüde. Natürlich wollte ich Rache. Nicht an irgendwem. An dem Drahtzieher. Der Vollstrecker war genauso austauschbar wie Josef. Selbst Janis konnte, als er meinen Kumpel von der A 3 gekickt hatte, nur auf Geheiß seines älteren Bruders gehandelt haben. Nichts passierte ohne den Clanchef. Schon gar kein Abgang. Wenn ich nicht der Nächste sein wollte, musste ich vorsichtig vorgehen.

Er empfing mich in atemberaubende Eau-de-Cologne-Schwaden und einen seidenen Bademantel gehüllt. Als er mich an die Brust zog, knickte mein Oberkörper im 45-Grad-Winkel nach vorn. Seine Wampe hatte monströse Ausmaße angenommen. Mein Begrüßungslächeln kam aus tiefstem Herzen. Der Fettwanst würde es mir leichtmachen.

Wir nahmen auf der weiß-ledernen Sofalandschaft Platz.

»Lange nicht gesehen! Was macht dein Vater?«, begann er den in unserer Familie unverzichtbaren Small Talk. Erst werden die nächsten Verwandten durchgehechelt, bevor man zur Sache kommt. Gleichzeitig war es ein Test. Ich wusste, dass er zwei Tage zuvor mit meinem Vater in Süddeutschland unterwegs gewesen war. Eine Teppichlieferung. Vielmehr Austausch. Man nimmt die vermeintlich verschlissenen alten in Zahlung und liefert dafür schöne neue. Die nur einen Bruchteil der ursprünglichen wert sind. Aber teuer bezahlt werden.

Familie ist das A und O. Wer nicht weiß, was seine Nächsten machen, ist verdächtig. Auch wenn ich mich sonst nur noch selten blicken ließ: Natürlich hatte ich meinen Eltern am Vortag einen Besuch abgestattet und war vorbereitet. Wir plauderten also über Vorzüge und Baustellen der A 3, 4, 5, 6, 7, 8 und 9, über den Ischias meines Vaters und die Gallensteine meiner Mutter. Nicht ganz zufällig kam ich auf die Alterswehwehchen meiner Erzeuger zu sprechen.

Er biss an. Beugte sich vor. »Gut, wenn man einen Sohn hat, der sich auskennt, nicht wahr, Herr Doktor?«

Natürlich wusste er es.

»Ich hab den Krankenpfleger gemacht, Onkel Charly. Für den Doktortitel hätte ich tiefer in die Tasche greifen müssen.«

»Bleibt ja in der Familie.« Er grinste. »Ich geb dir Rabatt.«

»Ich will kein Zertifikat. Ich hätte gerne richtig studiert.«

Das gefiel ihm. »Ich sehe, du nimmst deinen Job ernst.«

Puh, Test bestanden.

Ich begann, ihn behutsam auszufragen. Über eventuelle Beschwerden, über Bewegungs- und Ernährungsgewohnheiten. Wie alle in meiner Familie stand er kurz vorm Exitus, wenn man die Klagen ernst nahm. Seinem Lebenswandel nach hätte er zudem schon drei Schlaganfälle und Herzinfarkte haben müssen. Aber wie alle in meiner Familie war er phänomenal robust. Ich horchte ihn ab, maß den Blutdruck, tastete, wo ihn etwas zwackte, und noch ein bisschen mehr ab, machte ein ernstes Gesicht, ließ ihn – nicht ohne große Genugtuung – einige sportliche Übungen vorführen, die sein Gesicht hochrot anlaufen ließen, kontrollierte den Puls, machte ein noch ernsteres Gesicht und vereinbarte einen Termin für eine Blutabnahme. Mit hochgezogener Augenbraue und todernst: »Nüchtern!«

Er nickte kleinlaut.

Ich kenne die Abneigung meiner Leute gegen Ärzte. Sie halten sie samt und sonders für Scharlatane. Gut denkbar, dass der gute Charly meinen Hinweis so verstand, dass er auf Hochprozentiges verzichten sollte. Ich gönnte es ihm. Von mir aus hätte er vollgefressen und stockbesoffen sein können, wenn ich ihn anzapfte. Ich konnte ihm eh alles erzählen. Und das tat ich.

Fast ein Jahr lang gab ich den Leibarzt für den Mörder meines besten Freundes. Widmete jeder seiner Beschwerden äußerste Aufmerksamkeit, verabreichte ihm Spritzen und Medikamente und verordnete Diäten. Nach einer strengen Choreografie: Ich diagnostizierte zu allen Klagen eine entsprechende Beeinträchtigung, die sich entsprechend meiner Medikation zunächst verschlimmerte, um ein klares Krankheitsbild abzugeben. Dann therapierte ich sie gerade so weit, dass ich meine heilerischen Fähigkeiten unter Beweis stellen konnte. Ein guter Ausgangspunkt, von dem aus man beiläufig immer wieder Schübe der Verschlechterung eintreten lassen konnte, während mein Hauptaugenmerk auf die nächste Quelle des Unwohlseins meines Onkels gerichtet war.

Fast ein Jahr lang ließ ich mir Zeit. Und genoss jede Minute davon. Charly war Wachs in meinen Händen. Entsprechend stieg mein Nimbus in der Sippe. Jeder suchte meinen Rat. Doch ich ließ alle auflaufen. All meine Kraft und Sorge galt dem Chef. Der diese Exklusivität als weiteren Vertrauensbeweis zu schätzen wusste. Dass ich sein Anwesen selten ohne ein Bündel Geldscheine in den Jackentaschen verließ, war eine Annehmlichkeit, die ich mir gerne gefallen ließ.

Dann endlich hatte ich das Spiel satt. An Josefs Todestag

spritzte ich ihm eine Dosis Gilurytmal, ein starkes Herzmittel. Außerdem Kalium. Anschließend rief ich den Notarzt und ließ ihn in die Notaufnahme des Remigius einliefern. Kurz bevor er das Bewusstsein verlor, verweigerte er jegliche lebenserhaltende Maßnahme, die nicht in meiner Gegenwart vorgenommen würde. Ich intubierte ihn, der Arzt und ich gaben alles. Vergeblich. Er starb uns unter den Händen weg.

Noch ehe er den letzten Schnaufer tat, hatten sich Flure und Gänge des Krankenhauses mit fetten schwarzen Krähen gefüllt, die allein durch ihre hundertfache Präsenz deutlich machten, dass, falls Charly nicht überlebte, das Überleben der diensttuenden Ärzte mindestens ebenso fragwürdig war.

Unter starker Polizeipräsenz wurde der Leichnam übergeben.

Zuvor hatte der schlotternde Notarzt eine hohe Kaliumkonzentration in Charlys Blut festgestellt. Auf mein Anraten und mit Blick auf die schwarzen Limousinen, die sämtliche Zufahrten zum Haus blockierten und selbst den Polizeifahrzeugen keine Durchfahrt gewährten, vernichteten wir die Blutprobe und vermerkten einen natürlichen Herzstillstand in den Unterlagen. Es gelang mir, die aufgebrachte Menschenmenge zu beruhigen, indem ich mich dafür verbürgte, dass alles ordnungsgemäß abgelaufen sei. Als die Polizei, um die Gemüter zu besänftigen, anbot, eine Obduktion durchführen zu lassen, bestand die Sippe auf augenblicklicher Auslieferung des teuren Toten. Die Krankenhausleitung stimmte nach kurzer Rücksprache mit der Polizei zu. Die dem Familienoberhaupt unmittelbar unterstehenden Clanmitglieder trugen ihn auf einer eigens herangeschafften mit kunstvollem Schnitzwerk versehenen Bahre aus dem Gebäude, vor dem die versammelte Menschenmenge in ohrenbetäubendes Wehklagen ausbrach. Ein

Konvoi von dunklen Luxuslimousinen geleitete ihn auf seinem letzten Weg in die Waldsiedlung. Janis bezog Quartier in der Residenz des Verstorbenen, der in der Eingangshalle aufgebahrt war und drei Tage dort verbleiben sollte, damit die Familie Gelegenheit hatte, Abschied zu nehmen.

Als alles so weit war und ich mich verabschieden wollte, hielt Janis mich am Arm fest. »Bleib«, bat er. »Wir möchten sicherstellen, dass er, falls er doch wieder erwachen sollte, angemessen versorgt wird.«

Ich nickte und blieb. Bloß keinen Ärger! Während ich die erste Totenwache an der Seite des Verstorbenen hielt, jagten mir böse Gedanken durch den Kopf. Mochte ja sein, dass der Clan bekloppt genug war, wirklich zu glauben, Charly könnte wieder auferstehen und brauchte dann jemanden, der ihm Händchen hielt. Viel übler stieß mir der Gedanke auf, dass sie mich durchschaut haben könnten. Es wäre keine Hexerei gewesen. Ich bin kein Arzt. Mit ein bisschen Verstand hätte man mir auf die Schliche kommen können. Wenn es schon genügte, dass man ihnen wie auch immer in die Quere kam, obwohl man sich immer bemüht hatte, genau das zu vermeiden, was mochten sie erst mit jemandem anstellen, der ihnen das Allerheiligste genommen hatte? Ich malte mir die schlimmsten Folterqualen aus, die sie mir antun würden. Wusste, der Inner Circle tagte, während ich hier die Nacht durchwachte. Sie würden darüber befinden – was feststand –, dass Janis der nächste Clanchef würde. Aber sie würden mit Sicherheit auch die Umstände von Charlys Ableben durchhecheln.

Mit dem Grauen fielen mir die Augen zu. Tiefe Schwärze umfing mich.

Wurde wach, weil jemand an meiner Schulter rüttelte. Hatte Mühe, die Augen zu öffnen. Mein Kopf dröhnte. Janis'

Gesicht dicht über meinem wirkte seltsam verzerrt. »Wir müssen dich sprechen!«

Es musste helllichter Tag sein. Warum wirkte die Welt so trübe?

Dann sah ich sie. Eine Traube dicker schwarzer Krähen um mich herum. Männliche Nachfahren italienischer Mafiosi, die mit ihren Familien in den 70ern aus Kalabrien eingewandert waren, als die Regierung Moro-La Malfa durch ein drastisches Sparprogramm die galoppierende Inflation im Lande aufzuhalten versucht hatte. Die Nachfahren meiner Vorfahren.

Meine Familie.

Es gab kein Entkommen. Ich presste die Lider zusammen. Blinzelte. Die Aussicht blieb rabenschwarz.

Ich öffnete die Augen. Richtete mich auf.

»Wir haben unser neues Oberhaupt bestimmt«, sagte Janis.

Genau. Und du wirst jetzt mein Todesurteil aussprechen.

Ich lächelte. *Josef, ich komme!*

»Genau«, wiederholte Janis.

Konnte er Gedanken lesen?

»Du!«

Ich ließ es sickern. In mein Bewusstsein. Je klarer sich dort herauskristallisierte, was seine Worte bedeuteten, umso stärker drängte ein Impuls an die Oberfläche, der mich in meiner Ohnmacht an den Rand des Wahnsinns zu treiben im Begriff war:

Go, man, go!

FREIZEITTIPPS:

25 ST. JOSEPH

Die katholische Kirche St. Joseph an der Josefstraße, die als Wahrzeichen Manforts 81 gilt, wurde 1913 eingeweiht und 1985 unter Denkmalschutz gestellt. Es handelt sich um eine dreischiffige Rektoratskirche aus verputzten Backsteinen. Ein Rektorat steht für eine »Quasipfarrei«, eine Gemeinschaft von Gläubigen, die wegen besonderer Umstände noch nicht als Pfarrei errichtet ist, womit die Kirche die Installierung eines Pfarrers spart. Von Weitem sichtbar ist der hohe Westturm der Kirche mit verschiefertem Turmhelm und Laterne. Die Bauweise lehnt sich an die Gotik an. Über dem Hauptaltar findet sich ein neugotisches Fenster mit der Weihnachtsgeschichte, geschaffen von dem Leverkusener Künstler-Zwillingsbrüderpaar Erwin und Helmut Plönes, von denen auch das Schutzengelgemälde in einem der beiden, von der Gemeinde betriebenen Kindergärten stammt. Unter anderem gestalteten sie auch Kirchenfenster und Seitenkapellen in St. Andreas 71.

26 BÜRGERBUSCH

Seit der Übernahme des Schlosses Morsbroich 69 durch die von Diergardts in der Mitte des 19. Jahrhunderts befand sich der Bürgerbusch im Besitz der Familie (bis 2011), die ihn zum Jagen nutzte. Mit 320 Hektar ist er das größte zusammenhängende Wald- und Naherholungsgebiet in Leverkusen. Es wird durchschnitten von der A 1 und grenzt an Alkenrath 4, Schlebusch 73, Steinbüchel 93, Lützenkirchen und Quettingen.

Quettingen, zentraler Stadtteil von Leverkusen, wurde 1209 erstmalig als Quettingheim urkundlich erwähnt,

1930 wurde es Opladen 22 angegliedert, 1975 schließlich mit Opladen der Stadt Leverkusen zugeschlagen. Dem von Opladen in Richtung Lützenkirchen Durchfahrenden wird die erste Leverkusener Tankstelle von 1960 auffallen – im Bauhausstil, heute wegen ihrer pilzförmigen Zapfsäulenüberdachung und des dazu passenden Tankstellengebäudes denkmalgeschützt.

Lützenkirchen ist einer der ältesten Stadtteile Leverkusens, 1163 erstmals als Lützelenkerke urkundlich erwähnt. Neben vielen Fachwerkhäusern und der neugotischen Maurinus-Kirche von 1847 mit der Annakapelle von 1698 und der Kreuzkapelle von 1712 gibt es viel Grün, was den Stadtteil für junge Familien attraktiv macht. Hier ist auch das Werner-Heisenberg-Gymnasium beheimatet, das 1976 durch die Zusammenlegung der Opladener Landrat-Lucas-Schule II sowie der Ina-Seidel-Schule entstand. Es ist nach dem Physiker und Nobelpreisträger Werner Heisenberg benannt und eine von über 200 MINT-EC-Schulen in Deutschland.

Am südwestlichen Rand des Bürgerbuschs befindet sich die Gezelinkapelle 70. Zu Teilen unter Naturschutz steht der Mischwald aufgrund der Feuchtgebiete Bürgerbuschbach-Aue und Erlenbruch. Wiewohl der Leverkusener Ortsteil Bürrig 44 ein Stück entfernt liegt, soll der Name des Bürgerbuschs von »Bürriger Busch« abgeleitet sein.

Der Bürgerbusch ging Ende 2016 – mit dem Tod des Porzer Kaufmanns, Sport- und Schach-Mäzens Wilfried Hilgert – in den Besitz einer Erbengemeinschaft über, die sich ersten Verlautbarungen zufolge »zu 99 Prozent« einig war, dass das Wäldchen in den Händen der Familie, die es erst fünf Jahre zuvor erworben hatte, bleiben sollte. Spekulationen, dass Hilgert Pläne von »Straßen.

NRW« gekannt habe, die an der Autobahn eine große Raststätte in den Bürgerbusch hineinbauen wollten, hatte der Patriarch stets bestritten. Starker Widerstand der Leverkusener Bevölkerung gegen die Raststättenpläne bewog »Straßen.NRW« zwischenzeitlich zur Aufgabe. Fünf Jahre später waren sie jedoch immer noch nicht vom Tisch, weshalb die Proteste im Sommer 2017 wieder aufflammten – mit guten Argumenten: Keine andere Stadt sei so feinstaubbelastet wie Leverkusen mit seinen vielen Autobahnen.

27 REMIGIUS-KRANKENHAUS

Das Remigius-Krankenhaus in Opladen 22 liegt gegenüber der katholischen Marienschule und neben dem Amtsgericht, wurde 1891 von der katholischen Pfarrgemeinde St. Remigius gegründet, dem heiligen Josef geweiht und von den Schwestern des »Orden der Armen Dienstmägde Jesu Christi« betrieben. Mit der Gebietsreform und dem Anschluss Opladens an Leverkusen im Jahr 1975 kam es zu Verwechslungen mit dem Wiesdorfer 2 St.-Josef-Krankenhaus, weshalb man 2009 seinen Namen änderte und es nach dem Schutzpatron der Gemeinde »St.-Remigius-Krankenhaus« benannte. Die Kirche St. Remigius in der Düsseldorfer Straße ist kaum einen Steinwurf entfernt. Auch wenn sie erst 1863 nach den Plänen des Architekten Vincenz Statz fertiggestellt wurde, ist die Gemeinde doch eine der ältesten im heutigen Stadtgebiet. 1223 wurde sie erstmals urkundlich erwähnt. Die aktuelle Kirche, im neugotischen Stil errichtet, war nach einem Bombentreffer im Jahr 1944 fast vollständig zerstört. Erhalten blieben nur die Außenmauern und der dreigeschossige Westturm samt Geläut, darunter die älteste, namenlose Bronzeglocke von

1830 sowie die drei Stahlglocken »Maria«, »Remigius« und »Stephanus« von 1924. Bis 1952 dauerte der Wiederaufbau der Kirche unter Leitung des Architekten Bernhard Rotterdam. 1961 erhielt die Kirche eine neue Orgel, ein Jahr später Glasfenster des Leverkusener Glasmalers Paul Weigmann. Ihm und dem ebenfalls an der Renovierung der Kirche beteiligten Bildhauer Wilhelm Völker wurde im Mai 2018 eine Ausstellung mit dem schönen Titel »Ans Licht geholt« in der Villa Römer **54** gewidmet. Sehenswert ist auch die Statue des heiligen Johannes Nepomuk aus der Mitte des 18. Jahrhunderts, der früher die alte Opladener Wupperbrücke geschützt hatte.

Dass die Kirche mit der Zeit geht, bewies sie Anfang 2018, als sie für mehrere Monate einen »Gebetomaten« aufstellte, in dem der Besucher per Fingerwisch Gotteshuldigungen aus verschiedenen Ländern zu verschiedenen Religionen in verschiedenen Sprachen aufrufen konnte.

28 HERZ-JESU-KIRCHE

Dort, wo heute in der Fußgängerzone Wiesdorfer Platz, Ecke Breidenbachstraße die 1929 geweihte Herz-Jesu-Kirche steht, befand sich von 1819 bis 1928 ein Friedhof. Dessen Bewohner mussten – sofern sie das Verfallsdatum noch nicht erreicht hatten – erst auf den 1905 eröffneten Manforter Friedhof **81** umgebettet werden, ehe das Gotteshaus errichtet werden konnte. Nur zwei Pfarrer durften ihre letzte Ruhestätte im Innenhof der Kirche behalten, der heute von einer eingeschossigen Flachbau-Geschäftszeile verdeckt wird: Pfarrer Wilhelm Klinkenberg (1889–1954), Dechant des Stadtdekanates, der den Neubau der Herz-Jesu-Kirche vorangetrieben hatte, und Monsignore Fritz Hommerich (1910–1993), ebenfalls Stadtdechant und vieljähriger Gemeindepfarrer. Von dem Weg der Leichen zeugt heute noch die Lichstraße, die die Breidenbachstraße kreuzt: »Lich« kommt von »Leiche«. Dem zentral gelegenen Gotteshaus, auch »City-Kirche« genannt, wurde 1930 der markante 45 Meter hohe Backsteinglockenturm hinzugefügt – nach Plänen des Langenfelder Architekten Bernhard Rotterdam, der einen dem Standort gemäßen Bau schaffen wollte. Insbesondere der rechteckige Innenbereich, 60 Meter lang und 17,50 Meter hoch, erinnert eher an eine Industriehalle, was eine Besinnung auf das Wesentliche vermutlich fördert. Drei schmale Rundbogenfenster, von dem niederländischen Künstler Jan Thorn Prikker entworfen, beziehen sich figürlich-abstrakt auf die Offenbarung des Johannes; im mittleren spiegelt sich der Kirchenname in einem Christusbild mit Herz. Bei den Fenstern handelt es sich um Nachbildungen, da die Originale im Zweiten Weltkrieg durch eine in der Nähe einschlagende Bombe zerbarsten. Seit 2012 ist die Herz-Jesu-Gemeinde mit den Pfarreien Christus König Küppersteg sowie St. Stephanus in Bürrig 44 zur neuen Kirchengemeinde St. Stephanus mit der Bürriger Pfarrkirche fusioniert.

An den Wiesdorfer Kirchenbau schließt zur rückwärtigen Seite ein Gemeindehaus an, das zwischenzeitlich unter Denkmalschutz gestellt wurde. Hier sind ein Kindergarten und ein Jugendtreff 8 untergebracht. Im ersten Stockwerk befindet sich ein großer Saal, der darauf wartet, neuen Zwecken zugeführt zu werden. Eine gastronomische Nutzung samt Veranstaltungskonzept wäre ideal, laden Bühne und Parkettboden doch geradezu zu Konzerten und Tanzveranstaltungen ein.

29 LUMINADEN

Etwa 100.000 Quadratmeter umfasst die überdachte Einkaufsmall in Leverkusens Stadtmitte Wiesdorf 2 an der Fußgängerzone Wiesdorfer Platz gegenüber der Herz-Jesu-Kirche 28. In den 70er-Jahren errichtet, in den 90ern ergänzt, beherbergt das Einkaufszentrum etwa 60 Geschäfte, Dienstleister und gastronomische Angebote, direkt darunter befinden sich über 600 Parkplätze mit Zugang zu der Shoppingmeile. Am anderen Ende der Fußgängerzone dräut allerdings seit 2017 ernst zu nehmende Konkurrenz: die Rathausgalerie 68. Allerdings hatten die Luminaden schon vorher unter Leerständen und mangelnder Nachfrage zu leiden. Verschiedene Anbieter strichen im Laufe der Jahre die Segel, nicht immer fand sich adäquater Ersatz. Dabei wurde und wird viel unternommen, Menschen in die überdachte Einkaufszone zu locken: Ganzjährig gibt es Veranstaltungen, insbesondere an den verkaufsoffenen Sonntagen, etwa weihnachtliches Singen und Musizieren, Kunst- und Kulturereignisse mit Ausstellungen, Aktionen oder Lesungen im Rahmen von »Levliest« 125, ein karnevalistisches Programm oder auch Informationen und Diskussionen zu lokalpolitischen Themen. Seit 2017 hat »Straßen. NRW« ein eigenes Büro in den Luminaden, um die Bürger über die aktuellen Planungen und Probleme im Rahmen der Leverkusener Autobahn- 41 und der Stelzenbrücke zu informieren und für Gespräche bereitzustehen.

30 JAPANISCHER GARTEN

Der Japanische Garten innerhalb des Carl-Duisberg-Parks 58 gehört schon nicht mehr zu Wiesdorf 2, sondern liegt auf Köln-Flittarder Gebiet mitten im Chempark. Heute ist er öffentlich zugänglich, die drei Eingänge – einer davon an der Kaiser-Wilhelm-Allee – werden aber mit Einbruch der Dämmerung vom Bayer-Werkschutz geschlossen. 1891 bereits hatte Carl Duisberg das Gelände miterworben, das damals den Namen »Kasino-Park« erhielt. 1913 wurde es in »Kaiser-Wilhelm-Park« umbenannt und zunächst als Privatpark für Carl Duisberg gestaltet, der ihn nach einer Weltreise 1926 ausbauen ließ und um weitere fernöstliche Elemente anreicherte. Zum 70. Geburtstag von Carl Duisberg, 1931, erhielt der Park schließlich seinen heutigen Namen. Als das Bayer-Verwaltungshochhaus 1960 gebaut wurde, musste er um 200 Meter verlegt werden. Er hat eine Fläche von etwa 15.000 Quadratmetern und ist als Highlight der Gartenkunst weit über die Grenzen Leverkusens bekannt. Besucher, aber vor allem Mitarbeiter aus den umliegenden Werken nutzen ihn zu einem entspannten Spaziergang in der Arbeitspause und genießen die Blütenpracht, diese Oase der Stille mit Mammut- und anderen exotischen Bäumen und Sträuchern, Wegen über Brücken, vorbei an Gewässern mit Koi-Karpfen, Schildkröten und Wasservögeln, Springbrunnen, wasserspeienden Drachen, Bronzestatuen von Buddhas, Gottheiten und Geishas, Tieren, dem Teehaus. 2006 errang der Japanische Garten einen Platz unter den ersten fünf der schönsten Gärten Deutschlands. Mit dem Abriss des Bayer-Hochhauses 2012 wurde der Park um das Hochhaus-Areal erweitert. 2013 machten sich Metalldiebe in nächtlichen Streifzügen an den Figuren zu schaffen, sägten einzelne ab oder brachen sie vom Sockel. Daraufhin wurden viele eingelagert. Ein Teil wurde vier Jahre später wieder in den Garten verbracht – alarmgesichert. »Baykomm«, das Bayer-Kommunikationszentrum, liegt gleich nebenan. Hier lernt man das Unternehmen an allen Wochentagen zwischen 10 und 18 Uhr an vielen interaktiven Stationen anschaulich kennen, indem man sich in einem Altersanzug wie ein 80-Jähriger fühlen, in Virtual-Reality-Sesseln 360-Grad-Filme sehen oder eine Bayer-Verpackung mit entwerfen kann. In Infobereichen und an »Science Boards« kann man Spannendes zu Bayer-Themen aufrufen – entsprechend dem Slogan »Science for a better life«. Anschließend bietet ein Bistro Gelegenheit zur Stärkung.

31 EISCAFÉ MININI

Das Eiscafé Minini in den Luminaden ist nur eine von mehreren Filialen auf Leverkusener Stadtgebiet: In der Rathausgalerie 68, in Schlebusch 73 an der Bergischen Landstraße und in Opladen 22 am Markt sowie in der Fußgängerzone Kölner Straße, also in besten Lagen, findet sich das beste Eis Leverkusens mit allen klassischen sowie ungewöhnlichen Sorten samt ergänzendem Angebot wie Frühstück und Waffeln. Der Besucher kann wählen zwischen Sitzplätzen innen und außen, überdacht oder unter Sonnenschirmen, zurückgezogen oder mitten zwischen Einkaufszonenbesuchern. In Sachen Geschmack erhält der Familienbetrieb auf den einschlägigen Seiten – nicht nur nach dem Eindruck der Verfasserin – überwiegend Bestnoten, gelegentlich wird der Service moniert.

32 »SHADOW«

Nahe des Wiesdorfer Bahnhofs Leverkusen-Mitte, ein paar Meter vom Parkhauseingang entfernt beziehungsweise am Park-and-Ride-Parkplatz der DB und daher auch für Besucher aus der Region sehr gut zu erreichen, befindet sich der Kellerclub »Shadow«. Er ist über die Grenzen der Stadt bekannt und beliebt – als Szenedisco für Gothic, Industrial,

Dark, Wave, Indie, 80s, Rock, Kultclassics, mittelalterlich oder einfach ein bisschen trashig, in jedem Falle speziell, womit es den Betreibern gelingt, Sauf-und-Aufreiß-Partys mit Ballermann-Atmosphäre zu vermeiden. Die Veranstaltungsreihe »Culture Club« ist noch am ehesten Mainstream. Seit über zehn Jahren gibt es hier Livekonzerte und DJ-Partys, spezielle Getränkeangebote, eine angenehme Atmosphäre, die ohne grimmige Türsteher auskommt und in der sich fast alle Altersklassen zwischen 16 und 60 wohlfühlen können, auch wenn die U-30er klar dominieren. Abzüge werden für den Zustand der Toiletten gegeben, der sich im Laufe des Abends erheblich verschlechtern kann. Es besteht die Möglichkeit, die Location für private Feiern zu mieten.

Nach einem Brand am 29. April 2018 war die Zukunft des Shadow eine Weile ungewiss. Im März 2019 wird es endlich wieder neueröffnet.

33 KINOPOLIS

Das Multiplex-Kino »Kinopolis« am Friedrich-Ebert-Platz in Wiesdorf 2 wurde 1997 von der Kinopolis-Gruppe, der traditionsreichsten deutschen Kinokette mit über 100-jähriger Erfolgsgeschichte, eröffnet. Die Betreiber, ein Familienunternehmen, waren unter den Ersten, die der Couch-potato-Kultur vor deutschen Fernsehern und dem großen Kinosterben etwas entgegensetzten: prächtige Häuser, Blockbuster, Event-Movies, Top-Filmreihen und Popcorn. In Leverkusen laufen bis zu 20 verschiedene Filme in acht Kinosälen. Im größten, mit einer 22 Meter breiten Leinwand, finden 651 Besucher Platz, die den Vibrationseffekt des Thunderbox-Systems und 3-D-Filme genießen können. Insgesamt stehen fast 2.000 Sitzplätze zur Verfügung. Dazu gibt es nicht nur ein Snack- und Cocktailangebot, sondern auch ein Restaurant mit ausgesuchten Gerichten, das »Planet Diner«. Zum Verschenken kann man Kinogutscheine erwerben, für private Veranstaltungen selbst einen Saal mieten. Verkehrstechnisch ist der Filmtempel sehr gut zu erreichen, da in unmittelbarer Nähe zum Bahnhof Leverkusen Mitte, Busse halten vor dem Gebäudekomplex, Parkgaragen sind vorhanden.

Seit 2001 ist das Kino von der Kinopolis- zur Cineplex-Gruppe übergegangen, hat seinen Namen aber behalten. Cineplex ist ein Verbund von mittelständischen Kinobetreibern, die den Vorführern mehr Autonomie hinsichtlich Programm, lokaler Marketingmaßnahmen und Preisen ermöglichen. 2017 war die Cineplex-Gruppe in 68 Städten an 92 Standorten vertreten.

Für Menschen, die eher auf Programmkino stehen als auf Blockbuster, gibt es das Scala in der Opladener Uhlandstraße. Es ist zudem ein beliebter Veranstaltungsort für Livebands und andere Acts. Freunde von kleinen, aber feinen sowie älteren Produktionen lieben das Kommunale Kino, das zumeist im Forum **60** gezeigt wird und das neben der Präsentation von ausgezeichneten Filmen zu kleinen Preisen einen Bildungsauftrag verfolgt, der seinen Niederschlag in speziellen Themen findet, die Kinder, Frauen, Minderheiten stärken und zum Austausch einladen sollen. Als Beitrag zur Integration von Flüchtlingen gibt es zum Beispiel die Reihe »Migration und Ankommen« mit entsprechenden cineastischen Angeboten.

34 »TOPOS«

Das »Topos« ist untrennbar mit den Wirtsleuten Ingrid und Wolfgang Orth verbunden. Seit Anfang der 70er-Jahre ein Paar, seit 2006 auch standesamtlich beurkundet, war Ingrid zuletzt Seele der Kneipe, während Wolfgang stärker im Fokus der Öffentlichkeit stand. Er hat vieles bewegt. Geboren zum Kriegsende als Sohn eines Musikers schlug er selbst zunächst nicht den Weg des Musikers ein, sondern einen künstlerischen, orientierte sich dabei an seinem Onkel Hanns Rheindorf, einem sakralen Bildhauer, lernte Gold- und Silberschmied, war als Straßenmaler in Frankreich und Spanien unterwegs und versuchte sich nach seiner Rückkehr als Galerist. Gleichzeitig begann er musikalische und literarische Veranstaltungen zu organisieren, was ihn schließlich dazu trieb, die Räumlichkeit in der Hauptstraße 134 zu pachten. Er sorgte für die bis heute erhaltene Gestaltung des Hauses: gepflasterter Boden, sich schlängelnde Polyester-Bänke an den Wänden und eine winzige Bühne, auf der sich seit der Eröffnung des »Topos« im Jahr 1969 Weltgrößen des Jazz und andere bekannte Musiker ablösen. 1987 gründeten Orths und Mitstreiter den Jazz-Lev-Verein, der den auftretenden Musikern zumindest die Spesen garantieren sollte. Mit seiner Hilfe gelingt es bis heute, jährlich an die 200 Konzerte in der Kneipe stattfinden zu lassen. Nebenher waren die Orths linkspolitisch-bürgerschaftlich engagiert. Zuletzt hatte Wolfgang Orth sich nicht nur aus gesundheitlichen Gründen wieder stärker auf sein künstlerisches Schaffen konzentriert und dem »Topos« Galerieflair verliehen, indem er seine Werke dort aushängte. Am 09.01.2019 verstarb Leverkusens »Mister Jazz«. Seine Frau und der Verein Jazz-Lev führen das »Topos« fort.

1980 wurden die Leverkusener Jazztage ins Leben gerufen, ursprünglich ein Event zur Feier des 50. Geburtstags der Stadt, ist das Festival mittlerweile mit weit über 20.000 Besuchern eins der größten Jazzereignisse im deutschsprachigen Raum. Seit 1996 wird es von Eckhard Meszelinsky veranstaltet, der dafür 2017 mit dem Kurt-Lorenz-Preis ausgezeichnet wurde, einer Ehrung für Bürger Leverkusens, die in besonderer Weise das Kulturleben geprägt haben.

Ein weiteres Leverkusener Musikhighlight ist hingegen mittlerweile wohl Geschichte: Der Jazz Lev e. V. hatte neben Kneipenkonzerten seit 1995 das jährliche Festival »Street Life« rund um das »Topos« veranstaltet. Fast 50 lokale und internationale Bands boten dem Besucher kostenfrei drei Tage lang auf drei Bühnen Jazz, Funk, Rock, Blues und andere Musikrichtungen. Eine Veranstaltung, die weit über das Rheinland hinaus bekannt war und den Ruf Leverkusens als musikalische Hochburg in der Region bestätigte. Etwa 80 ehrenamtliche Helfer waren Garanten für das Gelingen und eine extrem gechillte und familiäre Atmosphäre. Die Finanzierung des Festivals erfolgte über den Getränke-Straßenverkauf der Street-Life-Veranstalter zu absolut moderaten Preisen. Mitgebrachte Bierdosenpaletten waren daher ein No-Go. Das freiwillige Engagement hatte allerdings Grenzen: Aufgrund verschärfter Sicherheitsauflagen wurde das Festival 2018 auf eine Ein-Bühnen-Jubiläumsfeier reduziert.

Eine Veranstaltung, die der Förderverein Jazz weiterhin jährlich verwirklicht: eine Rheinfahrt mit Musik an Bord, die am Schiffsanleger unterhalb der »Wacht am Rhein« 12 startet und endet. Das »River-Boat-Shuffle« mit über 400 Gästen sorgt für beschwingte Stimmung rheinaufwärts, vorbei an Köln und spät in der Nacht wieder zurück.

35 »NOTENSCHLÜSSEL«

Dem an der Wiesdorfer Friedrich-Ebert-Straße gelegenen Irish Pub »Notenschlüssel« gaben Hannelore und Walter Försteling 1986 seinen Namen, der auf die Nachbarschaft mit der gegenüberliegenden Musikschule 23 anspielt.

Sie dekorierten die urige Kneipe mit alten Instrumenten, gewannen tatsächlich viele Musikschulangehörige als Gäste, begannen mit Livemusik und sicherten sich ein treues Publikum. Als sie die Bar nach 26 Jahren aus Altersgründen übergeben wollten, fand sich zunächst kein Nachfolger. Dann kam ein Zufall zu Hilfe: Der frisch gegründete Verein »Irlandfreunde Leverkusen« suchte einen Versammlungsort. Warum nicht die Kneipe gleich übernehmen? Und wenn schon Irland, dann auch eine Whiskybar daraus machen. Seit Anfang 2013 ist der »Notenschlüssel« von mittwochs bis samstags von 19 bis 24 Uhr wieder geöffnet. Selber Name, selbes Inventar. Nur die Getränkekarte enthält heute auch Guinness und Whisky. Sessions und Konzerte sowie Lesungen der Irlandfreunde werden ergänzt um andere Künstler und Vortragende, gerne kulinarisch passend flankiert von Whisky, Fingerfood und ähnlichen Genüssen. Wie es sich für ein Vereinslokal der Initiatoren der »Irish Days« im Neuland-Park 1 gehört.

36 STADTBIBLIOTHEK

Die Hauptstelle der Stadtbibliothek Leverkusen ist in der Rathausgalerie 68 beheimatet und direkt über den Haupteingang zu erreichen, erstreckt sich allerdings über zwei Etagen. Zweigstellen gibt es außerdem noch in Opladen 22, Schlebusch 73, Steinbüchel 93 und Hitdorf 18. In der Wiesdorfer Abteilung sind 60.000 Medien untergebracht – DVDs, Hörbücher, Musik-CDs sowie Software für PC und verschiedene Konsolen zur Ausleihe. Als frei zugängliche öffentliche Kultur-, Bildungs- und Informationseinrichtung will sie ihren Auftrag durch Zurverfügungstellung, persönliche Beratung, Ausstellungen und viele Veranstaltungen vermitteln. Die Recherche, Reservierung, Ausleihe,

Verlängerung und Rückgabe von Medien kann zu Teilen von zu Hause aus passieren: im Rahmen der »Bergischen Onleihe«. Unterstützt wird die »Stabi« von ehrenamtlichen Vorlesepaten, die unter dem Motto »Lesen verleiht Flügel« Kindern ab fünf Jahren in der Hauptstelle vorlesen. Darüber hinaus unterstützen zwei Fördervereine den normalen Betrieb und Veranstaltungen. Zu Letzteren gehören neben (Kunst-)Ausstellungen in erster Linie Lesungen, aber auch andere Begegnungen, seit 2017 zum Beispiel in Form einer Literaturgesprächsreihe, sowie Vorträge und besondere Projekte bis hin zu einer Schreibschule.

Die Geschichte der »Stabi« reicht weit zurück. 1910 gab es eine erste »Volksbücherei« in Wiesdorf, die nach der Vereinigung mit Bürrig Anfang der 20er-Jahre erweitert wurde und 1925 zum ersten Mal den Namen »Stadtbibliothek« trug. Ziel: Bekämpfung von Schmutz und Schund in der Literatur. 1933 wurde diesem Ziel entsprechend tüchtig aussortiert und mit nationalsozialistischem Gedankengut aufgefüllt. Die »Stabi« wurde wieder zur »Volksbücherei«. Nach dem Krieg fand sie als »Stabi« Unterkunft in der Doktorsburg 16, 1972 wurde sie aus Platznot in die ehemalige Sparkassenhalle verlegt. 1998 zog sie neben das Stadthaus, 2010 schließlich in das heutige Haus.

37 ZENTRALANTIQUARIAT

Buchläden sind nicht nur in Leverkusen im Zeichen zunehmenden Onlinehandels rar geworden. Die in dritter Generation geführte Traditionsbuchhandlung der Familie Gottschalk in Schlebusch hält wacker die Stellung und das Literaturpublikum durch eine illustre und regelmäßig ausverkaufte Lesereihe in Schloss Morsbroich 69 sowie im »Café libre!« – direkt neben dem Ladengeschäft in der

Mülheimer Straße 8 – bei der Stange. Ihr Engagement in Sachen Veranstaltungen rund ums Buch wird dazu beigetragen haben, dass sie sich trotz der Konkurrenz der Internetanbieter und trotz E-Books eine treue Kundschaft erhalten konnten. Der Firmengründer Prof. Dr. Walter Gottschalk hatte bis 1945 als Romanist an der Uni Rostock gelehrt. Verwandtschaftliche Beziehungen seiner Frau zur Familie Wuppermann **80** lockten ihn nach dem Krieg nach Schlebusch **73**, wo er 1947 mit Lizenz der amerikanischen Besatzung die »Gottschalk'sche Verlagsbuchhandlung« aufmachte. Den Druckereibetrieb übernahm später Sohn Werner, sein Bruder Dieter Verlag und Buchhandlung. Enkel Manfred Gottschalk studierte auf Rat seines Vaters hin zunächst Französisch und Spanisch und lehrte am Freiherr-vom-Stein-Gymnasium **45** als Studienrat, besann sich dann aber doch auf das erste familiäre Standbein und übernahm das väterliche Erbe, das er zur Erlebnisbuchhandlung weiterentwickelte, 2011 ergänzt um das Bistro »Café libre!«.

Die Buchhandlung Dr. Friedrich Middelhauve, 1921 in Wiesdorf **2** eröffnet – Dr. Middelhauve war daneben Verleger, FDP-Mitglied des Rates, Landtags- und Bundestagsabgeordneter, Stellvertretender NRW-Ministerpräsident, Minister für Wirtschaft und Verkehr sowie Ehemann von Bertha Middelhauve **69** –, später mit Filialen in Opladen **22** und Schlebusch **73**, ging 2010 in die Insolvenz. Eine der Angestellten, Heike Noworzyn, gründete daraufhin die schnuckelige Buchhandlung Noworzyn in der Opladener Birkenbergstraße 25. An der Kölner Straße in Opladen gibt es außerdem unter der Nummer 90 die »Christliche Bücherstube« und im Haus 117 auf der anderen Straßenseite das Antiquariat »Büchercabinett«. Zwischenzeitlich hatten auch zwei Buchhandelsketten in Leverkusen Fuß gefasst, »Mayersche« und »Thalia«, die erste hatte nur ein kurzes Gastspiel, die zweite ist in der Rathaus-Galerie 68 ansässig.

Für Bibliophile gibt es aber noch ein weiteres Buchparadies: die Secondhand-Buchhandlung »Zentral Antiquariat«, die seit 1989 die Stellung in der Wiesdorfer Lichstraße 28 hält, wo Inhaberin Christine Weihermüller-Curylo zunächst in einer Garage begonnen hatte und heute das Kunststück fertigbringt, ein paar Meter weiter in den Räumlichkeiten von Haus Nummer 26 etwa 80.000 Titel anzubieten – neben einem Bestellservice, der jedes auf dem Markt erhältliche Neu- und Gebrauchtbuch umfasst. Das Überleben des »Zentral Antiquariats« ist einerseits dem Herzblut der Inhaberin zu verdanken, andererseits ihrer treuen Kundschaft, einer Mischung aus Alteingesessenen und Grün-Alternativen, die in Krisenzeiten sogar einen Verein zur Erhaltung des Unternehmens gründeten, aus dem später der »Förderverein Literatur in Leverkusen e. V.« hervorging. Ein Besuch in dieser »zentralen« Literaturschatzkammer in einer Seitenstraße der Fußgängerzone ist unbedingt zu empfehlen.

38 OPLADENER BERUFSKOLLEG

Berufskollegs sind die größte weiterführende Schulform, die dennoch keiner kennt. Hier spielt das Elternhaus keine große Rolle mehr, denn ein Teil der Klienten ist bereits volljährig, andere kommen aus Elternhäusern, die nicht dem Helikopter-Modell entsprechen. Dabei wird dort eine Fülle an Bildungsgängen – von berufsvorbereitend, berufsorientierend, mit beruflichem Schwerpunkt, berufsausbildend, berufsbegleitend und nachberuflich – angeboten sowie eine Vielzahl an beruflichen und schulischen Abschlüssen vermittelt, von Fachoberschulreife über Fachhochschulreife bis Abitur. Hier wird aufgefangen, gefördert, qualifiziert und gebildet – mit spezifischen beruflichen Schwerpunkten: Im Berufskolleg Opladen (BKO) 22 gibt es die Abteilungen Wirtschaft und Verwaltung, Gesundheit, Erziehung und Soziales, Metall- und Elektrotechnik, Arbeitsvorbereitung und Handwerk. Schulträger ist ein Zweckverband der Gemeinden Burscheid 89, Langenfeld 78, Leichlingen 3, Leverkusen und Monheim, der garantieren soll, dass die Ausbildungsmöglichkeit für bestimmte Berufe gesichert wird, auch wenn in einer einzelnen Gemeinde nicht genügend Interessenten zusammenkommen.

Wer sich Abschlussprüfungen nicht stellen mag, könnte durchaus versucht sein, für ein gefälschtes Zeugnis etwas springen zu lassen, dachte sich ein Mitglied einer stadtbekannten Großfamilie und bot auf dem Schulhof des BKO tatsächlich Abiturzeugnisse an, deren Orthografie aber derart mangelhaft war, dass der Fälscher statt zu Geld vor den Richter kam.

Das Kerngebäude des heutigen BKO wurde 1968 als Berufsschulzentrum eingeweiht. Die abstrakte Edelstahlskulptur vor dem Gebäude stammt von Josef Neuhaus und nennt sich »Phönix«; möglicherweise eine Verbindung von Materiellem – des Metalltechnik-Schwerpunkts – und Ideellem – des Strebens nach höheren Abschlüssen, der Befreiung aus der Asche suboptimaler Startbedingungen? Vor dem Haupteingang findet sich eine weitere Skulptur: der »Engel der Kulturen«, ein 2010 in den Boden eingelassenes kreisförmiges Relief, das die Symbole Davidstern, Kreuz und Halbmond an den Innenrändern trägt und die Gestalt eines Engels visualisiert – als Bild der Gemeinsamkeit und des gegenseitigen Respekts im Sinne friedlichen Zusammenlebens Angehöriger verschiedener Kulturen und Religionen.

Neben dem BKO soll zumindest das Geschwister-Scholl-Berufskolleg in der Bismarckstraße 207–211 in Manfort 81 Erwähnung finden, nicht zuletzt, da die zwischen 1956 und 1966 errichteten Gebäude im Stil der 50er-Jahre mittlerweile unter Denkmalschutz stehen.

39 REUSCHENBERGER FRIEDHOF

Der Küppersteger 2 Friedhof grenzt an Bürrig 44 und liegt in einem Grüngürtel zwischen beiden Stadtteilen, in dem sich auch der Wildpark Reuschenberg befindet. Vis-a-vis auf der anderen Seite der Bonner Straße befindet sich der Opladener Friedhof Birkenberg. Die 1955 eingeweihte Reuschenberger Friedhofskapelle, erbaut nach den Plänen des Architekten Kurt Wilhelm Rink, verfügt über einen separaten Glockenturm, der an eine Backstein-Stele erinnert. Auf dem Friedhof findet man das Who is Who der Stadt – Oberbürgermeister, Politiker(innen), Brauchtumspfleger(innen) – sowie die eindrucksvollen Gräber der verstorbenen Mitglieder einer Leverkusener Romasippe.

Der Friedhof Reuschenberg, der bis in die 70er-Jahre vergrößert wurde, soll nun wieder schrumpfen. Grund: Der Trend geht zur Urne, und die braucht weniger Platz.

Direkt neben dem Friedhof lädt der Wildpark Reuschenberg mit Bistro zum Bummeln und Bleiben ein. Und zum Feiern: Beim jährlichen Kinder- und Familienfest wird ein umfangreiches Programm aus Musik, Zauberei, Clowns, Jonglage, Kinderschminken und Ponyreiten geboten. Seit 2017 hat der zum Park gehörende Waldspielplatz neben Wippe, Balancierbalken, Seilbahn, Karussell, Schaukel und mehr eine weitere Attraktion: ein großes Klettergerüst. Der Wildpark erstreckt sich über 60.000 Quadratmeter und beherbergt 80 verschiedene Wild- und Haustierarten.

40 DOM BRAUHAUS

Das DOM Brauhaus sei als eins der Leverkusener Brauhäuser hier genannt. Es befindet sich an der Saarstraße 1 am Rand der Waldsiedlung 13 und ist ein beliebter Treffpunkt – nicht nur für Leverkusener, denn es liegt dicht vor der Stadtgrenze Kölns. Das ehemalige Direktionsgebäude einer Sprengstofffabrik stammt aus dem Jahr 1889 und steht seit 1994 unter Denkmalschutz. Der zweieinhalbgeschossige Backsteinbau zeigt an der Fassade Anlehnungen an den englischen Landhausstil und hat ein vierteiliges Walmdach, also Dachflächen auf der Trauf- und Giebelseite, was dem imposanten Gebäude die Anmutung verleiht, als spähe es in alle Richtungen. Sicherlich passend für den Sitz einer Unternehmensführung. Später wurde das Gebäude als Casino, dann als Hotel genutzt. Die Brauhausküche ist urig-bodenständig, auch in den Preisen, es gibt klassische deutsche Hausmannskost, aber auch Mediterranes und Internationales. Und natürlich frisch gezapftes Bier, und zwar von der DOM Brauerei, der einzigen in Leverkusen. Neben dem DOM Brauhaus seien die Manforter 81 Brauhäuser Janes an der Bismarckstraße und Manforter Hof am Konrad-Adenauer-Platz erwähnt.

DHÜNNPFIFF UND ALT-LASTEN

Eine gründliche Sanierung war fällig, hatte der Zahnarzt gesagt. Die Brückenpfeiler-Zähne müssten raus, Implantate rein. Alles marode. Sie hatte es schon lange geahnt. Mit dem Karpaltunnel war es losgegangen. Stau in den Gelenken, kein Durchkommen mehr. Ablagerungen, Altlasten, sie hatte es zu lange laufen lassen. Immer alles geschluckt. Jeden Müll, der ihr widerfuhr, mit immer mehr Chemie zugekippt. Erst als die Eingeweide rumorten, wochenlange Verdauungsprobleme sie quälten, hatte sie beschlossen, Inventur zu machen. Alles aufzuschreiben. »Stechen zwischen den Schulterblättern, Gelenkschmerzen im rechten Knie, Migräne, taube Finger beidseitig, Kauleiste zwackt, Konzentrationsschwierigkeiten, Dhünnpfiff«, notierte sie. Musste lachen. Oh je. So weit war es gekommen! In ihrem Kopf ging schon alles durcheinander.

Die Dhünnaue war nur eine Baustelle von vielen. Die A 1 würde sie noch unter die Erde bringen! Da gehörte sie eigentlich hin. Die A 1. Nicht sie, Anke. Es war die beste Lösung. Für eine Kommune, deren Etat längst von der Aufsichtsbehörde, der Bezirksregierung, kontrolliert wurde, ein schöner Traum. Zuständig war sie ohnehin nicht. Nicht Anke, nicht die Kommune, sondern der Landesbetrieb »Straßen.NRW«. Die Stadt konnte froh sein, wenn ihre Bedenken überhaupt Gehör fanden.

Ankes Magen rebellierte, als die Sprechstundenhilfe ihr am Empfang lächelnd den Kostenvoranschlag aushändigte.

Die Beihilfe würde mit Sicherheit nur einen Bruchteil des Betrags übernehmen. Den Besuch beim Internisten konnte sie gleich wieder absagen. Wer weiß, was der noch alles auf die Agenda setzen würde. Unbezahlbar!

Warum hatte sie Edgar nicht von der Brücke 41 geschubst?, überlegte sie, als sie im Blaulicht der Medien-Kugel 42 den Ludwig-Erhard-Platz vor dem Ärztehaus umkreiste. Ihre finanzielle Lage hätte es wohl kaum verbessert. Ihr seelisches Gleichgewicht?

Weit und breit kein Fußgänger, kein Radfahrer in Sichtweite. In ihrem Rücken waren hinter der Sichtschutzwand Autos auf der A 1 in die Blitzerfalle gebrettert. Sie hatte dagestanden wie vom Donner gerührt. Was für ein Burgschauspieler! Rumgebrüllt: Wenn sie sich seinem Glück in den Weg stellte, würde er sich hier und jetzt in die Fluten stürzen. Sich ans Geländer gestellt, ein Bein darüber geschwungen. Zweimal Schwung geholt, ehe er den Fuß überhaupt hoch genug kriegte. Gelenkigkeit hatte irgendwas mit Gelenken zu tun.

»Gib mich endlich frei!«

Seine Freiheit hatte er sich längst genommen. Es ging um Absolution. Sie hatte zugeben sollen, dass Trennung die einzig richtige Lösung in Anbetracht ihrer desolaten Ehe sei. Hä? Was hatte sie im letzten Vierteljahrhundert verpasst? Natürlich hatte der Zahn der Zeit an ihnen genagt, Gewohnheiten, Alltag – aber hatten sie es nicht all die Jahre gut geschafft? Kein Streit, keine Krisen, sie waren miteinander, aber auch ohne einander ausgekommen. Man musste nicht dauernd zusammenkleben. Eigentlich hatte sie das immer für ein gutes Rezept gehalten. Edgar doch auch! Oder?

Warum bloß hatte sie den Moment nicht genutzt, dem Reinfall ihres Lebens den Rheinfall zu bescheren, um den er sie quasi angebettelt hatte?

Furioses Finale der Aussprache nach dem Aus. Bei einem Brücken-Spaziergang zwecks Überbrückung hausgemachter Differenzen. Sie hatte sich einfach umgedreht. Ihn *nicht* von der Brücke geschubst, ebenso wenig wie er Bettina, die blöde Bratze, von der Bettkante geschubst hatte. Die ihn auf der Bürriger Kirmes [43] aufgegabelt und erst zur Hahneköppenparty und in den frühen Morgenstunden in ihr Strohwitwenbett am Dorfplatz abgeschleppt hatte. Vis-à-vis der Bronzeschweine [44] musste sie ihm Gelegenheit gegeben haben, ihr und sich selbst zu beweisen, was für eine geile Sau er nach 25 Ehejahren noch war.

Schuld war jetzt auf einmal Anke. Die ein Wochenende mit zwei Uralt-Freundinnen vom Freiherr-vom-Stein [45] in Paris verbracht und ihn damit quasi genötigt hatte, sich mit einer anderen zu amüsieren. Die ihrerseits durch einen berufsbedingt abwesenden Ehemann in einer Notsituation gewesen war. Der bei seiner Rückkehr genauso wenig amused gewesen sein konnte und seine Nicht-ganz-so-Alte ultimativ zum Auszug genötigt hatte.

Folge: zwei neue Wohnungen. Scheidung einreichen. Auseinanderdividieren persönlicher und rechtlicher Dinge. Konten, Versicherungen, Verträge. Ausmisten. Entrümpeln. Bis hin zur Schrebergartenparzelle, die sie abgeben mussten. Aus- und Umzüge. Renovierungen. Neuanschaffungen. Anke fand binnen eines Monats in der Nähe der Reuschenberger Mühle [46] ein günstiges 40 Quadratmeter großes Wohnküchenklo.

Edgar hatte tiefer ins Klo gegriffen. Ihren gemeinsamen Mietvertrag konnte er nicht übernehmen, denn der Besitzer der Wohnung nutzte die Gunst der Stunde, mittels einer umfassenden Sanierung deren Wert zu steigern. Bettinas Gatte hatte seinem arbeitslosen Weib das Konto gesperrt.

Eine Wohnung für zwei Personen, eine davon ohne eigenes Einkommen, brachte eine unkalkulierbare Unwucht in die Risikostreuung eines Freiberuflers.

Anke ging es als Bauingenieurin im Fachbereich 61 Stadtplanung, gegenüber dem alten Feuerwehrgerätehaus Wiesdorf **47** gelegen, vergleichsweise gut. Die bevorstehenden Großbaustellen Autobahnbrücke sowie Stelzenbrücke beziehungsweise Tunnel sicherten ihren Arbeitsplatz, ermöglichten ihr sogar nach Einsatz und Absprache die Verfügung über einen Dienstwagen, was den Umzug erleichterte. Die Teilzeitvariante – irgendwer hatte schließlich Edgars Buchführung übernehmen müssen – würde sie baldmöglichst aufstocken, die Bereichsleiterin hatte zugesagt sich dafür einzusetzen. Altersarmut war aufgrund der bisherigen Minderbeschäftigung und mangelnden Absicherung durch den selbstständigen Gatten dennoch vorprogrammiert. Zunehmende Gebrechen längst bittere Realität. Ja, ein bisschen Seelenhygiene hätte dem körperlichen Verfall mit Sicherheit ein positives Gegengewicht gegeben. Gelöst hätte sie nichts. Anke war eine entsorgte Ehe-Altlast, die früher oder später als gesellschaftliche Altlast in irgendeinem Heim deponiert werden würde.

Vorerst tat sie alles, um dem neuen Paar aus dem Weg zu gehen. In einem Kaff wie Bürrig durchaus machbar – eine der ältesten Siedlungen rund um die katholische Kirche St. Stephanus **48**, die wenig öffentliches Leben bot. Solange man auf Gemeinde- oder Vereinsmeierei verzichtete und nicht gerade bei den Discountern am Overfeldweg aufschlug. Anke verbrachte viel Zeit vor dem Fernseher. Bilanzierte nicht nur ihre wirtschaftliche und gesundheitliche Situation, sondern legte sich eine in beiderlei Hinsicht abträgliche Gewohnheit zu: Aus einem gelegentlichen Glas

Wein wurde ein tägliches, bald waren es zwei, drei und vier. Während sie sich auf dem Sofa die Einsamkeit schön trank, stellte sie sich vor, wie ihr zukünftiger Ex-Gatte schnaufend auf ihrer Nachfolgerin lag. Gift für Körper und Seele. Deponiertes Gefahrgut mit Folgen.

Im Oktober legte Edgar sich unters Auto und tat den letzten Schnaufer.

Genau genommen war er gestürzt. Eine Stoßstange heißt nicht ohne Grund so. Wieso musste der Idiot auch just an einem neblig-trüben Spätnachmittag den Altglascontainer am Parkplatz Bendenweg, Ecke Von-Ketteler-Straße, bestücken, als Anke mit dem VW-Bus vorfuhr, um Leergut zu entsorgen? Ausgerechnet am Alte-Flaschen-Abladeplatz den Ex zu treffen! Mit Schmackes. Beim Zurücksetzen. Sie hatte schließlich wenden wollen. Dass sie an dem Kirmesplatz, an dem besagter Ex vor einem halben Jahr ihrem Leben eine einschneidende Wende gegeben hatte, diesem nun eine weitere hinzufügte, war vielleicht nur recht und billig. In jedem Falle endgültig. Es rumste, und der Arm mit der Flasche verschwand aus dem Rückspiegel. Stattdessen hoppelte der Wagen einmal kräftig. Panisch trat Anke auf die Bremse, wechselte den Gang und ließ den Bus ein zweites Mal hoppeln. Ein doppelt unschönes Manöver, das ihr einen zweifachen wohlig-grausigen Schauder über den Rücken jagte. Sie bremste erneut, zog den Zündschlüssel ab, riss die Wagentür auf und lief ums Auto. Edgar lag quer hinter dem VW, den Arm immer noch nach oben gereckt. Die Flasche war seiner Hand entglitten, lag unversehrt vor der grünen Halbkugel, auf dem Etikett stand »Veuve Clicquot«. Champagner für die Witwe, die sich selbst dazu gemacht hatte. So schnell war das mit der Scheidung nicht gegangen. Anke beugte sich vor und beförderte die »Witwe Klicko«

in das Loch für Grünglas. Dann riss sie die Hecktüren auf, die ihr zu den Fenstern der Von-Ketteler-Straßen-Anwohner Sichtschutz boten, zerrte einen großen Karton mit leeren Flaschen aus ihrem VW-Bus heraus und schirmte den am Boden liegenden Körper damit ab. Dann widmete sie sich Edgars Gesundheitszustand. Eine feine rote Blutspur, vom rechten Mundwinkel ausgehend, die in seinem Hemdkragen versickerte, ließ keinen Zweifel. Sie ertastete die Schlagader. Nichts. Sein starrer Blick fixierte vorwurfsvoll den Unterboden des VW. Sie konnte ihn unmöglich hier liegen lassen und wegfahren. Die 112 anrufen? Oder doch die 110? Was sollte sie denen sagen? Sie griff Edgar unter die Achseln, hievte seinen Oberkörper auf die Ladefläche des Büschens, schob Rumpf und Beine nach, stauchte den Körper zusammen, sodass er ein Paketchen bildete, warf eine Plane darüber, entsorgte ihr Leergut in den Container, bestrebt, einem zufälligen Passanten oder Anwohner am Fenster keinen Anhaltspunkt zu bieten, der ihn darüber nachdenken lassen mochte, zu welchem Zweck der VW-Bus dort stand und was sie so lange machte. Sie schmiss den Karton auf die Ladefläche, schloss die Hecktüren, setzte sich ans Steuer, fuhr nach Hause und stürzte in die Toilette. Das Bauchgrimmen! Zu akutem Dünnpfiff gesellte sich ein Würgereiz, der sie zu einem blauen Putzeimer greifen ließ. Während Anke sich über dessen Rand krümmte, krampfend, speichelnd, ohne dass die erlösende Eruption sich einstellen wollte, schoss ihr die Lösung in den Kopf.

Es ging um die Entsorgung einer Altlast. Um Edgar. War das nicht genau ihr Thema? Ihr Arbeitsbereich? Die ganze Autobahnplanung stand und fiel mit dem Thema Altlasten. Die Pfeiler der Leverkusener Autobahnbrücke staken in der alten Bayer-Mülldeponie, von der keiner wusste, welche

Gifte darin schlummerten. Kein Weg führte an der Erneuerung der Brücke vorbei, wenn der drohende Verkehrskollaps in der Region verhindert werden sollte. Seit Jahren mussten LKW Umwege über Düsseldorf und Köln fahren, wo die Baufälligkeit der Brücken ebenfalls dramatische Ausmaße angenommen hatte. PKW durften den Rhein in Leverkusen nur noch mit maximal 60 Stundenkilometern queren. Der Brückenstahl korrodierte schneller, als die Arbeiter mit ihren Reparaturen vorankamen. Bei einem Neubau, erst recht wenn der Verkehr durch einen Tunnel zugeführt werden sollte, musste die Büchse der Pandora geöffnet werden. Der Spaghettiknoten Westkreuz unmittelbar vor der Brücke hing dran, konsequenterweise auch die Zubringer-Stelzenautobahn, die bereits Teile der Stadt überwucherte und dringend verbreitert werden musste. Was das für die Menschen im Schatten der Verkehrswege bedeutete, die unter Feinstaub, Lärm, fehlendem Licht und Grün litten, mochte sich niemand vorstellen. Dabei waren die Neulasten noch einigermaßen kalkulierbar. Die verschlossene Deponie nicht. Eine Blackbox. Mindestens 160.000 Tonnen Boden mussten abgegraben werden. Unter welchen Sicherheitsvorkehrungen? Wohin mit dem Aushub? Wer hielt den Kopf hin? Wer übernahm Kosten und Folgekosten? Sobald das Land beziehungsweise der Bund Hand anlegten, ging die Verantwortung an sie. Die Firma Bayer war nicht nur raus, sondern fein raus. Würde sie doch mit der Verbrennung des eigenen Mülls zukünftig richtigen Reibach machen. Die Stadt trat die Abfallhoheit ab. 160.000 Einwohner würden damit leben müssen, was über ihre Köpfe hinweg entschieden wurde.

Wer hatte sie, Anke, gefragt? Sie stellte sich ein tiefes Bohrloch vor, aus dem hochgiftige Dämpfe quollen. Tief unten schwappte ein Cocktail aus Dioxinen und Chemikalien, deren Existenz unbekannt war, geschweige denn ihre Zusammensetzung und die Reaktionen, die beim Kontakt mit Luft, Licht und invasiven Maßnahmen entstünden. Wenn sie Edgars Leichnam nur in einem solchen Loch entsorgen könnte!

Es half nichts. Sie musste in die Höhle des Löwen.

Zunächst brauchte sie ein Behältnis. Gut, dass sie ein passendes aus dem Schrebergarten in den Keller gerettet hatte.

Als sie damit die Treppe hochkam, hörte sie, wie die Haustür aufgeschlossen wurde, blieb stehen und hielt den Atem an. Ein Quietschen. Jemand machte sich an den Briefkästen zu schaffen. Das Reißen von Papier. Schlurfende Schritte zur Treppe. Nicht in den Keller.

Als oben eine Wohnungstür zufiel, trug sie die Tonne in den VW-Bus und startete in Richtung Neuland-Park. Der Parkplatz am Kreisel war relativ leer. Sie kletterte auf die Ladefläche, schloss die Tür hinter sich und legte Edgar frei. Er starrte immer noch zur Decke. Sein Körper war kalt und steif. Aber gerade im richtigen Format zusammengefaltet, dass er sich in das blaue Fass schieben ließ. Die Ellenbogen knackten, als sie mit etwas Druck auf den Oberkörper dafür sorgte, dass er hineinflutschte. Den Deckel musste sie kräftig pressen, damit Edgars Kinn gen Brust klappte. Die Halswirbel knirschten. Anke verschloss die ehemalige Regentonne, vormals Chemikalientransportbehälter aus den Beständen der Bayer AG. Blieb einen Moment keuchend stehen und spürte, wie es in ihren Därmen arbeitete.

Sie fuhr über die Rheinallee Tor 8 an.

Der Pförtner ließ sich den Ausweis zeigen, guckte nicht drauf, grüßte sie namentlich, er sah sie nicht zum ersten Mal. Die Stadtplaner kamen häufiger aufs Gelände, mit Auto oder zu Fuß. Ankes Büro im Elberfelder Haus war gleich um die Ecke. Die Hauptstraße hoch, hinter dem K1 49.

Sie fuhr das Gelände ab, suchte die Stelle, die sie im Kopf hatte, eine abgelegene Sonderfläche. Voll blauer 100-Liter-Fässer, zur Abholung abgestellt. Sie setzte den VW-Bus rücklings so dicht heran, dass der Wagen die Sicht verdeckte, als sie die Heckklappe öffnete und Edgars Tonne vorsichtig an den Rand der Ladefläche zog. Halten konnte sie sie nicht, nur Sorge tragen, dass sie nicht kippte, und hoffen, dass sie stabil genug war, nicht zu zerbrechen. Dann legte sie beide Arme darum – »Ich umarme meinen Mann!«, fuhr es ihr durch den Kopf –, zerrte das Fass heraus, umklammerte es mit aller Kraft, um den Aufprall zu bremsen, sprang im letzten Moment in die Grätsche, kicherte hysterisch, flüsterte: »Du trittst mir nicht mehr auf die Füße!«, stabilisierte das schwankende Behältnis, bewegte es in kleinen kreisenden Bewegungen zu den anderen und schob es dazwischen. Dann verschloss sie den Wagen, ging gebückt an der Fässerreihe entlang, suchte nach QR-Codes, fand ein Etikett, das an einer Ecke lose war, sodass es sich abziehen ließ. Sie ging in die Hocke, knibbelte. Schnell! Wenn der Aufkleber riss, war er hin. Die Klebeschicht zog Fäden, aber der Code blieb ganz. Nichts wie zu Edgar! Sie pappte ihm seinen Fahrschein zur Müllverbrennung mitten auf die überdimensionierte Urne und trat zum Abschied kräftig dagegen, damit er haften blieb. In der Höhe, wo sie seinen Hintern vermutete. Es schepperte dumpf. Noch mal. Rums! Beim dritten Rums schrak sie zusammen und fuhr herum.

»He! Was machen Sie da?«, rief der Wachmann.

Er kam näher. »Haben Sie angeliefert?« Abschätzig. »*Sie* doch nicht!«

»Ratten!«, stammelte Anke. »Ich hab angehalten, weil da Ratten waren. Die sind zwischen die Fässer gerannt. Ich hab versucht, sie aufzuscheuchen.«

»Ratten?« Der Wachmann lachte. »Na, und?«

»Und wenn die die Fässer annagen?«

Als sein Blick sie erneut prüfte, schien es, als sei er irgendetwas zwischen amüsiert und um ihren Geisteszustand besorgt. »Die werden in einer Viertelstunde abgeholt.« Jetzt grinste er offen, setzte nach: »Nicht die Ratten.«

»Und da prüft keiner nach, ob die noch dicht sind?«

»Alles voll automatisch. Per Kran auf die Ladefläche und genauso in die Sondermüllverbrennungsanlage. Der Code wird gescannt. Und wech! Die Dinger sind stabil. Da hat so eine miese kleine Ratte keine Chance!«

Er war dicht herangekommen, holte aus und trat Edgar zum Beweis ein viertes Mal in den Hintern, dass es nur so schepperte. Und ein fünftes Mal.

»Danke!«, hauchte Anke.

Erst als sie im Hausflur die Schuhe auszog, merkte sie, dass etwas unter der Sohle klebte. Ein QR-Code-Klebeetikett.

FREIZEITTIPPS:

41 BRÜCKE

Leider wird die Leverkusener Autobahnbrücke in den letzten Jahren nur noch mit Problemen in Verbindung gebracht. Die hier nicht totgeschwiegen werden sollen. In aller Kürze: Die Brücke wurde 1965 fertiggestellt, ist knapp über einen Kilometer lang und führt die A 1 zwischen dem Kreuz Leverkusen-West und dem Kölner Stadtteil Merkenich über den Rhein, ist vor allem im Ausleger-Bereich, der von LKW frequentiert wurde, marode, seit Jahren überbelastet, da nicht für das heutige Verkehrsaufkommen konstruiert, und muss daher dringend aus- beziehungsweise neugebaut werden. Da sie gleichzeitig unverzichtbar ist, versucht man bis zum Neubau seit Jahren die Belastung zu mindern, indem PKW, die schneller als 60 Stundenkilometer fahren, rigoros geblitzt werden. LKW von über 3,5 Tonnen dürfen sie gar nicht mehr befahren und werden durch eine Sperranlage gestoppt, weil das Verbot zu oft missachtet wurde, was wiederum das Stauproblem vergrößert.

Die Pfeiler der Brücke stehen auf der Leverkusener Seite in einer der größten sogenannten »ungeordneten« Altlasten – der ehemaligen Bayer-Deponie Dhünnaue, die zwischen 1923 und 1965 neben normalem Müll hoch toxische Chemieabfälle unbekannter Zusammensetzung aufnahm –, doch deren Öffnung ist nicht zu vermeiden. Die Folgen sind unkalkulierbar, Einschätzungen schwanken zwischen unproblematisch und Beschwörungen von Chemieunfällen wie in Seveso oder Bhopal. Es gibt Überlegungen, ob eine verbreiterte A 1, die im Kreuz West die A 59 und wenige Kilometer weiter die A 3 kreuzt, zugunsten der ohnehin durch Lärm und Feinstaub hoch belasteten Anwohner das Leverkusener Stadtgebiet besser unterirdisch durchqueren sollte. Leverkusener Bürgerinitiativen und einige Politiker kämpfen auf scheinbar verlorenem Posten weiter. Sie hatten auf eine »große Lösung« gehofft, die aber nach Darstellung der Verantwortlichen teuer und langwierig wäre und daher schnell vom Tisch war: eine Untertunnelung des Rheins, die unter beziehungsweise neben der Deponie hätte entlangführen sollen und deren Öffnung vermieden hätte. Stattdessen wird es eine achtspurige »zweihüftige« – quasi zwei Brücken mit jeweils zwei Pylonen – Schrägseilbrücke geben. Kosten: mehr als eine halbe Milliarde Euro. Die Option, die Brücke zusätzlich mit einer Bahnverbindung nach Köln zu versehen, um den Individual-Pendlerverkehr einzudämmen, ist kaum ernsthaft diskutiert worden.

Neben diesen Problemen bietet die Leverkusener Autobahnbrücke Fußgängern und Radfahrern die Möglichkeit, den Rhein zu überqueren und fantastische Ausblicke auf den Strom zu genießen. Auf den querenden Schiffsverkehr, auf Buhnen und Sportboote auf der Wiesdorfer 2, die grüne Vegetation auf der Merkenicher Uferseite und in Richtung Rheindorf 84 auf die »Wacht am Rhein« 12, den Neuland-Park 1, die Bayer-Industrieanlagen, das ferne Köln, auf eindrucksvolle Wolkenformationen, Sonnenauf- und -untergänge. Und sich klein und erhaben zugleich zu fühlen.

42 MEDIEN-KUGEL

Am Kreisel am Ludwig-Erhard-Platz, dem »Eingangstor« zur Wiesdorfer Innenstadt 2, empfängt die Autofahrer, die auf der B 8 am Bayer-Kreuz vorbei- beziehungsweise von Köln-Flittard kommen, seit September 2014 eine überdimensionierte Weihnachtskugel. Es handelt sich um ein sechs Meter hohes Leuchtobjekt, das mit 144.000 Dioden bestückt ist und auf einer Fläche von 100 Metern Informationen, Meldungen oder einfach nur fröhliche Bilder bietet. Mal erkennt man einen Willkommensgruß, mal einen Hinweis auf ein Bayer-Spiel oder die aktuelle Temperatur. Der fröhliche Schnickschnack, der nicht jedem gefallen muss, kostet den Steuerzahler zum Glück keinen Cent: Die ein Stück weiter stadteinwärts gelegene Sparkasse kommt dafür auf. Im Juli 2017 beschloss die Stadt, dass die Kugel zukünftig zu 50 Prozent auch zu Werbezwecken genutzt werden könne, um der Sparkasse den Unterhalt zu erleichtern.

43 BÜRRIGER KIRMES

Die Bürriger Kirmes, die der Junggesellenverein J.G.K. Fidelio von 1929 organisiert, findet in der Regel Ende August auf dem Parkplatz am Bendenweg statt. Die Feierlichkeit startet traditionell mit einem Festgottesdienst, dann wird der Zachäus, der Kirmesschutzpatron, auf dem Kirchvorplatz am Pfarrzentrum, der Bundeshalle an der Von-Ketteler-Straße, »ausgegraben«, in anderen Quellen heißt es »geweckt«. De facto wird er bestimmt. Seinen Namen hat er von dem Zöllner, der in der Bibel Jesus begegnet. Zöllner galten als Kollaborateure mit der römischen Besatzungsmacht, für die sie Abgaben eintrieben, und waren entsprechend unbeliebt. Dass Jesus bei so einem »verlorenen Sohn« einkehrte, rehabilitierte diesen ein Stück weit.

Nach Bürriger Brauchtum muss der gewählte Zachäus ein paar Bedingungen erfüllen: Er sollte unverheiratet, trinkfest und stimmgewaltig sein, denn er muss drei Kirmestage lang das Feiervolk anfeuern und motivieren. Begleitet wird er vom »Gelooch«, den Junggesellen zwischen 18 und 30 Jahren. Man zieht von Kneipe zu Kneipe, lässt sich einen ausgeben, und der Zachäus geht mit Stock und einer Art Klingelbeutel herum und sammelt Spenden für das Feiervolk.

Am Kirmessamstag wird der Hahnenkönig ermittelt: Aspiranten können sich melden und müssen einen Beitrag zahlen, dann gibt es das »Hahneköppen«, das heißt, einer nach dem anderen tritt mit verbundenen Augen an und muss einem toten Hahn – heutzutage genügt eine Version aus Gummi –, der in einem Korb hängt, den Kopf abschlagen. Ein Brauch, der in der Region im Übrigen sehr verbreitet ist. Anschließend steigt die Hahneköppenparty.

Am Sonntag kommt es zum Höhepunkt: dem Kirmesumzug mit Fußgruppen, Musikkapellen, Vereinen, Schulen, Kindergärten, Feuerwehr und vielen Einrichtungen, nicht nur aus Bürrig. Um die 30 Gruppen **20** ziehen auf Einladung der J.G.K. Fidelio Jahr für Jahr gegen 10.30 Uhr in der Heinrich-Brüning-Straße los, um den am Straßenrand schunkelnden, singenden und jubelnden Jecken Kamellen, »Strüssjer« (Blumensträußchen) oder »Jedöns« (Krimskrams) zuzuwerfen. Nach dem Kirmesumzug am Tag darauf darf der Nachwuchs ran: Dann ist Kinderhahneköppen angesagt.

44 BRONZESCHWEINE

An der Von-Ketteler-Straße am Bürriger Dorfplatz stehen zwei Bronzeschweine aus der Werkstatt des Bildhauers Kurt Arentz. Sie sollen an den dörflichen Charakter des Stadtteils erinnern. Für das heutige Bürrig dürfte wohl eher ein Hund stehen, denn es ist in erster Linie ein Wohngebiet. Gelegentliche Gassigänger bringen Bewegung ins Straßenbild. Handel und Wandel findet im Grenzgebiet oder außerhalb statt. Selbst am Dorfplatz existiert kein Einzelhändler mehr, dafür finden sich am Overfeldweg dicht an der Eisenbahnlinie an der Grenze zu Küppersteg 2 gleich zwei Discounter. Der markante EVL-Wasserturm an der Olof-Palme-Straße überragt die Bürriger Kleingartenanlage. Im Süden bildet die Dhünn die natürliche Grenze zu Wiesdorf 2, im Westen zum Klärwerk. In Bürrig gibt es Autohändler, spärliche Gastronomie, die alteingesessene Bäckerei Kohlenbach, Kindergärten, eine Gemeinschaftsgrundschule, ein Altersheim, die Freiwillige Feuerwehr, die katholische Kirche St. Stephanus 48 und die evangelische Petruskirche, im Westen ein paar Weiden und Pferde, aber dann ist man schon fast über die Wupper. Hier steht die Reuschenberger Mühle 46, im Norden befinden sich der Wildpark Reuschenberg und der Reuschenberger Friedhof 39.

2012 lag eines der Schweine darnieder. Offensichtlich hatten Metallhändler ihm die Beine durchgesägt, mussten dann aber gestört worden sein, da sie ihre Beute liegen gelassen hatten. Die Beine wurden mit Stahl verstärkt und die beiden Schweine halten nun wieder einsam Wache.

Neben der Kirche St. Stephanus 48 steht eine viel bekanntere Bronzeskulptur von Kurt Arentz, der »Treue Husar«, dessen Ballade zum Volks- und Karnevalsliedgut gehört. Die Urfassung des beliebten Lieds hatte sich im Nachlass des Herrn auf Schloss Reuschenberg, Caspar Joseph Carl Freiherr von Mylius, gefunden, weshalb die Statue 1997 anlässlich der 850-Jahr-Feier von Bürrig hier aufgestellt wurde.

45 FREIHERR VOM STEIN-GYMNASIUM

Die neue Heimat des Gymnasiums an der Morsbroicher Straße 77 wurde 1966 als mehrgeschossiger Sichtbetonbau fertiggestellt und 1971 ergänzt.

Die Keimzelle des Freiherr-vom-Stein-Gymnasiums, kurz »Stein«, entstand 1960 als »Städtisches neusprachliches Gymnasium mit altsprachlichem Zug – für Jungen« im Gebäude des Carl-Duisberg-Gymnasiums 15. Erst mit dem Umzug in die Morsbroicher Straße in Schlebusch 73 im August 1967 wurde es nach dem preußischen Minister Karl Freiherr vom und zum Stein (1757–1831) benannt und zur koedukativen weiterführenden Schule umgewandelt. Keine 50 Jahre später – 2009 – wurde der damalige Neubau nach den Plänen des Architekten Alfred Henneböhl unter Denkmalschutz gestellt. Im Jahr davor hatte das »Stein« bereits das Zertifikat »Europaschule« erhalten. Europaschulen setzen sich in besonderem Maße dafür ein, ihre Schüler/-innen auf das Leben und Arbeiten in der EU vorzubereiten – durch entsprechenden Unterricht, Schüleraustausch und Betriebspraktika im europäischen Ausland. Darüber hinaus genießt das »Stein« einen Ruf als Elitegymnasium mit besonderem Schwerpunkt auf kulturelle Kompetenzen, die in zahlreichen Theater-, Tanz- und Musikveranstaltungen ihren Niederschlag finden. Der Name sollte verpflichten: Heinrich Friedrich Karl vom und zum Stein wurde 1920 im Auftrag des Fabrikanten Max Römer 54 vor dem ehemaligen Landratsamt des Rhein-Wupper-Kreises 55, am Opladener Landrat-Trimborn-Platz, von Werner Klotzbach ein Brunnen mit Stele gestaltet, der den preußischen Beamten und Reformer in mehreren Inschriften unter anderem als »ersten deutschen Staatsmann« preist. Sein Wirken wurde von Politikern aller Couleur als Vorbild gesehen und gilt als antirevolutionär wie antirestaurativ und national-liberal.

1477 gab es eine erste urkundliche Erwähnung der Vorgänger-Mühle, am heutigen Standort durch die Familie von Eller erbaut, die auf dem benachbarten Rittersitz Reuschenberg ansässig war. Es handelte sich um eine Mehl-, Schrot-, Öl- und Lohmühle. Die heutige Reuschenberger Mühle in Leverkusen-Bürrig 44, Alte Garten 60, ist ein Industriedenkmal von überregionaler Bedeutsamkeit. Auch wenn man das nicht weiß, wirkt sie auf den Näherkommenden imposant: ein großes klassizistisches Backsteingebäude mit Satteldach und betontem Dreiecksgiebel sowie neun großen Rundbogenfenstern in drei Geschossen über einem mächtigen Sockel an der Frontseite, an den Seiten schließen Nebengebäude an, andere stehen separat – der Lagertrakt mit dem Kesselhaus und das »Lumpenhaus«. Man ahnt: Dies ist nicht nur ein repräsentatives Wohnhaus, sondern unter dem gleichen Dach befindet sich ein Industriegebäude.

Ein technisches Highlight für 1847 war der Antrieb der Mühle über Turbinen. Sie diente zunächst dem Mahlen von Weizen zu Mehl und Nüssen oder Samen zu Öl und wurde in den Folgejahren durch Nebengebäude zu einem ländlichen Industriekomplex erweitert. In den Jahren 1881 bis 1930 diente die Anlage vor allem als Papiermühle, in dem »Lumpenhaus« verarbeiteten Frauen und Kinder Leinenlumpen zur Papierherstellung. Der wachsende Zeitungsmarkt forderte Rohstoff in großen Mengen. Einer der Teilhaber war damals der Bruder des Kölner Verlegers Neven DuMont.

Seit Anfang der 30er-Jahre wird die Mühle nur noch zur Stromerzeugung genutzt. Wasserräder treiben zwei Elektroturbinen mit insgesamt 428 Kilowatt Leistung an. Seit

1982 ist die Mühle in privaten Händen, der Besitzer ermöglicht Gruppen- und Schulklassenführungen durch das Gebäude bis zum Obergeschoss, in dem die kannelierten gusseisernen Deckenstützen bewundert werden können. Die noch stellenweise vorhandenen Turbinen- und Generatorenanlagen dokumentieren die technische Entwicklung. Spannend auch das Toilettenhäuschen von 1840, ein nach wie vor funktionsfähiges Plumpsklo. Heute beherbergt die Mühle Kunstateliers, Werkstätten, ein Architekturbüro und Wohnungen. Ein angebauter Schuppen, seit drei Generationen von einer Schlosserfamilie genutzt, wird nun abgerissen und die Werkstatt am Wasser der Wehranlage neu aufgebaut, damit die Fassade des Haupthauses freigelegt und ein Treppenaufgang gebaut werden kann.

Von der Mühle aus sollte man noch ein paar Schritte durch die Eisenbahnunterführung am Mühlengraben entlang bis zur Wupperinsel spazieren. Technisch oder historisch Interessierte wird die Wehranlage begeistern. Sie wurde 1839/40 errichtet und ist bis heute in Betrieb. Es galt damals, in dem flachen Gelände ein Gefälle von fünf Metern zu erreichen. Dazu war ein aufwendiges Graben- und Kanalsystem mit Wehren erforderlich. Der Obergraben ist 1.200 Meter lang, der Untergraben 800 Meter. Die Wasserkraftanlage ist die letzte vor der Mündung der Wupper in den Rhein. Wen die Technik weniger interessiert: Der schattige Weg unter hohen Bäumen, das glucksende Wasser, die Sonnenstrahlen, die sich ihren Weg durch die Blätter bahnen, oder das Rauschen des Regens vereinen sich zu einem wunderbaren Naturerlebnis.

47 FEUERWEHRGERÄTEHAUS WIESDORF

Fast ein Jahrhundert nachdem das Feuerwehrgerätehaus Wiesdorf 1910 feierlich eingeweiht worden war, erhielt es am 18.12.2008 Denkmalschutz. Diesen hat es allein schon wegen der Optik verdient: Zwei kleine runde Holztore – heutige Löschzüge müssen schon millimetergenau rangieren, um sie zu passieren – von ursprünglich drei heben sich mit ihrer feuerwehrroten Einfassung vom ansonsten weißen Anstrich der Fassade ab. Der Sockel nimmt das Rot nochmals auf, das auch in dem altmodisch anmutenden Schriftzug »Feuerwehr – Gerätehaus Wiesdorf« oberhalb der Tore Verwendung findet. Der ursprüngliche Dachboden über der Wagenhalle wurde später zu einem Wohnhaus umgebaut, das lange ein Schuster bewohnte, der hinter dem dritten, nicht mehr genutzten Torbogen seine Schusterwerkstatt eingerichtet hatte. Das Dach wird überragt von dem 14 Meter hohen Schlauchturm.

Bevor die Feuerwehr ihr eigenes Haus bekam, wurde 1846 eine freiwillige Feuerwehrmännertruppe beurkundet, die ihre Spritze in einem trockenen Stall in der Doktorsburg 16 aufbewahrte. 1900 gab es bereits 31 Freiwillige, 1912 bildete sich der erste Spielmannszug. 1920 erhielt die Truppe den Namen »Löschzug I für Wiesdorf«, 1935 dann »Feuerlöschpolizei«, nach Ausbruch des Krieges zeitweilig »Luftschutzpolizei«.

Seit einiger Zeit fehlt es der Wiesdorfer Feuerwehr an Personal. Neun Leute sind zur Freiwilligen Feuerwehr Bürrig 44 abgewandert. Da das Gebäude längst zu klein ist, steht ein Umzug an. Dazu wird eine neue Feuerwache am Kurtekotten 57 auf dem Gelände der Bayer-Parkplätze errichtet. Im Rahmen der Feierlichkeiten zum 100-jährigen Bestehen des Feuerwehrgerätehauses fand der Stadtfeuerwehrtag 2010 in Wiesdorf 2 statt – vermutlich zum letzten Mal. Beim Feuerwehrtag 2017 wurden in der Neuen Bahnstadt 22 erstmalig die »Löschzwerge« ins Leben gerufen, eine Kinderfeuerwehr für Sechs- bis Achtjährige, die die Beliebtheit der Leverkusener Freiwilligen Feuerwehr wieder steigern soll.

Ein neues Nutzungskonzept für das Feuerwehrgerätehaus Wiesdorf ist fast in trockenen Tüchern. Die Stadt hat Anfang 2018 im Rahmen eines Architektenwettbewerbs Pläne für die Umgestaltung des Hauses zu einem Quartierstreff erstellen lassen, die Umsetzung wird 2019 in Angriff genommen. Neben zwei Büroräumen im ersten Stock soll dann auch ein Veranstaltungsraum zur Verfügung stehen, der für bis zu 180 Personen angemietet werden kann. Für die Leverkusener Tafel, die bedürftigen Menschen preiswert Lebensmittel anbietet, hat die Wache sich nach anfänglicher Planung als zu klein erwiesen, der Klientenkreis war in den letzten Jahren zu sehr angewachsen.

48 ST. STEPHANUS

Die Bürriger 44 St.-Stephanus-Kirche liegt an der Heinrich-Brüning-Straße. Eine erste Kirche an dieser Stelle stammte aus der Frankenzeit und wurde 1135 urkundlich erwähnt, damals im Besitz der Abtei Deutz, seit 1295 in dem der Grafen vom Berg. Von der Vorgängerkirche aus dem 12. Jahrhundert ist nur noch der rechte Turmstumpf aus Bruchstein übrig, von der Innenausstattung sind das romanische Taufbecken aus dem 12. und die Glocken aus dem 14. Jahrhundert erhalten geblieben. 1892 wurde das in der Barockzeit neu erbaute Kirchenschiff zugunsten eines Gebäudes im neuromanischen Stil abgerissen, das im letzten Krieg bis auf die unteren Geschosse zerstört wurde. Dieser Bau bezog sich in der Gestaltung des Querschiffs im Übrigen auf die gleichnamige Kirche St. Stephanus in Hitdorf 18. Auf den Ruinen entstand nach den Entwürfen des Architekten Wilhelm Fähler der heutige romanisch anmutende schlichte Backsteinbau mit Betonrippen, der den erhaltenen neuromanischen Chor integrierte. 2004 wurde die neue Kirche unter Denkmalschutz gestellt und wird seitdem nächtens angestrahlt.

Der Gang um das Gebäude lohnt. Auf der linken Seite stößt man auf den bronzenen treuen Husaren mit seinem Mädel im Arm 44, dahinter auf eine Reihe von alten Grabmalen mit teilweise verwitterten Inschriften, wildromantisch von Efeu überwuchert. Ein kleiner Park unter hohen Bäumen und Sitzbänken lädt zum Verweilen sowie zum Studium der Gassigänger und deren Umgang mit den Hinterlassenschaften ihrer Vierbeiner ein. Links neben der Kirche, gegenüber dem Husaren, steht auf der anderen Seite der Stephanusstraße die Kevelaer Kapelle von 1927, in der das Pastoralbüro untergebracht ist – ein in der Fassade streng achsensymmetrisch gestalteter Ziegelbau auf einem niedrigen Sockel aus Terrazzo-Putz. Im Giebel befindet sich seit 1927 eine Madonnenskulptur mit Kind, geschaffen von dem Kölner Bildhauer Wilhelm Barutzky (1873–1962). 2002, noch vor der Kirche, wurde die Kapelle unter Denkmalschutz gestellt. In die Giebelwand wurde vor fast einem halben Jahrhundert der Allianzwappenstein derer von Fürstenberg-Stammheim eingefügt, der vorher 80 Jahre lang die Fassade des Schlosses Reuschenberg schmückte. 2017 frisch renoviert erinnert er an die große Geschichte des kleinen Stadtteils.

Heute ist die Gemeinde St. Stephanus mit den Wiesdorfer Pfarreien Herz Jesu 28 und St. Antonius 7 und der Küppersteger 2 Christus-König-Gemeinde fusioniert, Pfarrkirche ist St. Stephanus.

Ein Stück weiter in Richtung Bahndamm, hinter der links gelegenen denkmalgeschützten Feuerwache Bürrig, deutet auf der rechten Seite an dem Grundstück Stephanusstraße 31 nichts mehr auf einen Vorbesitzer hin, der bis 1940 in diesem Ortsteil das Winterquartier seines außergewöhnlichen Unternehmens unterhielt: des »Welt-Circus Joseph Holzmüller« von 1824.

49 K1

In der Hauptstraße 135 in Wiesdorf 2 steht das K1, das wiederum für die Kolonie I beziehungsweise Kolonie Julia – nach Friedrich Bayers Ehefrau Caroline Juliane Hülsenbusch – steht, die erste Bayer-Arbeiter-Siedlung. Sie wurde zwischen 1895 und 1915 an der Elberfelder, Barmer und Moskauer Straße errichtet und bestand aus etwa 170 Wohnungen. Zwischen 1963 und dem Ende der 60er-Jahre wurde sie abgerissen. Das K1 ist eine Gaststätte, die angemietet werden kann, aber auch zu verschiedenen städtischen Zwecken unter Regie des Kulturbüros KulturStadtLev genutzt wird. Hier findet insbesondere eine Kleinkunst- und Kabarett-Reihe mit aufstrebenden wie etablierten Kabarettisten und Comedians Raum, Karten gibt es im Wahlabo oder im freien Verkauf. Maximal 77 Besucher passen in den gemütlichen Raum mit Bar. Unter anderem wird im K1 alle zwei Jahre der Leverkusener Short-Story-Preis 125 verliehen.

OP-PASSE

»Funke, opjepass!«, schrie der Dicke. Musik setzte ein. Die Männer mit den blau-weißen Jacken und Hüten gingen in die Knie, als wollten sie kacken. Wieso machten die das mitten im Tanz und wieso zogen sie sich dabei nicht die Hosen runter? Und überhaupt: Wieso klatschten die Leute jetzt alle und fingen an, hin und her zu wackeln? Oma hatte auch immer geklatscht, wenn Pia auf dem Töpfchen gesessen hatte. Aber erst *nachher*. Die Männer mit den komischen Federhüten hatten doch noch gar nichts gemacht!

»Kloho!«, rief Pia in das Ohr von Papa, auf dessen Arm sie thronte. Nach der dritten Limo war ihr auf einmal ganz dringend danach.

Papa drehte sich zu Mama um. »Wieso trägt deine Tochter keine Windel?«

»Du hörst es: weil sie längst Bescheid sagen kann!« Mama schrie es fast, weil die Musik so laut war. Sie war aber nicht böse, sondern lachte und schunkelte weiter.

Papa warf Mamas Tochter, die ja auch die von Papa war, über die Schulter und rannte mit ihr durch die jubelnde Menge. Ein bisschen kam Pia sich vor wie die Frau mit den Zöpfen, die einer der Männer auf der Bühne soeben auf die Schulter nahm und über die sich alle so freuten. Nur dass Papa mit ihr nicht auf der Bühne stand, sondern zum Ausgang rannte. Aber es kam ihr fast so vor, als jubelte man auch ihr zu, als Papa sich einen Weg durch die singenden und schwankenden Menschen bahnte, die die Arme hochwarfen und »Alaaf!« schrien. Die blau-weiße Frau auf dem blau-weißen Mann auf der Bühne voll blau-weißer Männer, die in Kackhaltung mit dem Popo wackelten, winkte Pia zu und warf Küsschen. Pia versuchte sich so weit aufzurichten, dass sie zurückwinken konnte. Dadurch drückte sich die knochige Schulter von Papa in ihren Bauch, da, wo ihre Blase war, und dann war es passiert, ehe Papa das Klo erreicht hatte.

Als sie wenig später zu zweit nach Hause fuhren, schien Papa nicht wirklich traurig zu sein. »Wir beide machen uns jetzt einen feinen Abend im Schlafanzug«, sagte er. »Soll Mama sich im Funkenturm [50] doch ohne uns amüsieren.«

Das klang schön, fand Pia. Karneval konnte ganz nett sein, solange es Kamellen gab, und das mit dem Verkleiden und Schminken war auch ganz witzig, aber stundenlang rumsitzen und Leute auf der Bühne angucken, die komische Sachen machten – nee, da war es am Friedhof [51] lustiger. Am Friedhof wohnten sie nämlich. Direkt daneben jedenfalls, an der Rennbaumstraße.

Seit drei Wochen war Mama jeden Morgen zum Gut Ophoven [52] und Papa mit ihr in die »Buddelkiste« gegangen. Dass Mama in einem Park *arbeiten* musste, konnte Pia nicht recht glauben. Sie war mit ihr ein paarmal dagewesen. Man konnte da spazieren gehen, balancieren, klettern und lauter solche Sachen. Buddeln war Arbeit, klar. Papa nannte die »Buddelkiste« einen Kindergarten und behauptete, dass man da auch spielen könnte. Und etwas lernen. Weil Pia doch schon groß war.

Das mit dem Spielen stimmte. Aber es gab da nicht so coole Sachen wie im Gut Ophoven.

Papa hatte Pia erklärt, dass alle Kinder in einen Kindergarten müssten. Wenn sie größer wären, in die Schule. Und wenn sie ganz groß wären, zur Arbeit. Pia hätte besser gefunden, wenn alles geblieben wäre wie immer. Mama war, seit sie sich erinnern konnte, bei ihr gewesen. Papa war größer als Mama. Deshalb musste er wohl schon länger zur Arbeit. Er ging normalerweise in die Werkstatt. Die gehörte zur Lebenshilfe in der Neuen Bahnstadt. Aber wieso hatte Mama die ganze Zeit nicht zur Schule gehen müssen? Weil sie ja sie, Pia, gekriegt hätte, hatte Papa erklärt, dafür gäbe es Elternzeit, da dürfte man dann mal eine Weile zu Hause bleiben. Mama hätte nämlich vorher auch schon gearbeitet. Und weil man sich die Elternzeit teilen könnte, hätte es erst Mamazeit gegeben und jetzt wäre die Papazeit dran. Drei Monate. Weil Pia ja bald drei würde. Danach müssten alle drei jeden Tag weg. Pia in den Kindergarten und Mama und Papa zur Arbeit.

Irgendwie war die Drei eine blöde Zahl, fand Pia.

»Eins, zwei, drei!«, sagte Papa und hob Pia mit dem nassen Popo aus dem Kindersitz, den er mit einer Plastiktüte ausgekleidet hatte. Direkt danach sagte er: »Opjepass!«

Vor der Haustür lag etwas. Etwas Kleines, Braunes, Felliges mit einem langen Schwanz. Das guckte sie aus schwarzen Knopfaugen an.

»Oh je, eine Leiche!«, sagte Papa.

»Eine Maus!«, rief Pia.

»Ja, aber eine tote. Eine mausetote«, ergänzte Papa.

»Dann müssen wir sie beerdigen«, meinte Pia praktisch. Wozu lebten sie schließlich neben dem Friedhof?

»Weißt du was?«, sagte Papa. »Du ziehst dir jetzt eine trockene Hose an und ich mir ein trockenes Hemd und dann begraben wir die Maus hinterm Haus.«

Das fand Pia noch besser. Nachdem sie sich umgezogen hatten, besorgte Papa eine kleine Schaufel, legte die Maus auf ein Papiertaschentuch und Pia durfte sie tragen.

»Die ist ja wirklich eine ganz Leichte«, sagte Pia erstaunt.

Papa erklärte ihr, dass jemand, der tot ist, »Leiche« genannt würde.

»Wie ist sie denn tot geworden?«, wollte Pia wissen.

»Vielleicht war sie krank«, meinte Papa. »Oder sie hatte einen Unfall. Oder jemand hat sie umgebracht.«

»Worum gebracht?«

»*Umgebracht*. Um die Ecke gebracht. Getötet. Ermordet.«

Pia betrachtete die kleine Maus in ihren Händen. »Ein Ermorderer hat sie tot gemacht?«

»Mörder«, verbesserte Papa. Er hatte sich vor dem Rosenbeet niedergekniet und grub mit der Schaufel ein Loch in die Erde. »Wahrscheinlich der Kater von nebenan. Wie wäre sie sonst vor unsere Tür gekommen?«

»Der Kater ist eine dumme Kuh!«, sagte Pia. Es war das schlimmste Schimpfwort, das ihr einfiel. Wie konnte jemand so einer kleinen süßen Maus etwas antun?

Mama machte am anderen Morgen ein Gesicht, als hätte sie Bauchschmerzen. »Ich hab *nichts* getrunken, aber *so* einen Kater!«, stöhnte sie. Pia öffnete den Mund, um zu widersprechen. Mama hatte mehr Limo getrunken als sie! Und was sollte das mit dem Kater? Aber Mama sagte scharf: »Bitte nicht, Pia! *Drei* Minuten, okay? Lass mir einfach mal *drei* Minuten meine Ruhe!« Sie schnappte sich die Zeitung, klappte sie auf und verschwand dahinter. Eine Weile war Stille. Pia rührte in ihren Cornflakes, die noch einweichen mussten, Papa schmierte sich ein Brot, Mama blätterte, raschelte, dann stöhnte sie noch einmal und sagte: »Nicht schon *wieder*!« Sie guckte Papa über den Rand der Seite, auf der sie gerade las, vorwurfsvoll an.

Papa fragte: »Was denn?«

»Ich kann das nicht mehr ertragen mit diesen Terroristen!«, sagte Mama. »Man muss ja schon froh sein, wenn es nicht vor unserer Haustür passiert!«

»Terroristen?«, echote Pia, die immer noch damit beschäftigt war zu verstehen, was Mama mit dem Kater machte. Der vor ihrer Haustür mörderte! Jetzt waren es schon mehrere?

»*Du* hast das böse Wort gesagt, also erklärst *du* es ihr.« Papa lehnte sich zurück.

»Ach, Gott! Terroristen sind Mörder. Sie töten, um anderen Angst zu machen.«

»Warum?« Das wurde ja immer gemeiner!

»Jemine, Schatz. Sie wollen etwas erreichen. Mit Gewalt durchsetzen, was sie wollen. So wie du uns auch manchmal terrorisieren kannst, wenn du etwas unbedingt willst.«

»Einen Bruder!«, rief Pia. »Wollen Terroristen einen Bruder?«

Papa gab komische Geräusche von sich, als müsste er mit vollem Mund husten. Mama schlug mit der Serviette nach ihm.

»Sie wollen mehr«, sagte sie zu Pia. »Eine neue Regierung oder einen eigenen Staat.«

»Staat?«

Papa hustete noch heftiger. Mama holte mit der Serviette aus, ließ die Hand aber wieder sinken. »Einen Staat nennt man, wenn viele Menschen auf einem Gebiet zusammen wohnen und gemeinsam beschließen, was man darf und nicht darf, damit man sich verträgt. Und natürlich, wer das Sagen hat. Ein bisschen wie hier in der Familie. Oder wie in unserer Stadt. Wie wir hier in Leverkusen.«

Leverkusen! Das hatte Pia schon mal gehört. Und gestört. »Wir leben doch in Opladen«, wandte sie ein.

»Opladen *ist* Leverkusen.«

»Ist es *nicht*«, warf Papa ein.

»Ist es *wohl*«, sagte Mama. Und zu Pia: »Früher war Opladen eine eigene Stadt. Jetzt gehört es zu Leverkusen. Seitdem hat das Stadtwappen 53 einen schwarzen Balken. Deinem Papa ist das immer noch ein Balken im Auge. Der hängt an Opladen und hätte am liebsten, dass es wieder eine eigene Stadt ist.«

»Ach was«, meinte Papa. »Ich hab mich ja auch an dich gewöhnt.« Er zupfte an der Zeitung. »Verrat mir lieber, was schon wieder passiert ist.«

»Separatisten. Ein Anschlag in der Ukraine.«

»Separa… was?« Das war Pia.

Mama stöhnte. »Das sind Leute, die andere Leute dadurch terrorisieren, dass sie immer wieder jemanden umbringen. Weil sie einen eigenen Staat wollen. Und nicht gezwungen werden wollen, mit anderen zusammen zu leben, die sie nicht mögen. Die wollen sich halt von denen trennen.«

»Wie Papa?«

Papa lachte, bis ihm die Tränen kamen. Er nahm Pia auf den Arm, warf sie hoch in die Luft, küsste sie, dann sagte er: »Ich muss jetzt dringend einen schwarzen Balken loswerden«, und lief in den Flur. Die Badezimmertür fiel zu.

Mama seufzte und faltete die Zeitung zusammen. »Iss mal!«, sagte sie.

Eine Antwort kriegte Pia nicht.

Den nächsten Tag verbrachte sie ganz ohne Papa in der »Buddelkiste«. Anfangs war er immer dabei gewesen, jetzt blieb er nur noch kurz oder ging sofort wieder.

»Wir haben gestern eine ermörderte Maus verbuddelt«, erzählte sie Jessi, der Erzieherin, die ihr aus der Jacke half.

»Oh weia, die Arme«, sagte Jessi. »Habt ihr denn einen Grabstein für sie gemacht?«

Puh! Daran hatte Pia gar nicht gedacht! Und Papa auch nicht!

Als Papa sie abholte, streckte Pia ihm einen großen Kieselstein entgegen, den sie im Außenbereich der Kita gefunden, mit Plaka-Lack quietschrot angemalt und dem sie dann zwei schwarze Balken verpasst hatte, einmal kreuz und einmal quer.

»Hoppla! Wofür ist das?«, fragte er.

»Für Mausetot!«, sagte Pia stolz. Sie hatte es sehr eilig, nach Hause zu kommen. Aber Papa war mit dem Auto hergekommen, weil sie erst noch zum Straßenverkehrsamt mussten, weil das nämlich gleich zumachte und er vorher noch sein neues Nummernschild abholen wollte.

Das Straßenverkehrsamt hieß zwar Straßenverkehrsamt, was sehr nach Straße und Verkehr klang, war aber in Wirklichkeit ein Haus. Ein ziemlich hässliches sogar. Neben einer schönen Villa [54], die Papa »Römer« nannte. Sie sah aber kein bisschen aus wie der braune Römertopf, den sie zu Hause für Aufläufe hatten. Eher wie eine Burg oder ein kleines Schloss. Pia wollte wissen, ob der König von Leverkusen da lebte, aber Papa sagte: »Wenn, dann von Opladen«, und er zog sie zu dem hässlichen Haus, in dem sie ziemlich lange rumsitzen und warten mussten, obwohl sie sich doch so beeilt hatten. Als sie endlich fertig waren, waren sie immer noch nicht fertig, denn Papa musste zum Schildermacher. Auf dem Weg kamen sie an einem anderen großen Haus vorbei. Das wäre das Stadtarchiv [55], sagte Papa, als Pia fragte, ob *da* denn der König von Opladen wohnte. Es klang genervt und so, wie er es aussprach, hörte es sich nach einem ganz, ganz schlimmen Wort an, das Pia nie, nie in den Mund nehmen wollte. Deshalb hielt sie ihn ausnahmsweise und ließ sich weiter vorwärtsziehen.

Nachdem der Mann in der Werkstatt Papa endlich zwei neue Autoschilder überreicht hatte, war Pia zu müde, um zum Auto zurückzulaufen. Sie durfte auf Papas Arm und die Schilder festhalten.

»Was steht da?«, fragte sie.

»Ab heute«, sagte Papa und klang sehr stolz und wichtig, »haben wir Opladener wieder ein eigenes Nummernschild. Mit den Buchstaben O und P.« Er tippte auf die beiden Zeichen. »Das steht für OPLADEN.«

Pia dachte an Mama, die gesagt hatte, Opladen wäre eigentlich Leverkusen. Und dass das mit Sich-Vertragen zu tun hätte.

»Und das da?«, fragte sie und tippte auf die übrigen Zeichen.

»Hinter dem P? Da steht ein I und ein A. Für dich, Liebelein. Weil du Pia heißt. P-I-A. Und die 3. Weil du ja jetzt drei wirst.«

Ein Teil von ihr gehörte also zu Opladen, dachte Pia. Und war stolz, dass sie auf dem Nummernschild stand.

Am Auto angekommen, schraubte Papa die Nummernschilder ab, die da schon dran waren, wischte sie sauber und gab sie Pia zum Halten, während er die neuen Schilder befestigte.

Pia verglich, was auf den alten und den neuen Schildern stand. Auf den alten war kein O und kein P. Und auch sonst war alles anders.

»Und was steht da?«

Wieder tippte Papa auf die Zeichen. »L-E-V. Das steht für LEVERKUSEN. Lev!«

»Lev«, echote Pia. Das Wort kannte sie. »Wie *leev Pia*?«, fragte sie.

Papa lachte. »Genau! Wie die *liebe* Pia!«

Pia dachte lange nach. Als Papa ihr vor dem Haus aus dem Kindersitz half, schlang sie die Arme um seinen Hals und flüsterte ihm ins Ohr: »Bist du doch ein Separatist?«

Wieder lachte Papa, sagte: »Keine Sorge!«, drückte und küsste sie.

Irgendwie fühlte es sich trotzdem doof an.

Sie legten den Stein auf das Grab der Mausetot. Pias Herz war schwer wie ein riesiger Rumpelstein. Als Papa sie nach dem Essen in ihr Bettchen legte, schlief sie augenblicklich ein.

Sie wurde wach, weil Papa und Mama sich zankten. Zumindest hörte es sich so an. Mamas Stimme war ziemlich laut. Sie schien aufgeregt zu sein. Verstehen konnte Pia trotzdem fast nichts. Einmal rief Mama: »Ich will nicht so auseinandergehen!« Sofort fiel Pia alles ein: Papa, der Separatist. Mama, die mit Terroristen unter einer Decke steckte. Der Mörderkater. Die Mausetot.

Da hatte sie keine Lust mehr, wach zu werden. Sie zog sich die Decke über den Kopf und schlief tatsächlich wieder ein.

Am Freitag machte sie mit den »Buddelkisten«-Kindern einen Ausflug zum Gut Ophoven. Mit Gummistiefeln und ohne Papa. Jessi fragte, ob Pia sich das zutraute, so ganz allein. Klar traute Pia sich das! Sogar ohne Mama! Die morgens gesagt hatte, sie müsste zum Arzt und könnte nicht zur Arbeit. Jetzt gingen doch sowieso alle dauernd auseinander. Mama. Papa. Pia. Leverkusen. Opladen. Großwerden war irgendwie doof. Aber auch spannend.

Sie marschierten Hand in Hand. Zu zweit. Pia neben Finn. Finn war schon fast vier. Sagte er. Pia, die fast drei war, fand ihn ein bisschen kindisch. Weil er dauernd ihre Hand losließ, um zu zeigen, dass er schon zu groß war, um an der Hand zu gehen. Jessi hatte gesagt, es ginge darum, dass alle heil ankämen und keiner unters Auto geriet. Immerhin mussten sie einmal die Straße überqueren und die ganze Zeit auf dem Bürgersteig laufen, gleich neben der Straße, wo die Autos fuhren. Was war daran nicht zu verstehen? Autos waren nun mal stärker als so ein blöder Finn. Auch wenn er ein Jahr älter war als Pia.

Sie erreichten Gut Ophoven ohne Unfall. Es gab nur einen Umfall. Als Finn Pia nämlich zeigen wollte, wie man auf dem Bordstein balancierte. Weil er prompt stolperte und auf die Straße kippte. Aber da waren sie schon in der Talstraße, wo fast keine Autos fuhren.

Jessi war in Nullkommanichts bei Finn, riss ihn hoch und schimpfte. Er hätte tot sein können! Wenn es hieße, die Kinder sollten zusammenbleiben, dann wäre das zu ihrem eigenen Schutz! Sie sollten den Partner niemals loslassen!

Finn sagte nichts. Aber kaum hatte Jessi sich rumgedreht, streckte er die Zunge raus.

Pia verstand. Es war gut, dass zwei zusammengefügt wurden, damit sie aufeinander aufpassten. Wenn einer von beiden das aber nicht wollte, konnte es nicht funktionieren.

Wenn Papa nicht einverstanden war, dass Opladen und Leverkusen zusammengehörten, wollte er dann auch nicht, dass Mama und Pia und er zusammengehörten? Aber Pias Name stand auf dem neuen Nummernschild! Und Mama? Die wollte doch auch nicht auseinandergehen! Wieso hatte dann aber ihr Kater die Maus gemördert, wenn Papa doch der Separatist war? Wer wollte wen terrorisieren?

Sie kriegten zwei Führer und wurden in Gruppen aufgeteilt. Pias Gruppe gehörte zu Thomas. Der sagte, er sei Biologe und wollte den Kindern zeigen, wie die Natur funktionierte. Es gebe nämlich zwei Grundsätze. Der eine hieße »fressen und gefressen werden«, der andere »levve und levve losse«, was so viel heißen würde wie »leben und leben lassen«.

Levve, dachte Pia. Kam das auch von »LEV« wie »Leverkusen«? Oder doch von »leev« wie »lieb«?« So oder so: »Levve« klang irgendwie netter als »OP« wie »opjepass«. Das hieß so viel wie »Achtung«, und wenn jemand »Achtung« sagte, dann konnte immer etwas Schlimmes passieren.

Sie durften mit dem Kescher im Teich fischen und was im Netz hängen blieb, in einen Eimer ausleeren, den Thomas mit Teichwasser gefüllt hatte. Die Eimer wurden in eine große Wanne geleert. Dann kriegten die Kinder Lupen, um zu gucken, was da los war. Thomas zeigte ihnen ein winziges dünnes Tier mit Beinen am Bauch und Greifern am Kopf und erklärte, es wäre die Larve des Gelbrandkäfers. Die gehörte zu den Tieren, die andere Kleinstlebewesen im Teich fraßen.

»Mörder!«, schrie Finn. Pia fand ihn auf einmal doch wieder ganz nett. »Teichterrorist!«, ergänzte sie.

Thomas lachte. »Ihr kennt ja Wörter!«, sagte er. »Na, dann geht mal auf Mörderjagd!«

Die Kinder suchten Gelbrandkäferlarven, Thomas fischte sie mit dem Kescher aus der Wanne und beförderte sie zurück in den Eimer, den er in den Teich leerte. Dann guckten sie sich in aller Ruhe die anderen Tiere an, die andere »levve« ließen. Weil sie nämlich nur tote Tiere und Pflanzen fraßen.

Als sie gingen, stand die Wanne noch auf der Wiese. Pia dachte mit Schaudern daran, dass Thomas sie in den Teich auskippen würde, wo die Mörder lauerten. Ihr wurde auf einmal klar, dass es nirgends auf der Welt Sicherheit gab. Auch nicht in Leverkusen. Das doch nach »leben« und

»lieb« klang. Und trotzdem voller Mord und Terror war. Und Separatisten.

Am Kindergarten warteten diesmal Papa *und* Mama auf sie. Sie nahmen Pia rechts und links an der Hand und gingen gemeinsam nach Hause. Pia wurde ganz warm im Bauch. Wie gut das tat! Gleich zwei Hände zum Festhalten und Aufeinanderaufpassen!

»Morgen hast du Geburtstag, Pia!«, sagte Mama. »Dann bist du schon drei!«

»Drei ist doof.« Pia blieb stehen und klappte nacheinander ihren Daumen, Zeigefinger und Mittelfinger aus. Das war nicht ganz einfach. Sie musste die andere Hand dazunehmen, um die letzten beiden Finger festzuhalten, die am liebsten auch ausgeklappt wären. »Guck mal, da *fehlt* was!«

Mama ging neben ihr auf dem Bürgersteig in die Knie und nahm Pias Hand in ihre. Sie bog vorsichtig Pias Ringfinger und kleinen Finger gerade. »Was hältst du davon, wenn wir Fünfe gerade sein lassen?«, fragte sie.

»Hä?«, fragte Pia.

Papa hockte sich auf ihre andere Seite. »Wir machen einfach fünf draus«, sagte er und küsste sie, während er den Arm um sie und Mama legte.

»Wir wollten ja eigentlich noch warten. Aber nachdem du uns so lange terrorisiert hast, dachten wir, wichtige Entscheidungen sollte man als Optimist angehen.«

»Op… was?«, wollte Pia wissen.

»Mist!«, schimpfte Papa, aber er lachte dabei. »Was hältst du von einem Geschwisterchen?«

Pia guckte ihre Hand an und klappte die Finger nacheinander erst ein, dann wieder aus. »Das funktioniert nicht«, stellte sie fest. »Wir drei und ein Geschwisterchen sind vier.«

Mama stieß einen kleinen Juchzer aus. »Wow, Piaschatz, was bist du groß geworden! Du kannst ja schon richtig rechnen!«

»Pia hätt opjepass!«, sagte Papa. »Mama kriegt Zwillinge. Zwei Geschwisterchen. Macht also fünf.«

Pia dachte immer noch nach. »Das Gegenteil von Mördern ist Kinderkriegen?«, fragte sie.

»Könnte man so sagen«, meinte Papa. Er half Mama aufzustehen und nahm Pia auf den Arm.

»Und keiner geht auseinander?«, vergewisserte Pia sich.

Mama und Papa lachten. »Doch, Mama!«, sagte Papa. »Die wird jetzt richtig dick und fett. Sooo weit geht die auseinander.« Er holte mit dem freien Arm aus und zeigte, wie weit Mamas Bauch reichen würde. Pia verstand auf einmal, dass manche Dinge nicht immer dasselbe bedeuteten. Auseinandergehen musste gar nicht heißen, dass man sich trennte. Und auch wenn jeder morgens woanders hinging, kam man ja später wieder zusammen. Genauso war es vielleicht mit Leverkusen und Opladen. Wenn Papa an Opladen hing und Mama an Leverkusen, dann musste das nicht bedeuten, dass sie sich trennen wollten oder Terroristen waren oder Mörder, sondern einfach nur, dass sie etwas lieb hatten.

»Papa?«, fragte Pia. »Ist ein Separatist aus Opladen ein Optimist?«

FREIZEITTIPPS:

50 FUNKENTURM

Der 25 Meter hohe Wasserturm in Massivbauweise auf einer Grundfläche von 130 Quadratmetern im Opladener Ausbesserungswerk entstand 1903, in dem gleichen Jahr, als die »Königliche Eisenbahn-Hauptwerkstätte« in Betrieb genommen wurde. Die heutige Adresse lautet Bahnstadtchaussee 8 in der Neuen Bahnstadt Opladen 22. Der Turm ist einer der Hingucker auf dem Gelände. Zeitweise beherbergte er auf drei Geschossen eine Badeanstalt mit Brause- und Wannenbädern, die die Werksarbeiter nutzten, um sich vom Ruß zu befreien.

Die KG Altstadtfunken Opladen von 1902 e. V. 20 – ein Jahr älter als der Turm – übernahm ihn im Jahr 2011 und machte sich an die denkmalgerechte Restaurierung. Gerade rechtzeitig im selben Jahr zum 11.11., dem offiziellen Beginn der Karnevalssession, wurde Richtfest, exakt ein Jahr später die Einweihung gefeiert. Seitdem kann der untere Teil des Gebäudes für verschiedene Zwecke genutzt werden, hier gibt es einen 170 Quadratmeter großen Multifunktionsraum. Im zweiten Geschoss wird derzeit ein Archiv zur Stadtgeschichte und zum Karneval eingerichtet, auf der dritten Etage befindet sich ein Stauraum für Requisiten. In die Kuppel gelangt man über eine Leiter und kann von dort aus den Ausblick über das Gelände genießen. Außen, im oberen Teil des Turms, sind Blau auf Weiß zwei Funken beim »Stippeföttche-Tanz« abgebildet: Zwei Gardisten in Uniform präsentieren das Gewehr, während sie in der Hocke Rücken an Rücken »stibbeln«, das heißt, sie stupsen die Hintern (»Föttche«) aneinander. Ein rheinischer Karnevalsbrauch, mit dem die preußischen Besatzungssoldaten verhohnepipelt wurden.

Direkt neben dem Turm wurde ein zweigeschossiger würfelförmiger Anbau errichtet, der Raum zum Feiern bietet. Sämtliche Räumlichkeiten können von den Altstadtfunken angemietet werden. Neuerdings kann der Funkenturm sogar als Trauzimmer genutzt werden – neben dem Rathaus 68 in Wiesdorf 2, dem Schloss Morsbroich 69 in Alkenrath 4, der Villa Wuppermann 80 und dem Sensenhammer 76 in Schlebusch 73 sowie der BayArena 62 in Küppersteg 2.

51 EHRENFRIEDHOF

Die Römer bestatteten ihre Toten an den Hauptverkehrsstraßen, wo sie wahrgenommen wurden und im Gedächtnis blieben. Die Toten des Ersten Weltkriegs erhielten um 1920 einen wuchtigen Quader, von einem steinernen Stahlhelm und Schwert gekrönt, auf der Seite sind Inschriften zu sehen und ein geduckter nackter Mann mit gebeugtem Kopf, der sich ans Herz greift, die Augen sind geschlossen. Er scheint unter der Last des übergroßen Stahlhelms zusammenzubrechen. Carl Duisberg hatte das Denkmal bei Fritz Klimsch in Auftrag gegeben, als Mahnmal für die gefallenen Werksangehörigen der Farbenfabriken, und ließ es an einem Ort aufstellen, an dem es wahrgenommen wurde: mitten im Hindenburgpark 63, der grünen Lunge der Bayer-Werkskolonie III. Die steinerne Erinnerung an die Gefallenen wurde zum Stein des Anstoßes für Kriegsgegner und zum Angriffspunkt für Vandalismus im Namen des Friedens. 1980 zog die Stadt die Konsequenzen und entfernte das Mahnmal aus dem Fokus der Öffentlichkeit, indem sie es an einen Ort verbrachte, den wohl nur wenige Menschen aufsuchen – den Ehrenfriedhof Opladen, stadtauswärts, links der Rennbaumstraße, oberhalb des Kreisels an der Pommernstraße/Dechant-Krey-Straße.

Hier stehen auf großen Wiesenflächen, umgeben von Bäumen, lange Steinkreuzreihen, die nicht nur Namen von Soldaten, sondern auch von zivilen Opfern des Zweiten Weltkriegs tragen. Auch denen, deren Namen nicht bekannt sind, wird hier gedacht, liegen Liegen an diesem Ort doch unter anderem Bombenopfer des Eisenbahnausbesserungswerks, Werksangehörige, aber auch namenlose Zwangsarbeiter 22 von 1944, die teilweise aus dem Massengrab in Lützenkirchen 26 hierher umgebettet wurden 81.

52 GUT OPHOVEN

Das Gut Ophoven ist neben dem Friedenberger Hof 74 das älteste Baudenkmal, das das Kirchspiel Upladhin konstituierte. Von der ursprünglich aus dem 13. Jahrhundert stammenden Anlage in der Opladener 22 Talstraße 4 ist der älteste erhaltene Teil das Burggebäude aus dem 14. beziehungsweise 15. Jahrhundert, das drei Räume, Kreuzstockfenster und historische Details wie Kamin und Backofen aus dem 15. Jahrhundert aufweist. Von der ursprünglichen Wasserburg existieren heute nur noch Teile. Das Pächterhaus – Ende des 19., Anfang des 20. Jahrhunderts erbaut – war das Erste, was der 1983 gegründete »Förderverein Natur- und Schulbiologiezentrum«, der seit 1988 in enger Zusammenarbeit mit der Stadt Leverkusen tätig ist, baubiologisch renovierte. Das Ziel: ein Lern- und Erlebniszentrum auf dem 60.000 Quadratmeter großen Gelände einzurichten, das Umweltphänomene für Groß und Klein erfahrbar macht. Zu diesem Zweck entstand eine Fülle an Stationen und Installationen zu den Themen Naturprozesse, Klimaschutz, erneuerbare Energien sowie ressourcenschonendes Leben und Arbeiten. Teiche und Wallhecken wurden angelegt, ein Aromaweg, Amphitheater, Insektenwohnheim, Naturerlebnispfad, Schulgarten, es gibt Ruheräume und Kletter-, Balancier- und Hangelmöglichkeiten, man kann mit Schulklassen, unter Anleitung oder auch ganz allein durch das Gelände stromern, das Kinder- und Jugendmuseum EnergieStadt besuchen, Kinder- und andere Geburtstage feiern. Das »NaturGut Ophoven« ist nicht nur für seine pädagogische Arbeit, sondern für zahlreiche Projekte und Kampagnen überregional und europaweit bekannt, wurde schon vielfach ausgezeichnet und gehört zu den 16 (in jedem Bundesland eins) außerschulischen »Bildungszentren Klimaschutz«, die bundesweit kooperieren, sich über Klimabildungsaktivitäten austauschen und als Impulsgeber und Vorbild für Einrichtungen mit ähnlichen Zielsetzungen fungieren.

Optische Hingucker auf dem Gelände sind auch die Solarkunstwerke des Kölner Künstlers Odo Rumpf: zwei Solarblumen, Solarblitze, eine Solarallee und die Metallskulptur »Recyclist«, zusammengeschweißt aus alten Autobahnschildern und bestückt mit Solarzellen.

Mit einem ungewöhnlichen alternativen Stromgewinnungsprojekt machte im Übrigen der Opladener Werkzeugspezialist Fritz Ellinghaus von sich reden: Er stellte einen 32 Meter hohen Mast mit sechs vertikalen Rotorblättern zur Stromerzeugung auf seinem Werksgelände an der Fuchskuhl auf. Die Bozener Spezialität hat 40 Prozent weniger Leistung als ein klassisches Windrad, ist aber sehr leise, wirft keine Schatten und kann daher auch mitten in einer Stadt, die keine windrädergeeigneten Zonen ausweist, aufgebaut werden. Die Grünen ließen sich bereits inspirieren und schlugen 2017 vor, die 18 sanierungsbedürftigen Lichtmasten am Europaring mit Windrädern desselben Typs zu versehen – ohne Erfolg. Anfang 2018 wurde im Zuge der Umgestaltung des Wiesdorfer Busbahnhofs ein erster Mast abgebaut. 15 der insgesamt 18 großen Lichtmasten auf dem Stadtgebiet sollen noch folgen.

53 WAPPEN

Das Leverkusener Wappen zeigt – wie eine Fülle von bergischen Städten und Gemeinden, Vereins- und Unternehmenslogos – den Bergischen, ursprünglich Limburgischen Löwen. Heinrich von Limburg IV. fügte ihn in das Bergische Wappen ein, nachdem seine Frau Irmgard ihm als Erbtochter die Grafschaft Berg zugeführt hatte. Der rote Löwe steht vor silberfarbenem Hintergrund aufgerichtet mit Blick nach rechts, er trägt eine blaue Krone, bleckt blaue Zähne, zeigt eine blaue Zunge, große ausgreifende Pranken mit blauen Krallen und hat einen gespaltenen Schwanz mit gekreuzten Spitzen. Das Besondere an dem Leverkusener Hoheitsbild: Es wird mittig quer von einem schwarzen Wechselzinnenbalken verziert. Der fünfzinnige Balken stammt ursprünglich aus dem Opladener Wappen. Das Leverkusener Insignium in dieser Form wurde 1976 nach der Gebietsreform von 1975 eingeführt, als Opladen, Bergisch Neukirchen und Hitdorf eingemeindet wurden. Vorher galt das Wiesdorfer 2 Wahrzeichen: Bergischer Löwe mit Rheinfähre. Das Opladener Signet ist auf die Brüder Gerhard und Giso von Upladhin zurückzuführen, im frühen 13. Jahrhundert Gutsherren in Opladen und Burgmannen der Grafen von Berg. Im Jahr 1883 wurde der Stadt Opladen 22 vom »Königlichen Heroldsamt Berlin« ihr Wappen mit dem schwarzen Wechselzinnenbalken vor silberfarbenem Schild genehmigt.

2008, zur 125-Jahr-Feier, wurde in der Opladener Fußgängerzone in Höhe der Kölner Straße 40 eine Stele aus einem Dreieck aus stilisierten Eisenbahnschwellen errichtet. Sie sollen die ehemalige Bedeutung der Eisenbahnstadt Opladen symbolisieren und auf einem umlaufenden Band das historische Opladener Stadtwappen zeigen. Die Stele schuf der Bildhauer Bernhard Guski aus Hückeswagen.

Die Stadt Leverkusen verwendet in ihrem Schriftverkehr ein in den 70er-Jahren entwickeltes quadratisches grünes Rautenlogo mit einem vertikalen weißen Streifen in der Mitte.

54 VILLA RÖMER

Die Villa Römer hieß ursprünglich nach der Hof- und Flurbezeichnung »Frankenberger Hof«. Sie wurde 1905 anstelle eines 100 Jahre alten Landratssitzes nach Plänen des Ohligser Architekten Paul Linder erbaut. Benannt wurde sie jedoch nach dem Bauherrn, dem Industriellen und Stadtverordneten Max Römer (1855–1925). Das historische Gemäuer, typisches Beispiel großbürgerlicher Repräsentationsarchitektur, überlebte den Zweiten Weltkrieg, beherbergte kurzzeitig die britische Militärregierung und ist heute »Haus der Stadtgeschichte«, in dem der Trägerverein Villa Römer beheimatet ist, außerdem der Bergische Geschichtsverein sowie der »Opladener Geschichtsverein von 1979 e. V.« und die »Stadtgeschichtliche Vereinigung e. V. Leverkusen«. Im ersten Stock des Hauses befindet sich eine Dauerausstellung, »ZeitRäume Leverkusen«, zur vielfältigen Lokalgeschichte von der Stein- bis zur Jetztzeit. Das Erdgeschoss ist wechselnden Ausstellungen zu historischen und zeitgenössischen Themen gewidmet, die immer einen Besuch lohnen. Dabei ist die »Verpackung« für sich schon sehenswert – äußerlich wie innerlich: Man gelangt durch einen Portikus aus dunklem Holz in eine große Empfangshalle mit Schnitzereien auf Wandtäfelung, Vergoldungen, Stuck und Marmorkamin und in den Repräsentationsbereich, das Esszimmer, den Salon, Billardraum und Wintergarten. Über eine breite üppig verzierte Treppe geht es dann ins Obergeschoss. Umgeben ist das Gebäude von einem Park am Steilufer zur Wupper. Dort befindet sich außerdem an der Düsseldorfer Straße eine Stall- und Wagenremise, das sogenannte Kutscherhaus, baulich mit Walmdach, Backsteinsockel und Fachwerkobergeschoss sowie Treppenturm mit Schweifhaube angelehnt an das Haupthaus. Standesgemäß fortschrittlich beherbergte das Nebenhaus nie Kutschen, sondern schon zu Beginn des 20. Jahrhunderts Automobile.

55 STADTARCHIV

Das Leverkusener Stadtarchiv befindet sich am Landrat-Trimborn-Platz 1 in Opladen 22. Seine Aufgabe ist die Bewertung, Aufbewahrung und Sicherung von für die Stadt wichtigen historischen öffentlichen sowie privaten Dokumenten. Das geschieht einerseits aus Gründen der Rechtssicherheit, andererseits im Dienste der Forschung, weshalb die Unterlagen Interessierten zugänglich gemacht werden müssen. Das älteste Dokument im Besitz des Archivs stammt aus dem Jahr 1264, die meisten Unterlagen sind auf das 19. oder 20. Jahrhundert datiert.

Das Gebäude wurde 1913/14 nach der Planung des Elberfelder Regierungsbaumeisters Plange »unter maßgeblicher Beteiligung« des Architekten Peter Klotz aus Barmen als Königliches Landratsamt des Kreises Solingen-Land errichtet, der 1929 zum Kreis Solingen-Lennep zugerechnet und 1931 zum »Rhein-Wupper-Kreis« umbenannt wurde. Mit der kommunalen Neugliederung kam das Haus 1975 in den Besitz der Stadt Leverkusen. 1987 wurde es unter Denkmalschutz gestellt. Es handelt sich um einen zweigeschossigen neobarocken sogenannten Putzbau, mit verschiefertem Dach samt Mansarden. Der Innenstuck und die Innenausstattung sind teilweise noch original. Seit 1977 beherbergt das Gebäude das Leverkusener Stadtarchiv. Davor befindet sich eine Stele zu Ehren des Freiherrn vom Stein **45**.

SCHÖNER STERBEN

Oktober 1997: Wenn man doch in die Zukunft blicken könnte! Sie war, so Gott und Professor Härtl wollten, im letzten Semester. Was danach aus ihr würde, war Gott und dem Arbeitsmarkt anheimgestellt. Alle drei schienen ihr alles andere als freundlich gesonnen. Aber was half es, sich darüber den Kopf zu zerbrechen? Augen zu und durch. Und dann? Carpe diem, hatte ihr Vater immer gesagt. Nutze den Tag. Aber wie? Je tiefer sie in die Vergangenheit eintauchte, umso besser verstand sie den Mechanismus. Der einzige Moment, den sie nutzen konnte, war der verdammte Diem. Aber wie sollte ein Mensch wie sie auf die Welt Einfluss nehmen, sie gar gestalten, verändern?

Das Vergangene war unabänderlich. Aber vielschichtig. Das im Jetzt Erhaltene war Ergebnis knallharter Selektion. Es lag lediglich in ihrer Macht, die alternativen Wahrheiten ans Tageslicht zu befördern und festzuhalten. Noch war es möglich. Aber wen interessierte das? Nach einem guten Jahrhundert war das Ungeschriebene fast ausgelöscht.

Guten? Der Blick in den *Abgrund*!

Sie hatte gründlich recherchiert. Schlampereien, Schweinereien, Kriegsvergehen. Verbrechen an Menschen, der Natur, der Welt. Vertuscht, unterdrückt, ausgelöscht. Wo leugnen nichts half, wurde beschönigt, beschwichtigt, bestochen. Ihr ganzes Wissen über die verheimlichten Skandale aus anderthalb Jahrhunderten Firmengeschichte hatte sie zwischen zwei rote Deckel gepackt und binden lassen.

Ihre Doktorarbeit. Alles sauber dokumentiert. Bis hin zur Geschichte des Hauses, in dem sie wohnte. Das einmal als Luxusresidenz [56] für ehemalige Mitarbeiter eines Chemiekonzerns gebaut und wie seine Bewohner nach wenigen Jahrzehnten dem Vergessen anheimgegeben worden war.

Nachdem die Alten ausgestorben waren, hatte es ein paar Jahre leer gestanden. Dann übernahm die Stadt Köln die Immobilie und befand, sie sei für junge Leute noch gut genug. Eine Sanierung rentiere sich nicht.

Die Nachfrage war von Anfang an mau gewesen. Für Studenten zählten der Preis und die Nähe zur Uni, und das Haus in Stammheim war weitab vom Schuss. Wer in Köln etwas fand, zog in Nullkommanichts wieder aus. Sie lebte als eine der Letzten in dem Haus, in dem ihr Vater als einer der Letzten gestorben war. Stand dieses Festhalten im Angesicht des Untergangs, das Gründeln im Vergangenen nicht für ihre Unfähigkeit, sich dem Leben im Hier und Jetzt zu stellen, es zu ergreifen, ihre Chance zu nutzen? Sie hasste sich selbst für dieses Unvermögen.

Immerhin. Hass war ein Antrieb. Er half durchzuhalten. Die Stellung zu halten. In *diesem* Hier und Jetzt, an dem niemand außer ihr mehr etwas zu finden schien. Zu ihren Mitbewohnern hatte sie wenig Kontakt. Wer begeisterte sich schon für 50er-Jahre-Architektur, blassgelb geflieste Bäder, einen verwilderten Garten, der einmal englisch gewesen war? Bei ungünstigem Wind waberten Klärwerkdünste durch die gekippten Fenster.

Juni 2017: Die Cessna 152 startete um 14:45 Uhr am Flugplatz Kurtekotten [57]. Frisch aufgetankt. Mit zwei Personen an Bord.

Januar 1944: Der Mann stand am Fenster und blickte in den Park. Warum japanisch? Ihm lag mehr an englischer Gartenarchitektur. An natürlicher Gestaltung statt stramm stehender, beschnittener Vegetation und der griechischen Antike nachempfundenen Statuen und Tempeln [58]. Aber gut. Er war in der Schaltzentrale der Götter in Weiß angekommen, in ihren Kreis aufgenommen worden. Sie hatten Verdienste. Er konnte von ihnen lernen: Weitsicht, analytischen Verstand, Format, Geschick. Den Hang zum Protzigen nicht. Wer hatte das nötig?

Hitler würde einem Curt Düsseldorf nie das Wasser reichen können. Der Führer war ein Krakeeler und Dummschwätzer, der an seine Grenzen gestoßen war. Dem man zuarbeitete, solange es zuträglich war. Für einen selbst und für die Sache. Nicht für das Volk. Das zahlte an der Front und unter den zunehmenden Flächenbombardements der Alliierten seinen Blutzoll. Seit Mai traf es auch die Leverkusener Region. Das Opladener Bahngelände.

Die chemische Industrie hatte alles getan, das Ausbluten der Feinde, wo man ihrer habhaft geworden war, zu beschleunigen. Aus Mund, Nase, Ohren, Augen. Sie erstickten innerhalb von Minuten. Ein humaner Tod. Zyklon B übertraf alles zuvor Entwickelte an Effizienz: Chlor, Phosgen, Senfgas.

Die IG Farben war ein großartiger Schachzug gewesen. Düsseldorf hatte die Zeichen seiner Zeit verstanden und für die Chemie zu nutzen gewusst. »Die einzig richtige Stelle aber ist die Front, an der man so etwas heute probieren kann und auch für die Zukunft nicht so bald wieder Gelegenheit hat, so etwas auszuprobieren«, hatte er gesagt. »Ich kann deshalb nur noch einmal dringend empfehlen, die Gelegenheit dieses Krieges nicht vorübergehen zu lassen.«

Sie hatten sie beim Schopf gepackt. Mehr daraus gemacht. Den Benzinpakt geschlossen, der die Entwicklung synthetischer Treibstoffe sicherte. Die Vierjahresplanbehörde zur Umstellung auf Kriegswirtschaft eingerichtet. Die Übernahme jüdischer und kriegsbedingt treuhänderischer Vermögenswerte in die Wege geleitet. Menschen aus Kriegsgefangenen- und Konzentrationslagern sowie besetzten Gebieten als Sklavenarbeiter genutzt. Neun Monate, exakt die Zeit, die der Homo sapiens zur Menschwerdung benötigte, betrug die Lebenserwartung der so gewonnenen Arbeitskräfte. Neun Monate intensivster Ausschöpfung Humankapitals.

Wie viel Zeit würde dem Führer noch bleiben?

Der Mann seufzte. Er persönlich hatte seine genutzt. Durch die – noch nicht urkundlich bestätigte – Ernennung zum Vorstandsmitglied war er mit einer Machtfülle ausgestattet worden, von der er ein Jahr zuvor nicht zu träumen gewagt hätte. Im Moment galt: Augen zu und durchhalten. Schutt und Asche zogen auch Gutes nach sich. Die Möglichkeit zum Neuaufbau. Verbrannte Erde war fruchtbar. *Er*, der kommende Phönix. Man musste es sportlich nehmen. Auf Tempel konnte er verzichten. Hatte Curt nicht Tennisplätze und ein Schwimmbad für die Angestellten bauen lassen? Nach ihm, Uwe, würden sie am Ende ein Stadion benennen. Noch zu Lebzeiten. Ein schönes Ziel.

Juni 2017: Der Uniformierte trat aus dem Gebäude in der Heymannstraße. Etwas ließ ihn aufblicken. Er sah die Cessna in gut 300 Metern Höhe auf schwankendem Kurs in Richtung Norden und zog unwillkürlich den Kopf ein. Was war das? Als er den Streifenwagen erreichte, war das

Flugzeug aus seinem Blickfeld verschwunden. Ehe seine Kollegin eingestiegen war, aus seinem Gedächtnis.

September 2015: Professor Härtls Todesanzeige war eine Genugtuung. Auch wenn sie nichts gutmachte. Den Abschluss hatte er ihr versaut. Die Zukunft. Was war eine Promotion satis bene anderes als ein Tritt in den Hintern? Sie hatte mit einer Generation von Wissenschaftlern konkurrieren müssen mit Abschlüssen zwischen cum laude, magna cum laude und summa cum laude. In der Lehre – keine Chance! Im wahren Leben? Wozu taugte eine mäßige Doktorin der Geschichtswissenschaften? Beim Zeitungsaustragen oder Kellnern im Opladener Bizarre [59] wäre der akademische Grad – sofern sie ihn erwähnt hätte – ein Einstellungshindernis gewesen. Auch bei der Wohnungssuche. Dem Vermieter genügte die Versicherung, dass die Agentur für Arbeit die Miete zahlte. In dem Studentenheim im Stammheimer Park hatte sie nicht bleiben können. Es war entwohnt, wenn auch nicht abgerissen worden. Die einstige Pracht und Herrlichkeit verrottete unter den Händen der Denkmalschützer. Auch wenn sie sich dort nie wohlgefühlt hatte, war die Kündigung ein weiterer Tritt in den Hintern gewesen.

Ihr Vater hatte sich begnügt. Weil es ja doch nicht mehr zu ändern sei. War im Alter von 45 Jahren abgefunden worden. Mit einem Zimmer im Altersheim. Mit Fußbodenheizung, Blick auf den Rhein und einen englischen Garten. Wie hatte er gesagt? Die Aussicht entschädige. Hier wollte er sterben. Den Augenblick genießen. Mit dem verbliebenen Auge. Verweile doch, du bist so schön. Edel ging die Welt zugrunde, war dem Untergang längst geweiht, als er eingezogen war.

Sie hatte ihn gehasst für seine Genügsamkeit. Für sein zerfressenes Gesicht. Seine Unfähigkeit zu hassen. Sie hatte die gehasst, die ihm das angetan hatten. Die so viele Jahre lang Menschenopfer gebracht hatten. Um des schnöden Mammons willen, der medizinischen Forschung und des Machtstrebens einiger weniger. Warum hatte sich keiner gewehrt?

Der Hass fraß an ihr, wie die Säure sich in den Vater gefressen hatte. In Mund, Nase, Ohren, Augen. Nach kaum einem Jahr war er gestorben. An den Folgen der Verätzungen durch den geplatzten Schlauch im Wuppertaler Werk. 1978. Die Flüssigkeit war ihm mitten ins Gesicht gespritzt.

Wen interessierte das? Der Name ihres Vaters war genauso schnell dem Vergessen anheimgefallen wie die Namen der Millionen im Krieg. Und der anderen No Names. Kanonenfutter, Industriefutter. Butter im Getriebe der Gesellschaft. Wer Macht und Geld hatte, setzte sich Denkmäler. Straßen, Plätze und Gebäude wurden nach ihnen benannt. Nach all den Professoren, Politikern, Prokuratoren. Männern.

Ihr Lebenswerk hingegen, ihre akribisch zusammengetragenen Forschungsergebnisse, von Härtl mit der Note »befriedigend« versehen, war für die Tonne? *Carpe diem! Sie hatte die Wahrheit ans Tageslicht* befördert! Dass sie wahrgenommen wurde, hatte sich als das ungleich größere Problem herausgestellt. Sie war keine Rampensau. Aber zäh. Promovierte Gelegenheitsjobberin ohne Aussicht auf irgendwas. Sie musste ein Fanal setzen. Was hatte sie zu verlieren? Sie knüllte die Todesanzeige zusammen und pfefferte sie in den Papierkorb.

Zehn Minuten später trat sie in die Pedale. Kellnern brachte immerhin Knete. Aber nur solange man auftauchte.

Juni 2017: Der Journalist schwang sich auf das E-Bike. Zugeständnis an den Meniskus. Er rechtfertigte es mit den vielen Einsätzen. Und Umweltgesichtspunkten. Das Leverkusener Lokalblatt schickte ihn hin und her im Stadtgebiet. Kaninchenzüchtertreffen, Ehemaligen-Stammtische oder wie jetzt das Training der Bayer-Jugend. Ausstellungen im Forum [60] oder im Erholungshaus [61] waren da noch die kulturellen Highlights. Auf jeden Fall ging es schnell mit dem Bike. Zumal es immer problematisch war mit den Parkplätzen an der BayArena [62].

Februar 1961: *Nero*!

Nur nicht die Nerven verlieren! Der Mann klaubte das Drecksblatt wieder auf, das er eben zusammengerollt und in Richtung Papierkorb geschleudert hatte. Belegexemplar für den Rechtsanwalt.

Wie hatte Franz Josef Strauß diese linke Postille neulich genannt? »Gestapo unserer Tage«. Der CSU-Chef war für seine Ausraster bekannt und hatte es sich doch selbst zuzuschreiben, wenn man ihm den Spiegel vorhielt. *Ihn* selbst, Uwe, mit dem römischen Despoten gleichzusetzen, war hingegen ein Schlag ins Gesicht. Was hatte eine derartige Diktion mit Demokratie zu tun? Angesichts solcher Entgleisungen sehnte man sich doch die alten Zeiten zurück.

Zumal: Was hatte er nicht alles an Wiedergutmachung geleistet! *Neben* seinen wissenschaftlichen Meriten, Ehrendoktorwürden, -plaketten und anderen Auszeichnungen! *Nero*! Kaiser Nero hatte *Rom abgefackelt*! Er, Uwe, hatte nicht lange gefackelt, als es darum ging, die Bayer-Mitarbeiter vor *Ausbeutung zu schützen*, nachdem er ihnen Belegschaftsaktien zum Vorzugskurs von 100 Prozent angeboten hatte. Bei einem Börsenkurs von 120 Prozent! Nach der vertraglichen Sperrfrist waren die meisten Aktien in die Depots der oberen Führungsetagen gewandert. Die Ersterwerber hatten sich mit kleinen Margen abfinden lassen. Und nun verglich dieses Lumpenblatt seine, Uwes, Strafmaßnahmen – Zwangsrückverkäufe bis hin zu Entlassungen – mit der *Willkürherrschaft Kaiser Neros*? Ausgerechnet sein Bemühen abzustrafen, den Wohlstand des einfachen Arbeiters durch Teilhabe an Bayer-Aktien zu mehren! Strohkäufe gehörten sanktioniert. Das als *Despotismus* zu verkaufen! Manchen vermeintlichen Volksfreunden *konnte* man es nicht recht machen.

Wo blieb in dem Geschreibsel der Hinweis auf die Uwe-Haferland-Häuser? Er hatte sich im Bemühen um verdiente Bayer-Pensionäre wie um die zukünftige Elite Meriten erworben! Das Altersheim in Stammheim! Das Studentendorf der Universität Köln! Das Stadion, das man nach ihm benannt hatte! Zu Lebzeiten! – Was hätte man ihm auch vorzuwerfen gehabt? Fast die Hälfte der Angeklagten im IG-Farben-Prozess war von dem US-amerikanischen Militärgericht freigesprochen worden. Eine von vielen Nachfolgeverhandlungen gegen Verantwortliche im Rahmen der Nürnberger Prozesse. Er, Uwe, war lediglich als *Zeuge* geladen worden. Es gab keine Unterlagen. Keine Verantwortlichkeit.

So war es eben: Leute wie er waren unverzichtbar. Die unbescholten waren, sich auskannten und übernahmen. Die das Wirtschaftswunder vollbrachten.

Juni 2017: Der Uniformierte steuerte, die Kollegin erzählte von ihrem letzten Schießtraining. Sie fuhren am Hindenburgpark **63** vorbei in die Hermann-von-Helmholtz-Straße, bogen rechts in die Friedlieb-Ferdinand-Runge-Straße, links in die Havensteinstraße und kamen eben am Elefantenbrunnen [64] an, als sie in die Bismarckstraße beordert wurden. Mit Blaulicht.

Unmittelbar zuvor: Der Junge hatte sich verspätet. Er wusste, dass es Probleme geben würde. Und gerade weil es Probleme geben würde, war er *noch* später gekommen. Dabei ging es doch um alles. Immer ging es um alles beim Bayer. Er war jetzt Teil der Elite und musste es rocken. Seine Eltern sagten es. Seine Freunde sagten es nicht, aber das war noch schlimmer: Sie *glaubten* es. Obwohl er es doch gar nicht *konnte*. Niemals können würde. Er war ein ganz normaler Junge, der ein bisschen Fußball spielen konnte, ein bisschen Glück hatte und immer versuchte, es allen recht zu machen. Sein Trainer – er hatte beim Bergfried [65] angefangen – war mit ihm zum Probetrainingstag für den Bayer-04-Nachwuchs gegangen und die hatten ihn prompt genommen. Seitdem spielte er nicht mehr nur einfach Fußball, sondern musste sich beweisen. Und versagte. Soeben jedenfalls. Er war mit dem Bike über den Bordstein am Zebrastreifen an der Manforter Straße gefahren. In dem kurzen Moment, als das Vorderrad in der Luft hing, hatte er die Scherben gesehen und konnte den Lenker nicht mehr herumreißen. Er landete, es zischte, der Vorderreifen war platt, sodass er schieben musste. Er wusste, er kam zu spät, und das lähmte ihn. Als wenn er durch einen Sumpf watete, in dem seine Füße bei jedem Schritt tief einsanken und im Boden stecken blieben. Als er das Stadion erreichte, waren die anderen längst bei den Lockerungsübungen in der Mitte des Platzes angelangt. Niemand achtete auf ihn. Er hielt an, eine Hand am Lenker, die andere hob er zur

Stirn, weil die Sonne blendete, suchte den Trainer. Vor die Helligkeit schob sich ein Schatten. Der Junge stoppte mitten in der Bewegung, steckte zwei Finger in den Mund und stieß einen gellenden Pfiff aus. Brüllte.

Die auf dem Rasen fuhren herum, rasten los. Der Schatten schlug auf, wo sie eben noch gestanden hatten. Mitten im Uwe-Haferland-Stadion.

Kurz zuvor: Die Maschine war frisch aufgetankt. Der Pilot hatte den Außencheck vorgenommen und sich umgesehen. Er kratzte sich den Bart. Der Name der Frau war ihm entfallen. Ein Blick auf die Uhr, er kontrollierte den Termin im Kalender. Dann kletterte er in den Flieger und begann mit dem Innencheck. Als er aufblickte, sah er sie auf sich zukommen. Sie musste es sein. Die Figur, das Alter passten zu der Stimme. Kein überflüssiges Wort. Probeflug. Wann? Kosten? Kein Gestammel und Gekicher, Bekenntnisse, die niemand brauchte: Es sei das erste Mal und sie so aufgeregt. Erwachsene, die auf kleine Mädchen machten, jemanden zum Festhalten suchten, beim Abheben kreischten und schließlich himmelhoch jauchzten. Seine Frau hatte er damals so kennengelernt. Zehn Jahre hatte er gebraucht, um sie wieder loszuwerden.

Keine zehn Minuten später hoben sie ab. Er flog eine kleine Schleife und gewann schnell an Höhe. Als im unteren Sichtfeld etwas blitzte, dachte er im ersten Moment, die Sonne spiegelte sich im Wassergraben der Motte Kurtekotten **66**.

Es war ein Messer.

15 Minuten später: Der Scheißkerl mit seinem E-Bike! Er war bis dicht an den Körper des Mannes herangefahren, stand da, die Stange zwischen den Beinen, und fotogra-

fierte drauflos. Noch bevor der erste Rettungswagen am Platz war. Die Kollegen hatten alle Hände voll zu tun, den Unfallort zu sichern, ehe man dem Kerl das Ding ab- und seine Personalien aufnehmen konnte. Leverkusener Lokalblatt. Na super! Der hatte die Bilder längst in die Redaktion geschickt. Fotos, die ohnehin nicht veröffentlicht werden konnten: Blut, Knochen, ein aufgeplatzter Schädel, nur noch durch den Vollbart als Kopf erkennbar.

»IS-Anschlag auf die BayArena, Fragezeichen!«, schrie der Kerl in sein Smartphone.

»Verschwinden Sie!«, blaffte die Polizistin. Grün im Gesicht.

Wenn noch jemand in der Maschine gewesen war, würde man ihn kaum identifizieren können. Die Feuerwehr rollte Schläuche aus. Es konnte dauern, ehe sie die Flammen unter Kontrolle hatte.

Am nächsten Morgen: Der Chefredakteur schloss das Fenster zum Vorplatz der Christuskirche [67], wo eine Menschenmenge, mit Deutschlandfahnen bewehrt, »Lügenpresse!« skandierte. Schlagartig reduzierte sich der Lärm um einige Dezibel. Er nahm seinen Platz wieder ein. »Die im Rathaus [68] wissen Bescheid? Polizei?«, fragte er in Richtung der Frau, die rechts von ihm saß.

»Ich habe angerufen«, bestätigte sie.

Er schnaubte. »*Natürlich* war der Islamismusverdacht nicht von der Hand zu weisen! Der Bart legte es zumindest nahe. Nach dem Anschlag auf den Berliner Weihnachtsmarkt …« Er seufzte. »Okay, wir hätten es vielleicht nicht gleich so … Und dass die da unten jetzt meinen, wir wollten nur wieder vertuschen, dass alle Gefahr von den Einwanderern ausgeht, und dass wir Anweisung aus der Administration gekriegt hätten, kann nicht unser Problem sein. Wir *mussten* es zurücknehmen. Vorläufig.«

»Wir wissen noch nichts über den zweiten Mann. Den im Flugzeug«, warf der Reporter ein. »Er ist bis zur Unkenntlichkeit verbrannt.«

»Gut. Wir halten fest: Die Identität des Mannes, der aus der Cessna geschleudert wurde, steht fest. Ein Fluglehrer, bisher unbescholten. Eine Nähe zu islamistischen Gruppierungen ist nicht bekannt. Das Messer in seinem Bauch deutet auf eine Entführung hin. Der Kidnapper hatte das Flugzeug nicht unter Kontrolle. Vielleicht hat es einen Kampf gegeben. Das würde erklären, warum die Maschine die BayArena nicht erreicht hat und stattdessen im Haferland-Stadion abgestürzt ist.«

»Warum die BayArena?«, fragte die Frau.

»Weil wer ein Fanal setzen will, Symbole der Macht angreift. Man fliegt keinen Kamikazeangriff auf eine grüne Wiese. Es geht um Geld, große Summen, Transferzahlungen, Machtpoker unter dem Deckmantel des Sports. Und: In Stadien kommen viele Menschen zusammen …«

»Aber nicht um diese Tageszeit«, warf die Frau ein.

»Egal!« Der Chefredakteur wurde einige Dezibel lauter. »Ich sage ja, es geht um ein *Symbol*! Sie wollen mir doch nicht im Ernst erzählen, dass jemand es auf ein paar Fußball spielende Kinder abgesehen hat. Oder den guten alten Uwe Haferland! Der Mann ist seit über 50 Jahren tot! Wer will dem noch ans Bein pissen!«

Es klopfte. Der Volontär steckte den Kopf zur Tür herein. »Ich hab's durch«, sagte er.

»*Was*!«

»Die wissenschaftliche Abhandlung. Mit dem roten Einband. Die gestern früh im Briefkasten lag. Sie hatten gesagt, ich sollte gucken, ob da was Interessantes drin wäre.«

»*Was*?« Der Chefredakteur schien sich nicht zu erinnern, dass er vor dem Anschlag irgendeine Anweisung gegeben hatte.

»Es geht um Bayer. Firmengeschichte.« Der Volontär trat von einem Bein aufs andere, als wollte er schnellstmöglich wieder weg.

»Lieber Himmel! Wir erleben gerade *Terror in Leverkusen*! Was hat das mit *Bayer* zu tun?«, blökte sein Chef. »Die haben ihr Jubiläum *gehabt*! Monatelang gab es zum 150. nichts als Firmengeschichte auf allen Kanälen! Wer will das noch hören? Zieh das Ding durch den Reißwolf!«

FREIZEITTIPPS:

56 LUXUSRESIDENZ

1818 wurde der Schlosspark Stammheim nach den Plänen des Königlichen Gartenbaudirektors Maximilian Friedrich Weyhe angelegt, der das spätbarocke Schloss der Reichsfreiherren von Fürstenberg-Stammheim mit einem englischen Landschaftsgarten umgab. Das Anwesen ging bereits Ende der 20er-Jahre an die Stadt Köln. Nachdem das Schloss im Zweiten Weltkrieg zerstört wurde, übernahm die Bayer AG die Liegenschaft samt Ruine, ließ den Park wieder instand setzen und errichtete 1982 das Ulrich-Haberland-Haus. Der damalige Vorstandsvorsitzende der Bayer AG, Ulrich Haberland (1900–1961), wollte alleinstehenden verdienten Bayer-Pensionären im Kölner Stadtteil Stammheim ein Domizil mit insgesamt 120 je 19 Quadratmeter großen Zimmern bieten, das damals höchsten Standards genügte: mit Fußbodenheizung, Kochnische, privater Toilette und Waschtisch. Im Speiseraum konnten die Bewohner durch eine konkave Fensterfront den Blick auf den Rhein genießen, es gab zudem eine Bühne für Kulturdarbietungen. Als die Bewohner Ende der 70er-Jahre ausstarben, übernahm die Stadt Köln 1983 wieder das Anwesen und nutzte das Haus als Studentenwohnheim, aber der mittlerweile ziemlich heruntergekommene Zustand des Gebäudes und die Entfernung zur Kölner Uni auf der anderen Rheinseite hielten die Nachfrage gering. Seit 2001 steht es leer und wird nur noch gelegentlich als Filmkulisse genutzt. Seitdem wird um eine künftige Verwendung des denkmalgeschützten Gebäudes beziehungsweise über einen Abbruch gestritten. Die Eins-a-Lage ist für Investoren attraktiv, die über ein Senioren-, Studentenwohnheim oder Mehrgenerationenhaus, Künstlerateliers oder eine gastronomische Nutzung nachdenken. Problematisch sind neben dem Zustand des Gebäudes die Denkmalschutzauflagen sowie der Landschaftsschutz des umliegenden Parks – die Zufahrtsstraße darf nicht vergrößert werden –, insbesondere aber sorgt der Betrieb der benachbarten Kläranlage der Stadtentwässerungsbetriebe für Geruchsemissionen, die in naher Zukunft aufgrund zunehmender Einwohnerzahlen vermutlich nicht weniger werden. Außerdem gibt es Lärmbelästigungen durch den Niehler Hafen auf der gegenüberliegenden Rheinseite. Zuständig ist das Liegenschaftsamt der Stadt Köln.

Die etwa acht Hektar große Grünanlage ist heute öffentlich und wird seit 2002 als Skulpturenpark genutzt.

Dr. Ulrich Haberland machte während des Dritten Reichs Karriere in der I.G. Farben und brachte es bis zum Vorstand. Allerdings erfolgte die Berufung nur mündlich. Er wurde zu den Auschwitzprozessen vorgeladen, aber vermutlich nur als Zeuge befragt. Mit der Neugründung der Bayer AG 1951 wurde er deren Vorstandsvorsitzender und forcierte Entwicklungs- und Forschungsaktivitäten sowie die Bindung der Arbeitnehmer an das Unternehmen durch den Verkauf von Belegschaftsaktien. Sein Wirken wurde durch verschiedene Ehrendoktorwürden und Namensgebungen geehrt: Die heutige BayArena war bis 1998 nach ihm benannt, danach ging der Name auf das »kleine Stadion« in direkter Nachbarschaft des großen über. Neben dem Ulrich-Haberland-Haus in Stammheim wurden mehrere Studentenwohnheime in Köln und Bonn nach entsprechenden Zuwendungen nach ihm benannt. Außerdem findet sich sein Name an Straßen in Leverkusen, Dormagen, Bergisch Gladbach und Bonn. Als er

1961 an Herzversagen starb, wurde er auf dem Friedhof Manfort 81 bestattet.

57 FLUGPLATZ KURTEKOTTEN

Der Flugplatz Kurtekotten wurde 1959 eröffnet und ist ein sogenannter Sonderlandeplatz im Kölner Stadtgebiet an der Grenze zu Leverkusen. Flugzeuge mit einem Gewicht von bis zu 3.000 Kilogramm können ihn anfliegen und auf der fast 1.000 Meter langen Landebahn landen, die im südlichen Drittel aus Kunststoffplatten besteht und ansonsten eine reine Graspiste ist. Neben einem neun Meter hohen Kontrollturm, einer Werkstatt, Tankstelle und drei Hangars zum Unterstellen findet sich dort das Restaurant »Cockpit« sowie eine Wiese mit Spielplatz. Betrieben wird der Flugplatz von dem Luftsportclub (LSC) Bayer Leverkusen, der über sechs Motorflugzeuge, vier Motorsegler, zwölf Segelflugzeuge, zwei Ultraleichtflugzeuge und sieben Ballone verfügt. Die Anlage bietet auch eine Nutzung zum Paragliden an einer Winde. Bei dem alljährlichen Flugplatzfest Anfang September kann der Besucher Kunst- und Modellflug- sowie Fallschirmsprungshows bestaunen, Rundflüge wahrnehmen und Segelflugzeuge, Sportflugzeuge oder auch einmal einen uralten Doppeldecker begutachten. Das Areal des Flugplatzes liegt zum Teil auf dem der ehemaligen Motte Kurtekotten 66.

58 FLORATEMPEL

Auf der nördlichen Seite des Carl-Duisberg-Parks 30, neben dem Japanischen Garten, hatte der Namensgeber sich selbst mit Sondergenehmigung des Regierungspräsidenten seine letzte Ruhestätte errichten lassen. Carl Duisberg beauftragte seinen Lieblingskünstler Professor Fritz

Klimsch, nach dem Vorbild des Apollotempels in Versailles ein Grabmal zu gestalten, in dem der Generaldirektor und Wiesdorfer Ehrenbürger 1935 beigesetzt wurde. Seine Gemahlin Johanna Seebohm, die Nichte des Vorstandsvorsitzenden der Elberfelder Farbenfabriken Carl Rumpff, folgte ihm zehn Jahre später. Von da hatte der »Alte« das Kasino und damit den Bayer-Vorstand immer im Blick, hieß es. Seiner übrigen Familie ließ Duisberg nicht minder standesgemäß auf dem Friedhof Manfort 81 eine Gedenkstätte einrichten.

2013 wurden mehrere Skulpturen des Carl-Duisberg-Parks von Metalldieben gestohlen. Die verbliebenen wurden eingelagert und manche von ihnen kehrten schließlich vier Jahre später alarmgesichert zurück. Darunter auch die direkt neben dem Floratempel stehende vergoldete nackte Frau, »Die Auferstehung« von Klimsch, passend gleich neben Duisbergs Grab positioniert, außerdem die überlebensgroße Frauenfigur »Die Demut«.

59 BIZARRE

Die Rockkneipe »Bizarre« ist seit dem 29. Dezember 2017 leider Geschichte. An der Kölner Straße 87 in Opladen 22 gelegen, war es eine von über 200 Gaststätten in Leverkusen. Viele der Kneipen befinden sich in unmittelbarer Nachbarschaft der Kölner Straße, dazu zählte auch das Bizarre, das nach einem Vierteljahrhundert eine Art Urgestein der Opladener Szene war. Gut dreimal die Woche wurden Musikveranstaltungen für Besucher aller Altersstufen geboten. Insbesondere am Wochenende ging es hoch her. Die Musikrichtung war schwerpunktmäßig Metal, Punkrock/Hardcore, Rock 'n' Roll/Garage und qualitativ hochwertig.

Neben Getränken, insbesondere einer ausgezeichneten Auswahl an Whisky, konnte man sich mit Flipper, Darts, Kicker und anderen Spielen die Zeit vertreiben. Knabberzeug war in der Regel frei und – das wurde in Bewertungen besonders hervorgehoben – die Toiletten befanden sich in einwandfreiem Zustand.

Für Musik liebende Altstadtbesucher hier ein kleiner Trost-Tipp, wenn auch ganz anderer Stilrichtung: Die »Witwe Kaiser« in der Birkenbergstraße 28 ist eine Kneipe urig-kölscher Art, knuffig, mit Biergarten, Musik- und Kleinkunstabenden, Mitsing-Konzerten und vielen alten Fotos von Opladen und Leverkusen an den Wänden.

60 FORUM

Nach den Plänen des Architekten Ulrich von Altenstadt ließ die Stadt Leverkusen 1969 eine zentrale Veranstaltungsstätte in Wiesdorf 2, Am Büchelter Hof 9, bauen. Über einer Tiefgarage entstanden eine große Eintrittshalle, ein Hauptsaal, Platz für die Volkshochschule und ein Restaurant: Raum für Musik, Theater, Weiterbildung, Kommunales Kino, Ausstellungen und Messen. Darüber weitere Räumlichkeiten zu verschiedenen Zwecken, wie zum Beispiel der Agam-Saal als Herz des Hauses, der im Gegensatz zu dem dominierenden Betongrau Farbe wagt: die plastische Wandgestaltung des israelischen Künstlers Yaacov Agam, der kinetische Wandlamellen mit starken Farben in 364 Nuancen anbringen ließ. Der Raum verfügt über eine hervorragende Akustik und kann dank einer variablen Bühne bis zu 250 Personen aufnehmen. Eine architektonische Besonderheit des ganzen Gebäudes, die bis in die Gestaltung des Mobiliars Niederschlag gefunden hat: das Sechseck. Der Betonbau steht seit 2009 unter Denkmalschutz. Im Gutachten heißt es: »Die 60er-Jahre waren eine Zeit des

Aufbruchs. Die Entwicklung neuer Technologien und wegweisender Neuerungen war ausschlaggebend für die Zukunfts- und Technikbegeisterung, die die Nachkriegszeit prägte.«

Der Forum-Vorplatz, der den Charme einer Betonwüste hat, soll in den nächsten Jahren mit einer repräsentativen Vorfahrt, einem Taxistand, Parkplätzen sowie neuen Tiefgaragenzufahrten versehen und mithilfe von zwei Millionen Euro neu belebt werden. Was davon bis zum 50. Jubiläum in 2019 bereits umgesetzt werden kann, muss sich zeigen, zumal die Fertigstellung der benachbarten Großbaustelle Busbahnhof nicht vor 2019 zu erwarten ist. Hauptattraktion der neuen Haltestelle wird eine ellipsenförmige transparente Dachkonstruktion, deren Kosten sich, wie im Juni 2018 bekannt wurde, um 80 Prozent verteuern. Andere Maßnahmen zur Aufwertung des öffentlichen Raums in Leverkusen werden für dieses Vorzeigeprojekt daher vorläufig zurückgestellt.

61 ERHOLUNGSHAUS

Zwischen 1900 und 1925 entstand die Kolonie II für Bayer-Werksangehörige. Gärtnerischer Mittelpunkt war der symmetrisch gestaltete Kaiserplatz, am Rand der Bebauung wurde 1908 das sogenannte Erholungshaus fertiggestellt, der dahinter liegende Park sollte den Freizeitaspekt ergänzen. Zu geselligen, lehrreichen sowie ertüchtigenden Veranstaltungen sollte das Haus dienen, entsprechend multifunktional war es konzipiert worden: Neben dem Festsaal für damals 100, heute 800 Gäste wurden eine Lesehalle, Proben- und Unterrichtsräume, eine Kegelbahn, ein Billardzimmer und ein Restaurant geboten. Der Festsaal war darüber hinaus vielfach nutzbar: Es gab Ringe und Seile für Leibesertüchtigungen, unter der Bühne Umkleiden und sanitäre Anlagen, eine Schnitzelgrube für das Wintertraining der Springer, und Recks für die Turner konnten aufgeklappt beziehungsweise ausgefahren werden. Die erste Theateraufführung war Kleists »Zerbrochener Krug«, der 1.300 Menschen ins Erholungshaus lockte, viele mussten sich mit Stehplätzen zufriedengeben.

Ein Brand im Jahr 1975 bot Anlass zu einer Sanierung, die zwei Jahre dauerte. Seit 1992 ist das Kartenbüro von Bayer Kultur im neu gestalteten Eingangsfoyer untergebracht. 1997 wurden der Zuschauerraum, das Ausstellungs- und das Publikumsfoyer noch einmal umgebaut.

Neben Theater, Tanz, Musik und Literatur gibt das Erholungshaus auch der bildenden Kunst Raum: In wechselnden Ausstellungen kann der Besucher Gemälde, Skulpturen oder Fotografien aus aller Welt bestaunen, gelegentlich gewährt die Bayer AG sogar Einblicke in die eigene Schatulle, in der Kunstschätze ersten Ranges vom ausgehenden 19. Jahrhundert bis zur Jahrtausendwende zu finden sind, unter anderem Werke von Pablo Picasso, Andy Warhol, Gerhard Richter und Henry Moore.

Das Haus ist im Übrigen nicht nur Stätte der Rezeption von Kultur, sondern auch Produktionsstätte für klassische Musik. Erlöse für Aufnahmen insbesondere des WDR trugen zur Finanzierung des Hauses bei.

Das Erholungshaus-Restaurant »Kulisse« ist mehr als eine gastronomische Stätte gutbürgerlicher bis gehobener Küche für bis zu 80 Personen. Auch hier finden Kleinkunstveranstaltungen, Lesungen oder Promi-Talkrunden statt. Im Sommer ist der Biergarten geöffnet, in dem sich Spaziergänger und Theaterbesucher mischen.

Schräg gegenüber, in der Nobelstraße 78, ist seit 2005 das Koloniemuseum. Dort kann der Besucher bei einer Führung durchs Haus das Leben der Arbeiterfamilien im letzten Jahrhundert anschaulich nachvollziehen.

62 BAYARENA

Am 1. Juli 1904 wurde der »Turn- und Spielverein der Farbenfabriken vorm. Friedr. Bayer & Co.« als erster Bayer-Sportverein gegründet. Dies war der Auftakt zu einer Entwicklung, auf deren Ausmaß im Zusammenhang mit anderen Sportvereinen 65 noch eingegangen wird, während hier die damals entstandene Fußballabteilung verfolgt werden soll. Die BayArena in Manfort 81 ist nur ein Baustein der Sportstadt Leverkusen, aber als Heimspielstätte der Fußballmannschaft des später in »TSV Bayer 04 Leverkusen e. V.« umbenannten Vereins sicherlich der bekannteste. Dabei ist der Vereinssport seit 1999 zum Wirtschaftsunternehmen erwachsen, der Bayer 04 Leverkusen Fußball GmbH, einer hundertprozentigen Tochtergesellschaft der Bayer AG – eine Ausnahmeregelung, da die Bayer AG den Verein zuvor 20 Jahre lang gefördert hatte. Mit Erfolg: Seit 1979 ist die Bayer-Werkself in der höchsten deutschen Spielklasse, der Bundesliga, vertreten, allerdings haftet ihr der Ruf der »ewigen Zweiten« (1997, 1999, 2000, 2002, 2011) an. Die Leverkusener Fußballer werden deshalb spöttisch »Vizekusen« genannt. 2016 lag die Mannschaft zuletzt auf dem dritten Platz. Immerhin holte sie 1988 den UEFA- und 1993 den DFB-Pokal und erreichte 2002 das Champions-League-Finale. 2018 verpasste sie die Qualifikation.

Die Spielstätte fing klein an. 1923 wurde der Fußballplatz »Am Stadtpark« auf dem Gelände des heutigen Lise-Meitner-Gymnasiums 9 eingeweiht, neun Jahre später der »Bayer-Platz«, weitere neun Jahre später wurde die erste Holztribüne gebaut, die bereits 15.000 Besucher zuließ. 1956 schließlich begann man mit dem Bau des Ulrich-Haberland-Stadions 56 an der Bismarckstraße, das Platz für 22.500 Zuschauer bot. 1958 wurde es eingeweiht, 1963 mit einer Flutlichtanlage versehen. Mit dem Aufstieg in die Bundesliga waren nach und nach weitere Tribünenbauten fällig. Kurz vor der Jahrtausendwende kam der Hotelbau an der Nordtribüne hinzu, das Stadion wurde umbenannt und 2008 nochmals erweitert. Die heutige BayArena kann über 30.000 Zuschauer aufnehmen und ist komplett überdacht. 2011 war sie Spielort für die Frauen-WM.

Glücksbringer der Bayer-Elf ist seit 2002 »Brian the Lion«, der coole Werkslöwe mit Ring im linken Ohrläppchen.

63 HINDENBURGPARK

Die von Bruchsteinmauern begrenzte Anlage war ursprünglich in der Bayer-Werkskolonie III als zentraler grüner Gedenkort rund um ein Ehrenmal für Gefallene des Ersten Weltkriegs 51 gestaltet worden. Nach anhaltendem Vandalismus wurde dieses jedoch 1980 auf den Opladener Ehrenfriedhof versetzt. Das 11.500 Quadratmeter große Gelände ist heute noch Eigentum der Bayer Real Estate GmbH, aber da es der Stadt als öffentliche Parkanlage zur Verfügung gestellt wurde, ist dessen Pflege seit 1975 kommunale Aufgabe. Im Frühsommer 2017 wurde der Wiesdorfer Hindenburgpark gründlich saniert, nachdem der unterirdische Mutzbachlauf abgeklemmt worden war, dessen ursprüngliche Bachaue in dem tieferliegenden Areal bei Niederschlägen oder lang andauerndem Hochwasser für Vernässung gesorgt hatte. Auch die direkt am Hindenburgpark liegende Kirche St. Hildegard war betroffen, musste bereits 1997 wegen Unterspülung durch den Mutzbach renoviert werden, wobei die Marienkapelle auf der Nordseite völlig umgestaltet wurde. Der Mutzbach, linker, zweitlängster Nebenfluss der Dhünn und südlichster Leverkusener Wasserlauf, fristet in der Stadt überwiegend ein Untergrunddasein. Seine Quelle ist in Mutz bei Odenthal 100. Er quert das Naturschutzgebiet Mutzbach, Köln-Dünnwald, fließt am Kurtekotten, 57 und 66, vorbei bis zum Lindenhofweiher vor dem Konrad-Adenauer-Platz in Manfort 81, wo er in der Röhre verschwindet, aus der er am Friedrich-Bergius-Platz noch einmal kurz auftaucht, um einen Teich zu speisen und unter dem Hindenburgplatz hindurch in Richtung Doktorsburg 16 weitergeleitet zu werden, deren Wassergräben er einst füllte. Der zweite Rohr-Arm führt ihn unter der Bismarckstraße und Am Stadtpark entlang zur Dhünn. Nach der Trockenlegung wurde der Hindenburgpark gerodet und wieder bepflanzt, die Stadt ersetzte Brombeerpflanzen durch Blütensträucher oder Rhododendren, sorgte für neue Sitzgelegenheiten und Wege beziehungsweise überbaute oder erhöhte die ursprünglichen. Das ehemals durch Hundehinterlassenschaften in Mitleidenschaft gezogene Gelände erhielt sogar einen auf dem Stadtgebiet einmaligen Kotbeutel-Spender. Eine botanische Besonderheit der Anlage wird im Winter erst augenfällig: Die 90 Jahre alten, zum Kriegerehrenmal passend gepflanzten Eichen sind immergrün, tragen also auch bei Schnee und Eis grünes Laub.

64 ELEFANTENBRUNNEN

Als Carl Duisberg sich 1882 bei der »Farbenfabriken vorm. Friedrich Bayer & Co.« bewarb, wurde der frisch promovierte Chemiker abgelehnt. Ein Jahr später erhielt er einen Forschungsauftrag: Es ging darum, den teuren blauen Indigofarbstoff durch eine synthetische Variante zu ersetzen. Duisberg wurde zum Protegé des Aufsichtsratsvorsitzenden Carl Rumpff, der ihm in seinem Schloss bei Wuppertal-

Elberfeld seine Nichte Johanna Seebohm vorstellte, spätere Ehefrau Duisbergs und Namensgeberin der jüngsten Bayer-Werk-Kolonie III für Angehörige der Bayer AG. Die Siedlung entstand in den Jahren 1912–1925 und ist ein typisches Beispiel für die Reformarchitektur der Stadtbaukunstbewegung. Natürlich gehörte nach dem Verständnis Direktor Duisbergs auch ein Brunnen zur Siedlung. In Berlin stieß er auf eine Elefantenplastik des Künstlers August Gaul, den er damit beauftragte, eine kleinere bronzene Ausführung für einen Brunnen zu fertigen: 160 Zentimeter lang, 110 Zentimeter hoch, 200 Kilo schwer und auf einem 215 Zentimeter hohen Sandsteinsockel stehend. Trotz kriegsbedingter Materialknappheit und langer Verzögerungen, die dazu führten, dass der zwischenzeitlich schwer erkrankte Künstler den Guss nicht mehr überwachen konnte, kam die »Johanna« 1921 an ihren Elefanten. Gaul war zu diesem Zeitpunkt bereits verstorben. Um das Jahr 1935, als die Nazis die gegenüberliegende Doktorsburg 16 innehatten und den Ausblick auf den Elefantenpopo leid waren, wurde er umgedreht. Erst 2007 gelang die aufwendige Kehrtwende mithilfe von Sponsorengeldern. Seitdem weisen Kopf und Rüssel des Dickhäuters wieder in Richtung Kolonie. Solarenergie lässt den Brunnen plätschern, und eine Gedenktafel dokumentiert die wechselvolle Geschichte des Brunnens.

65 BERGFRIED

Mit »Bergfried« wird seit dem 12. Jahrhundert der unbewohnte Hauptturm einer mittelalterlichen Burg bezeichnet. Er war mit dem Rest der Burganlagen nicht verbunden, hatte in der Regel nur einen (Höhen-)Einstieg und war mit dem Lebensnotwendigsten versehen, das im Falle einer Eroberung den Burgbewohnern für eine Weile das

Überleben im sicheren Rückzugsraum ermöglichen konnte. Dieses Sinnbild des Rückzugsraums für einen Stadtteilverein, der sich neben dem großen Bayer-Vereinssport konstituiert, entbehrt nicht eines gewissen trutzigen Charmes. Tatsächlich gibt es auf der Seite des SV Bergfried Leverkusen-Steinbüchel e. V. von 1962 einen Eintrag, der sich mit der Geschichte und Namensgebung des Vereins beschäftigt. Trotz intensiver Recherche können allerdings nur wenige gesicherte Erkenntnisse festgehalten werden: Es muss in den 20er-/30er-Jahren einen Vorgängerverein gegeben haben, der vermutlich »DJK Bergfried Steinbüchel« hieß, wobei der Zusatz »Bergfried« schlicht daher rührte, dass Steinbüchel »am Berg« liegt. Die Deutschen Jugendkraftvereine (DJK) hatten einen katholischen Hintergrund und wurden durch die Staatspolizei im Mai 1934 verboten, wovon vermutlich auch der Bergfrieder Vorgängerverein betroffen war. Der heutige SV Bergfried ist in fünf Sportarten aktiv: Fußball, Badminton, Gymnastik, Tischtennis, Motoball, und bietet damit eine Reihe von Wettkampfveranstaltungen, die den Stadtteil Steinbüchel **93** attraktiv machen.

Sport ist generell ein großes Thema in Leverkusen; Vereinssport wird seit über 100 Jahren gefördert durch »den Bayer«. Die Breitenwirkung und Spitzenleistungen des Bayer-Sports seien hier stichwortartig wiedergegeben. Circa 45.000 Menschen gehören 23 Bayer-Sportvereinen an – vorneweg dem TSV Bayer 04 mit 10.000 Mitgliedern –, die 50 verschiedene Sportarten anbieten. In 15 davon sind Bayer-Vereine im Spitzensport vertreten. 68 Medaillen wurden bisher bei Olympischen Spielen errungen, 82 bei Paralympics, über 200 bei Weltmeisterschaften, über 100 Titel bei Europameisterschaften und mehr als 800 Deutsche Meistertitel geholt. Ein paar Namen von Leichtathlet(inn)en seien erwähnt: Heide Rosendahl, Ulrike Meyfarth, Liesel Westermann, Heike Henkel, Dieter Baumann, Steffi Nerius, Silke Spiegelburg und Katharina Molitor.

Drei heute noch existierende Leverkusener Sportvereine, deren Geschichte vor über 100 Jahren begann, sind der Schlebuscher Turnverein 1881 e. V., TuS 1882 Opladen e .V. und TuS 1887 Roland Bürrig e. V.

Von vielen vereinsübergreifenden Sportevents sei der EVL-Halbmarathon erwähnt, der im Juni 2017 exakt 4.711 Teilnehmer(inne)n aus dem ganzen Bundesgebiet verzeichnen konnte.

66 MOTTE KURTEKOTTEN

Der Mutzbach 63 speiste im Hochmittelalter auf heutigem Kölner Gebiet, kurz vor der südlichen Grenze Leverkusens, den Wassergraben der Motte Kurtekotten. Von der Turmhügelburg sind heute nur noch Ruinen erhalten. Sie grenzt an den Flugplatz Kurtekotten 57 und wurde samt dem umliegenden Gelände zum Naturdenkmal »Mutzbach und ›Motte‹ am Kurtekottenweg« erklärt. Der Begriff »Motte« kommt aus dem Französischen und heißt so viel wie »Klumpen«. Gemeint ist hier ein künstlich angelegter Erdhügel, auf dem die Burg als turmförmiges Gebäude errichtet wurde. Die Bezeichnung galt aber später für die gesamte Burganlage. Zu der Motte Kurtekotten gibt es keine Unterlagen und keine archäologischen Untersuchungen. Es ist davon auszugehen, dass das Hofgut Kurtekotten südwestlich der Motte nach deren Aufgabe entstand. 1277 wird es in verschiedenen Quellen angeführt, 1333 bis zur Eroberung durch die Franzosen und Säkularisation 1803 war es vermutlich im Besitz des Dünnwalder Prämonstratenserinnenklosters. Zweimal wurde es in der Zeit niedergebrannt. 1817/18 wurde es der Grafschaft Morsbroich zugeschlagen, später gehörte es Abraham Schaaffhausen und anschließend der Familie von Diergardt **69**. In der zweiten Hälfte des 20. Jahrhunderts ging es schließlich in den Besitz der Bayer AG über, die es niederlegte und das Areal zu sportlichen Zwecken nutzte, indem sie einen Flugplatz und eine Tennishalle errichtete.

67 CHRISTUSKIRCHE

»Ein feste Burg ist unser Gott« – der Text des wohl bekanntesten Kirchenlieds von Martin Luther aus der Zeit vor 1529 prangt in großer Höhe und goldenen Lettern an der evangelischen Backsteinhallenkirche in der Wiesdorfer **2** Innenstadt an der Dönhoffstraße 2 in unmittelbarer Nähe des Rathauses **68**. Der Schriftzug will wohl im katholisch geprägten Rheinland protestantisches Selbstbewusstsein vermitteln. Er passt aber auch hervorragend zum Äußeren des Gotteshauses, das in der Tat einer festen Burg gleicht. Der germanisch-neugotische Bau entstand 1904–1906 nach den Plänen des Elberfelder Architekten Arno Fritsche und verfügt über ein einladend großes Portal und viele kleine Schmuckgiebel. Der 47 Meter hohe Turm befindet sich auf der linken Seite und vermittelt die Anmutung, als sei die Vorderseite der Kirche auf die Seite verrutscht, was den Eindruck der Trutzburg verstärkt, weil das Gebäude dadurch noch breiter und mächtiger wirkt. Nach Schäden im Zweiten Weltkrieg wurde der Innenbereich durch den Leverkusener Architekten Wilhelm Fähler neu und schlichter gestaltet mit einem Kreuz als Zentrum. 2001 wurde der Innenraum durch den Architekten Walter Maier überarbeitet und den Bedürfnissen einer Stadtkirche im Herzen Leverkusens angepasst, die sich auch als Veranstaltungsraum versteht, der Menschen aller Glaubensrichtungen und Kulturen anziehen will – durch ein großes Kulturangebot mit drei bis vier Ausstellungen pro Jahr, verschiedensten Lesungen und Vorträgen sowie Dutzenden Konzerten zwischen Klassik und Pop. Neben Messen und der Möglichkeit zur Einkehr, Besinnung und zum Gebet.

2016 wurde die Christuskirche eingerüstet, damit in den folgenden vier Jahren dringend notwendige Sanierungsarbeiten an dem denkmalgeschützten Gebäude vorgenommen werden können.

Die der Kirche gegenüber angesiedelte Lokalredaktion des »Leverkusener Anzeiger« hat mit der des fiktiven »Leverkusener Lokalblatts« nichts gemein. Sie steht für absolut seriösen Journalismus der bedeutendsten Tageszeitung der Stadt, Ableger des »Kölner Stadt-Anzeiger« aus der Verlagsgruppe DuMont.

68 RATHAUS

Die Stadt Leverkusen hat seit 2007 kein eigenes Rathaus mehr. Das letzte, das sie sich in Wiesdorf 2 leistete, war im Zuge der Gebietsreform und der damit einhergehenden Erweiterung des kommunalen Territoriums um die Stadtteile Opladen 22, Bergisch Neukirchen 17 und Hitdorf 18 gebaut worden und hatte 650 Mitarbeitern Raum geboten. Als es Ende 2002 Brandschutzprobleme gab, wäre eine Sanierung in Höhe von über 30 Millionen Euro fällig gewesen, die die Leverkusener per Volksentscheid stoppten. Stattdessen wurde der grüne Bau samt Tiefgarage und Vorplatzgestaltung, der nach dreijähriger Bauzeit am 1. April 1977 eröffnet worden war, abgerissen. Zuvor hatte hier bis 1971 der Vorgängerbau aus den 1950er-Jahren nach Plänen des Kölner Architekten Fritz Schaller gestanden. Damals hatte man noch darüber nachgedacht, ob man einen Neubau nicht an die Stelle der Doktorsburg **16** setzen wollte, was zum Glück verworfen worden war.

Übergangsweise fanden die Ratssitzungen drei Jahre lang im Verwaltungsgebäude Goetheplatz in Opladen **22** statt, das Bürgerbüro zog in einen Container. Ein Investor durfte ran, ein Hamburger Unternehmen, das sich darauf spezialisiert hat, »urbane Marktplätze der Zukunft« zu schaffen, und das mehrere Hundert Shopping- und Büro-Malls in Europa und darüber hinaus betreibt. Die Stadt und der Rat zogen 2010 zur Miete ins »UFO«, wie der neue kommunale Trakt auf der »Rathaus-Galerie« seitdem heißt: Auf zwei zweigeschossigen – plus Tiefebene – und rechtwinklig zueinander stehenden Gebäudeflügeln liegt mittig eine lamellenbewehrte gläserne Rotunde wie ein gestrandetes Flugobjekt. Hier tagt hoch über den Konsumtempeln der Rat, daneben befinden sich die Büros des Oberbürgermeisters und das Bürgerbüro. Das Center ist, was das Sortiment angeht, mit den üblichen Verdächtigen bestückt: Auf einer Länge von über 400 Metern reihen sich 120 Läden von Mode- und Lifestyle-Marken aneinander, dazwischen finden sich gastronomische Angebote, ein Supermarkt, eine Buchhandelskette, eine Unterhaltungselektronikkette.

Schön: Wechselnde Ausstellungen rechtfertigen die Namensgebung der »Galerie«. Der Vorplatz hat durch Treppen zur Bahnhofsseite hin den Charakter eines Forums gewonnen, das im Sommer zum Verweilen einlädt. Man kann dort demonstrieren, auf dem Weihnachtsmarkt Glühwein tanken oder an einer von vielen weiteren Veranstaltungen teilhaben.

Für Parkplätze ist gesorgt: Auf der Rathausgalerie befindet sich ein zweigeschossiges Parkhaus, alternativ oder ergänzend zu den Tiefgaragenfluchten an der Fußgängerzone.

Wie hatte Leverkusen konsumtechnisch vor dem Mall-Zeitalter überleben können? Mit dem Bayer-Kaufhaus! Von 1897 bis 2007, bis es der Rathaus-Galerie das Revier am Wiesdorfer Platz, Ecke Friedrich-Ebert-Platz überließ, gab es dort nichts, was es nicht gab. Ein einzigartiges regionales Warenparadies, das heute Geschichte ist.

DIE DAMEN DERER VON DIERGARDT

Morsbroich, 10. September 1866

Liebes Tagebuch!

Es ist nun einmal an der Zeit, dass ich alles aufschreiben will. Meine Freundin Luise tut es seit einem Jahr, seit sie, wie sie es nennt, die Schwelle zur Frau überschritten hat. Ich meine eher, es ist die zur Gans. Aber das bleibt bitte unter uns. Das ist ja das Wunderbare an dir, das sehe ich wohl ein: Dir kann ich alles anvertrauen. Vorausgesetzt, du fällst meinen Brüdern oder Eltern nicht in die Hände. Daniel findet seit einiger Zeit große Freude daran, mir nachzuspionieren. Er will Geheimpolizist werden und für Sicherheit sorgen, aber Papa sagt, das seien Flausen, die Polizei sei für die Wohlfahrt zuständig. Wenn es den Menschen gut ginge, würden sie auch keinen Aufruhr machen, und schließlich hätten wir doch jetzt wieder Frieden und den Norddeutschen Bund, und Daniel sollte etwas für die Wirtschaft tun und in seine Fußstapfen treten. Aber Daniel sagt, dafür wäre Friedrich da, der sei schließlich der Älteste und schon 16, und wenn das nicht reichte, gäbe es ja noch Johannes. Aber der ist erst sieben und spielt am liebsten Soldat. Ich finde, Soldat ist der dümmste Beruf, den man sich denken kann, weil es gut sein kann, dass man dabei stirbt, und wer will das schon, wenn er noch nicht alt ist? Mein Großvater Friedrich ist 71 Jahre alt. Wenn er stirbt, ist das schrecklich, aber doch normal, er hat schließlich schon ganz viel geschafft in seinem Leben. Nur durch die

Wirtschaft. Deswegen leben wir jetzt seit fast zehn Jahren auf einem Gutssitz [69] und heißen Barone und Freifrauen und haben Diener und müssten daher eigentlich gar nicht mehr arbeiten, aber unsere Eltern sind nun mal Protestanten, und bei denen muss man immer arbeiten und sich beweisen. Clemens, unser Gärtner, ist ein Katholischer wie die meisten Menschen hier im Rheinland, und die haben es viel besser, die können immer faul sein, sie müssen nur anschließend zur Beichte gehen. Seit die Gezelinkapelle [70] abgerissen wurde, weil sie kaputt war, muss Clemens bis nach St. Andreas [71] laufen, daher beichtet er nicht mehr so gerne. Zum Glück hat die Familie Schaaffhausen, der Morsbroich vorher gehört hat, 100 Taler gespendet, und die Pilger haben auch ganz viel gegeben, sodass die Kapelle neu gebaut wird und unser Gärtner wieder sündigen kann. Aber Clemens sagt, dass mein Papa schlimmer ist als der liebe Gott, weil der keine Sünden vergibt, also mein Papa. Und da hat er schon recht. Mein Vater ist wirklich streng und mein Großvater noch strenger. Dabei machen sie in Samt und Seide, was ja eigentlich etwas Weiches und Angenehmes ist. Aber das kostet eben viel Geld, und die Arbeiter müssen ganz viel schuften, weshalb mein Opa dafür gesorgt hat, dass sie Urlaub kriegen, damit sie bei Kräften bleiben, und er hat eine Krankenlade eingerichtet, in die alle etwas einzahlen müssen, und wenn jemand sich nun in der Weberei verletzt, kriegt er trotzdem Lohn, weil er dann ja nicht faul ist. Papa sagt, sie hätten jetzt über 3.000 Arbeiter. Das wäre ein großes Kapital. Was Kapital hieße, habe ich ihn gefragt. Aber er hat gemeint, das müsste ich gar nicht wissen, ich sei schließlich eine Frau und es reichte, wenn ich sparsam wirtschaften lernte. Da habe ich Mama gefragt. Und sie hat mir gesagt, dass es mit Geld zu tun hätte. Aber so genau konnte sie es auch nicht erklären, wieso Arbeiter Geld sein sollten. Sie meinte, es könnte nur heißen, dass die Stoffe, die durch die Arbeit entstünden, verkauft würden und so mehr Geld hereinkomme, als die ganzen Fabriken und Arbeiter kosteten. Sie hat mir dann erzählt, dass die Familie Schaaffhausen, die vorher hier gewohnt hat, eine Bank gehabt hätte. Keine aus Holz, sondern ein Gebäude, wo Menschen, die viel Geld haben, es zum Aufbewahren hingeben und dafür etwas Geld kriegen – das nennt man dann Zinsen. Und andere leihen sich bei der Bank Geld, die bezahlen die Zinsen, aber mehr, als die anderen davon bekommen, weil der, dem die Bank gehört, für das Aufbewahren und Verleihen belohnt werden muss. Aber im Gegensatz zu den Arbeitern wäre das Geld ein schlechtes Kapital, meint Mama, weil Arbeiter immer Geld verdienen wollten, da wäre Verlass drauf. Jemand, der Geld hat, gibt es aber mal zur Bank und mal aus. Und dann hat der Mann mit der Bank ein Problem, und deshalb hätte die Familie Abraham Schaaffhausen das Gut Morsbroich am Ende auch verkaufen müssen. An uns, an die Familie von Diergardt. Ob die jüdisch wären, habe ich gefragt. Abraham hießen doch nur Juden. Aber Mama hat den Kopf geschüttelt. Geldgeschäfte seien zwar schon immer Sache der Juden gewesen, hat sie gesagt, aber die Schaaffhausens wären katholisch. Wahrscheinlich hätten sie irgendwann den Glauben gewechselt. Ich hab sie gefragt, ob man nicht auch den Glauben wechseln könnte, dass Frauen nichts zu wissen brauchten, außer wie man sparsam wirtschaftet. Da hat sie gesagt, das wäre eine interessante Frage, aber ich noch zu jung, als dass sie mit mir darüber reden wollte. Ein Kind könnte das nicht verstehen.

Womit wir wieder bei Luise sind. Die ist jetzt eine Frau, aber nicht mehr ganz bei Verstand. Sie hat mir erzählt, dass sie sich mit meinem Bruder Friedrich neulich am Teufelsstein **72** getroffen und er sie geküsst hätte. Luises Vater ist Pfarrer und Volksschullehrer. Daher kennen wir uns. Und von der Schule kennt sie auch Friedrich. Sie ist schließlich sein Jahrgang. Trotzdem wird sie aber natürlich niemals eine Freiin von Diergardt werden. Luise sagt, dass der Vorbesitzer von Morsbroich, Abraham von Schaaffhausen, von Kaiser Napoleon persönlich zwar nicht für adlig erklärt, aber immerhin zum Bürgermeister von Köln bestimmt worden und damit ein ähnlich wichtiger Mann gewesen wäre wie unser Vater. Er sei zudem »Gebrechsherr« im Kölner Stadtrat gewesen. Was so viel hieße wie, dass neben den Vertretern der Gaffeln, also der Handwerkerzünfte, weitere Mitglieder vonnöten waren, und die hätte man, weil sie eben gebraucht wurden, »Gebrechsherren« genannt. Dieser Schaaffhausen, der also gewiss so bedeutend gewesen wäre wie unser Vater, hätte seine erste Frau Maria Anna Giesen, die aus einer einfachen Schifferfamilie stammte, aus Liebe geheiratet. Und mein Bruder liebte sie, Luisen, nun mal, sonst hätte er sie nicht geküsst. Was nur beweist, dass Luise ein Schaf ist. Selbst wenn Friedrich so töricht wäre, sich auf sie einzulassen, würden Vater und Großvater niemals ihren Segen dazu geben. Frauen müssen nichts von Wirtschaft verstehen. Aber mit dem Geld ihres Vaters den Wohlstand ihres Gatten mehren. Ein hübsches Gesicht genügt nicht, um eine Familie zu ernähren.

Mutter ruft zum Essen. Ich muss Schluss machen.

Morsbroich, 8. Januar 1867

Liebes Tagebuch!

Ich sollte dich lieber Monatsbuch nennen, weil es nun schon vier Monate her ist, dass ich dich begonnen habe. Und: weil ich nun tatsächlich in die Monate gekommen bin. Wie Luise. Nur dass ich noch viel zu jung dazu bin, wie Mutter sagt. Normale Mädchen kriegten das mit 16 oder 17, aber ich bin 13. Ich frage mich, ob es daran liegt, dass meine Mutter immer, wenn es um etwas Heikles geht, sagt, sie redet erst mit mir darüber, wenn ich eine Frau bin. Damit hat sie das doch gewissermaßen herausgefordert. Schließlich bin ich neugierig! Als ich ihr das gesagt habe, hat sie gelacht und mir offenbart, sie selbst hätte mit 14 Blutungen bekommen. Neugierig sei sie auch immer gewesen. Das hätte ich wohl von ihr. Dann hat sie mich in die Arme geschlossen und versichert, sie wäre froh, nun nicht mehr die einzige Frau im Haus zu sein. Sie meint natürlich in der Familie. Im Haus gibt es noch mehr Frauen. Aber das sind alles Dienstboten. Für die bin ich schon lange eine Frau. Die junge Freiherrin. Zumindest behandeln sie mich immer respektvoll. Außerdem haben sie uns Kindern oft Dinge erzählt, von denen unsere Eltern meinen, dafür wären wir zu jung. Von dem Kindermädchen Anna habe ich zum Beispiel erfahren, dass nicht alle Frauen für Männer geschaffen seien. Weil Anna schon in Morsbroich gearbeitet hat, seit es in französischem Besitz war, und davor ihre Mutter schon hier und im Binnester Hof [73] gedient hat, kann sie viel erzählen. Dass das Haus als ein Lustschloss gebaut worden sei, ein »Maison de plaisance«, wie das Schloss Falkenlust in Brühl. »Rokoko« nennt man das. Aber obwohl das recht frivol klingt, als hätte man sich hier vor allem damit vergnügt, den Damen unter die Röcke zu gucken, ist das gar nicht gemeint. Es ging eher um Jagdvergnügen und ein bisschen Erholung von der Politik am Fürstenhof. Der Bankier Schaaffhausen hätte mit der Politik aber nicht viel am Hut gehabt, sagt Anna. Als Napoleon ihn zum Kölner Bürgermeister ernennen wollte, hätte er abgelehnt. Und als der preußische König das Rheinland übernahm, muss er ausgerufen haben: »Jesses Maria, do hierode mer ävver en ärm Famillich!« – »Jesus Maria, da heiraten wir aber eine arme Familie!« Weil die Rheinländer durch Handel und Manufakturen nämlich zu Wohlstand gekommen seien, während die preußischen Könige alles Geld für das Militär ausgaben. Ich frage mich ja immer, wofür Kriege gut sein sollen. Man wird nicht nur tot, sondern auch arm.

Vor den Schaaffhausens hätte ein Herr Jean Antoine Michel Agar das Verfügungsrecht über Morsbroich besessen. Er habe das Lustschloss von Joachim Murat, dem Herzog von Kleve und Berg und Schwager Napoleons, überantwortet bekommen. Dieser Agar, raunte unser Kindermädchen, sei alles andere als lustig gewesen. Ein schrecklicher Mensch, nach dessen Weggang es gespukt habe – Anna brach an der Stelle leider ab und sprach nicht weiter. Die Schritte meiner Mutter waren im Nebenzimmer erklungen. Die Hausherrin wäre alles andere als erfreut gewesen, wenn sie Anna dabei erwischt hätte, dass sie uns Schauergeschichten erzählte. Wir erfuhren nicht, was Herr Agar Schreckliches getan hatte, und auch nichts über Geister auf Morsbroich. Aber Anna leiht mir oft Bücher, die mir die Haare zu Berge stehen lassen. »Die Judenbuche« zum Beispiel. Diese gruselige Geschichte ist tatsächlich von einer Frau verfasst worden! Annette von

Droste-Hülshoff heißt sie und war mit einer der Töchter von Abraham Schaaffhausen eng befreundet, seiner ältesten namens Sibylle. Sibylle hätte schon in ihrer Jugend auf Morsbroich Männer verabscheut und sich nur für Frauen interessiert. Ihr Vater habe sie dann an den Kölner Bankier Joseph Ludwig Mertens verheiratet, was wieder einmal zeigt, wie albern Luises Hoffnung auf eine Verbindung mit Friedrich ist. Geld kommt zu Geld! Liebe ist ein Hirngespinst. Die Ehe ihrer Freundin mit diesem Mertens hat von Droste-Hülshoff als »Hölle« bezeichnet. Er hat ihr sechs Kinder gemacht. Obwohl sie angeblich eine Sapphische war, eine nach der griechischen Lyrikerin Sappho benannte Frau, die weiblicher Schönheit mehr zugeneigt gewesen sein soll als männlicher. Sibylle Mertens-Schaaffhausen muss später in Bonn mit einer Adele zusammengelebt haben, der Schwester des Philosophen Arthur Schopenhauer. Mich schaudert's, wenn ich mir vorstelle, was die beiden miteinander angestellt haben mögen. Aber noch viel mehr, liebes Tagebuch, schaudert es mich, wenn ich mir vorstelle, was Männer mit Frauen anstellen. Unser Vater hat uns einmal zum Friedenberger Hof **74** mitgenommen, und just als wir ankamen, bestieg ein schwerer rheinischer Kaltbluthengst eine Stute. Was für ein Gemächt! Die Arme ging in die Knie, rollte die Augen und suchte zu entkommen. Ich wollte nicht hingucken und musste doch, bis mein Vater mich wegzog.

Und das ist nur der Anfang! Am Ende muss etwas aus dem Bauch, das ist noch viel größer und dicker. Ich will gar nicht, dass meine Mutter mir diesen Vorgang schildert. Wenn sie Anna verbietet, uns Schauergeschichten zu erzählen, wird sie hoffentlich nicht selbst damit anfangen.

Morsbroich, 16. Juni 1867

Liebes Tagebuch!

Schreckliche Dinge hätten sich in Morsbroich vor langer Zeit zugetragen, behauptet Clemens und rollt die Augen. Man möge diesem Flecken Erde seinen Frieden gönnen. Jede Veränderung reiße Wunden auf, sagt er und bekreuzigt sich. Meine Eltern beschwichtigen. Er wolle uns nur Angst machen. Die Dienstboten versuchten gerne, so ihre Unterlegenheit auszugleichen. Einfach gestrickte Menschen täten sich zudem mit Veränderungen schwer. Dabei wäre es doch auch zu ihrem Besten. Fortschritt mehre den Wohlstand aller. Es schicke sich im Übrigen nicht, wenn ich so vertraulich mit Untergebenen täte und Dinge ausplauderte, die keinen etwas angingen. Jedenfalls nicht, ehe sie beschlossen seien.

Ich hatte Clemens erzählt, dass Papa mit Friedrich darüber geredet hat, dass das Gebäude Seitenflügel kriegen soll, damit es ein richtiges Schloss wird. Der Gärtner hatte die Hände über dem Kopf zusammengeschlagen und gerufen, dass das nicht gutgehen würde, und warum man dieses Stückchen Erde nicht einfach in Ruhe lassen könnte? Als ich Vater darüber berichtete, wurde er böse und wies Clemens harsch zurecht. Mir erklärte er, dass das Schloss Morsbroich den gewachsenen Ansprüchen nicht auf Dauer genügen könne. Wir seien eine große Familie. Die Residenz müsse ausgebaut werden, oder man werde sich wohl oder übel in einigen Jahren nach einem anderen, repräsentativeren Domizil umgucken müssen.

Ich habe mir nicht verkneifen können, Anna zu fragen, was Clemens gemeint haben mochte. Aber Anna hüllt sich in Schweigen. Oder weiß nichts.

Luise ist jetzt jedenfalls verlobt. Natürlich nicht mit

Friedrich! Sondern mit einem Vikar aus Meschenich. Einem evangelischen! Wie hat ihr katholischer Vater das zulassen können? Ich kann es mir denken. Es muss ihm alles recht gewesen sein, Hauptsache, standesgemäß. Mein Vater wird seiner Entscheidung nachgeholfen haben. Wer weiß, vielleicht hat er die Ehe ja auch arrangiert. Ich meine, wir sind nun mal evangelisch. Er hat Luise versprochen, ihr ein Hochzeitskleid auf den Leib schneidern zu lassen. Luises Leib ist ein wenig rund geworden in den letzten Wochen. Sie freue sich aber sehr, sagt sie. Von Friedrich kein Wort mehr. Das mit dem Hochzeitskleid sei ihr eine besondere Ehre. Kein Wunder. Schon die britische Queen Victoria hat sich von meinem Opa das Hochzeitskleid auf den Leib schneidern lassen. Er war 1851 in den Buckingham Palace eingeladen worden, nachdem ihm der Erste Preis der großen Londoner Weltausstellung verliehen worden war. Zwei Jahre später errang er die große Goldene Medaille für die Verdienste um das Gewerbe in Preußen, ein Jahr darauf das Ritterkreuz des Verdienstordens vom heiligen Michael, 1855 schließlich den Ersten Preis sowie die Goldmedaille bei der großen Pariser Weltausstellung. Vater hat schon recht. Die von Diergardts haben allen Grund, stolz zu sein. Papa sagt, sein Vater habe eine Ära geprägt. Ich weiß nicht genau, was es heißt, aber Ära muss mit Ehre zu tun haben. So wie Adel und edel: Wer sich edel zeigt, wird geadelt. Und ein hoher Stand braucht einen angemessenen Sitz. Aber warum heißt es Herrensitz? Gehören Damen wie Mama und ich nicht dazu? Ich habe dieses Haus lieben gelernt. Als Opa es erwarb, war ich drei. Ich will hier nicht weg.

Morsbroich, 3. Mai 1869

Liebes Tagebuch!

Opa ist verstorben. Was soll ich schreiben? Eine Welt ist untergegangen. Ich bin unendlich traurig.

Morsbroich, 3. Februar 1872

Liebes Tagebuch!

Es ist nun entschieden! Wir werden Morsbroich verlassen und nach Bornheim ziehen. Das dortige Schloss entspricht viel mehr den Ansprüchen unseres Vaters. Friedrich wird in Morsbroich bleiben, er ist schließlich der Erbe, ihm fehlt nur noch eine passende Partie. Das wird wohl nicht schwierig. Heiratswillige Mädchen aus den besten Kreisen leckten sich die Finger nach ihm, sagt Anna. Mama tut sich schwer damit. Mit dem Fingerlecken, sie sagt, solche Ausdrücke sind unanständig. Aber auch mit dem Umzug, Stand hin oder her. Sie werde die Menschen hier vermissen und die Natur. Den Wald gleich hinter dem Schloss, in dem auch unser Familienfriedhof **75** ist, den englischen Garten, den Wassergraben samt Wasserfall, die Teichanlage – es mag hier nicht so repräsentativ sein, aber es ist idyllisch.

Papa sagt, eine neue Ära ist angebrochen. Und das hat nichts mit Opas Tod zu tun oder unserem Umzug. Sondern mit dem Kaiser. Wir haben jetzt nach vielen Jahrhunderten wieder einen und sind nicht mehr nur norddeutsch, sondern ganzdeutsch, auch West- und Ostpreußen und Bayern und Baden und Württemberg und Elsaß-Lothringen gehören dazu und sogar Deutsch-Ost- und -Südwestafrika und ein Teil der Südsee. Deshalb heißt das Ganze auch Reich, weil wir nämlich jetzt richtig reich sind. Der französische Kaiser – der dritte Napoleon – ist gefangen und unser deutscher Kaiser ist Wilhelm der Erste. Er residiert im Berliner Stadtschloss, weit weg, aber jetzt kommt der Dombauverein hier so richtig in Fahrt, alle national gesinnten Deutschen wollen, dass der Kölner Dom fertig wird, um es den Franzosen zu zeigen, auch der Kaiser, obwohl er ja protestantisch ist. Die Industrie ist auch dabei, schließlich kann man die ganzen Steine jetzt mit Motorwinden befördern, und das Dach wird aus Stahl, die größte Stahlkonstruktion der Welt. Die Franzosen sind grün vor Neid und ein Herr Gustave Eiffel hat sich das schon angeguckt, aber so schönen Stahl wie wir hier haben die nicht, da sind die noch Äonen von entfernt.

Mama hat mir aus der »Kölnischen Zeitung« vorgelesen. Es ging wieder um die Familie Schaaffhausen. Diesmal um eine andere Tochter, die jüngste nämlich. Sie hatte genau wie ihre Schwester Sibylle, die Sapphische, einen Banker heiraten müssen, einen Herrn Deichmann. Ein Protestant übrigens, der mit der Hochzeit prompt die Schaaffhausen-Bank übernommen und den Herrn Mertens, den Mann ihrer ältesten Schwester, ausgebootet hatte. Es ist, wie es ist: Die Männer kämpfen um die Vorherrschaft, und wir Frauen sind ihr Unterpfand. Ich möchte manchmal gar nicht wissen, wie viele Leichen diese ganzen Geschäftsleute im Keller haben. Als das Bankhaus Schaaffhausen schließlich zahlungsunfähig wurde, war der Herr Mertens tot und Herr Deichmann am Ruder. Der Herr Mertens war an der Brustwassersucht gestorben, hieß es. Ich hab mir versucht vorzustellen, was das heißt, und ich bin mir sicher, dass es nichts anderes bedeuten kann, als dass er sich ertränkt hat. Oder ertränkt wurde. In unseren Kreisen nennt man die Dinge lieber bei schöneren Namen. Während die Dienstboten kein Blatt vor den Mund nehmen. Clemens hat immer von der »Schaaffhausen-Pleite« gesprochen und von »Übernahme«, Vater von »Schieflage« und »Lösungen«. Ein Bankverein wurde gegründet, sie nannten es eine Aktiengesellschaft. Das heißt, dass alle etwas bezahlen, damit die Bank weiterexistiert, und dafür kriegen alle etwas ab, wenn es einen Gewinn gibt. Entscheiden tut dann der Aufsichtsrat der Gesellschaft. Das Gut Morsbroich gehörte damals dem Bankverein. Und wer gehörte zum Aufsichtsrat? Mein Opa! »Manus manum lavat«, hat er immer gesagt. »Eine Hand wäscht die andere.« Nur dass die eine dann eben auch das Sagen hat. Und so kam das Schloss in unseren Besitz.

Aber all das wollte ich gar nicht erzählen. Es ging um den Herrn Deichmann, den Mann der Elisabeth Schaaffhausen, die Mama »Lilla« nennt. Lilla musste ihre Konfession für die Heirat nicht ändern. Sie haben es so gelöst, dass die Söhne protestantisch getauft wurden wie der Vater und die Töchter katholisch wie die Mutter. Lilla hat dann, um die Oberhand zu bekommen, vier Söhne und sieben Töchter geboren. Meine Mutter sagt, sie sei eine unglaublich starke Frau. Sie kriegte sogar Besuch von dem preußischen Kronprinzenpaar Wilhelm und Augusta. Der Musiker Johannes Brahms war bei ihr zu Gast und hat sich zu großartigen Kompositionen inspirieren lassen, ebenso das Musikerehepaar Clara Wieck und Robert Schumann und der berühmte Franz Liszt. Und weil Lilla so ein Ansehen hatte, hat sie etwas erreicht, was nie zuvor eine Frau in Deutschland geschafft hat: Nachdem sie im Deutsch-Französischen Krieg ein Lazarett geleitet und sich in der Augenheilkunde spezialisiert hatte, wurde sie nicht nur die erste Studentin an der Bonner Universität, sondern durfte sogar eine Staroperation durchführen. Mit 60 Jahren! Was muss man als Frau nicht alles durchmachen und leisten, um etwas tun zu dürfen, was für Männer selbstverständlich ist?

Ich finde, von all dem Mut und dem freien Denken haftet ein wenig auch Schloss Morsbroich an, Lillas und Mamas und meinem Zuhause.

Ich mag nicht weggehen.

Bornheim, 25. Februar 1874

Liebes Tagebuch!

Es ist so weit. Heute verliere ich Heimat, Familie, Freiheit, Namen, Unschuld. Von jetzt an bin ich eine von Scharfenberg. Und muss in Wanfried in Werra leben. Veränderungen, die wir nicht aufhalten können, müssen wir aushalten.

Wanfried, 24. Februar 1886

Liebes Tagebuch!

Es ist ein Wunder. Ich hätte das nie für möglich gehalten. Mein lieber Mann, Karl Xaver von Scharfenberg, hat mir einen Sohn geschenkt. Oder ich ihm? Heute kam es zur Welt. Unser erstes Kind wird den Namen Karl Georg Friedrich Franz tragen.

Ich bin sehr erschöpft, aber auch aufgewühlt. So vieles geht mir im Kopf herum, was ich festhalten möchte. Nur: Wo fange ich an?

Das Wunder der Geburt! Ich bin noch zu voll davon, als dass ich darüber berichten könnte. Aber ich war vorbereitet. Vier Geburten meiner lieben Schwägerin Agnes Constanze, ehemals Freiin von Loën, Gattin meines Bruders Friedrich Daniel Baron von Diergardt, habe ich auf Schloss Morsbroich begleitet. Die fünfte steht unmittelbar bevor, sodass Agnes mir bei meiner ersten nicht beistehen konnte. Und ich ihr bei diesem Kind auch nicht. Mein Bruder hat veranlasst, was er schon mit unserem Vater geplant hatte: Er hat den ehemaligen Gutssitz Morsbroich zu einem richtigen Schloss mit zwei Seitenflügeln ausgebaut. In dem einen befindet sich sein Jagdzimmer, in dem anderen der Salon für die Freiin. So hat jeder seinen Bereich. Allerdings hat der Ausbau etwas Schreckliches zutage gefördert: Bei den Grabungen für das Fundament stießen die Arbeiter auf vier Skelette. Dem Anschein nach das einer Frau und dreier junger Menschen, halbe Kinder noch.

Was für ein Skandal!

Meine Nichte Gabriele Berta war zu dem Zeitpunkt bereits sieben Jahre alt, ein verständiges Mädchen. Sie war als Erste zur Stelle, als die Männer nach dem Hausherrn riefen. Der Zweitälteste, der sechs Jahre alte Friedrich Leopold Bertram Johannes, kam mit seinem Bruder Leopold Emil Alfred, gerade vierjährig, hinterher. Und auch die kleine Therese, gerade einmal drei, stand an der Baugrube, ehe jemand sie daran hindern konnte. Sie alle sahen mit an, wie die Gebeine freigelegt wurden, an denen noch ein wenig verrottender Stoff hing, der auf eine vornehme Abkunft der Toten schließen ließ. Mein Bruder übergab seine Kinder der Obhut der eiligst herbeigerufenen Agnes, die sie wegführte, damit die Männer ihre Arbeit vollenden konnten. Die Polizei wurde gerufen und kam in Gestalt des Criminal-Inspectors Ernst Klefisch aus Köln, der die Ausgrabung der Gebeine beaufsichtigte und die Stelle persönlich in Augenschein nahm, damit nichts im Erdreich verblieb, was Aufschluss über die Toten und deren Herkunft beziehungsweise das Zustandekommen ihres Ablebens geben konnte. Mein Bruder schilderte Klefisch später als penibllen, aber tüchtigen Beamten, der das »Stiebersche Practische Lehrbuch der Criminal-Polizei zur amtlichen Benutzung für Justiz- und Polizeibeamte« und die in »Professor Anselm Feuerbachs Pivatal« zusammengetragenen Kriminalfälle sorgfältig studiert und – wie er ihm später unter vier Augen im Herrenzimmer gestand – in seiner Muße leidenschaftlich die Schauerromane der Herren E. T. A. Hoffmann und Edgar Allan Poe verschlungen hatte, sodass man mit Fug und Recht annehmen konnte, er sei mit allen Wassern gewaschen. Er erfrug als Erstes – und musste sich anhand der Antworten meines Bruders eine lange Liste anlegen – die aktuellen und ehemaligen Bewohner des Hauses einschließlich der Dienerschaft und regelmäßiger Besucher, die Friedrich naturgemäß nur lückenhaft wiedergeben konnte. Insbesondere aber forschte er nach verschollenen Personen, von denen Friedrich jedoch keinerlei Kenntnis hatte.

Nach langem Nachdenken fielen meinem ältesten Bruder schließlich die Worte unseres Gärtners wieder ein, die dieser vor bald zehn Jahren ausgestoßen hatte. Von den schrecklichen Dingen, die sich in Morsbroich vor langer Zeit zugetragen hätten. Man ließ den guten Clemens kommen, der sich vor zwei Jahren auf das Altenteil zurückgezogen hatte und von Zuwendungen seines ehemaligen Dienstherrn lebte. Er erschrak sichtlich, als er von der grausigen Entdeckung erfuhr, schwieg aber zu den Fragen des Criminal-Inspectors. Dieser ließ nicht locker, schmeichelte dem alten Gärtner und traktierte ihn dann mit Drohungen, immer abwechselnd. Bis dieser schließlich den Mund öffnete und angab, er könne sich nicht zu dem Sachverhalt äußern, da er auf die Bibel geschworen hätte, kein Sterbenswörtchen zu verraten. Ein Pfarrer wurde gerufen. Es war der Vater meiner Freundin Luise aus Volksschultagen. Clemens bat darum, sich mit ihm besprechen zu dürfen. Das Gespräch dauerte lange. Als die beiden wieder hereinkamen, war der Gärtner in Tränen aufgelöst. Aber bereit zu sprechen, da der Geistliche ihn nach der Beichte von seinem

Schwur entbunden hatte. Sein Vater, so erzählte er, der vor ihm bereits das Anwesen gepflegt hätte, habe ihm auf dem Sterbebett gestanden, dass er von seinem Herrn gezwungen worden wäre, die Leichen zu vergraben, die am heutigen Tage wiederentdeckt worden seien. Zuvor hätte er Clemens schwören lassen, das Geheimnis für sich zu behalten. So wie er zur Rettung seines Seelenheils wie zu seiner letzten Entlastung vor dem Einzug ins Jenseits seinem Sohn die Geschehnisse offenbarte und ihn wiederum schwören ließ, nichts zu verraten. Der arme Clemens mit seiner katholischen Standfestigkeit! Sündigen konnte er jederzeit. Aber ein Schwur auf die Bibel war ihm ein Sakrament. Von dem ihn erst der Pfarrer freisprechen konnte, mit der Begründung, dass ein heiliger Schwur zum Schutze eines Verbrechers keine Wirksamkeit habe.

Die grausige Wahrheit über die Toten, die nun ans Licht kam: Vor bald 70 Jahren sah sich Jean Antoine Michel Agar gezwungen, den Flecken und das Anwesen Morsbroich zu veräußern, weil das Rheinland als Folge des Wiener Kongresses Teil des Königreichs Preußen geworden war. Er erhielt von dem Bankier Abraham Schaaffhausen 700.000 Francs dafür. Da er den Betrag nicht mit seinem Weib und seinen drei Kindern teilen wollte, musste er sie unauffällig verschwinden lassen. Seine Familie hielt sich zu der Zeit in Neapel auf, wo ihm sein schändliches Vorhaben nicht ohne größeres Aufsehen gelungen wäre. Er ließ sie also bei Nacht und Nebel in das idyllische Morsbroich kommen, wo er sich ihrer entledigte, indem er sie nachts im Schlaf erdrosselte und seinen Gärtner zwang, die Körper zu vergraben.

Friedrich hat zum Freudenthaler Sensenhammer **76** schicken lassen. Dort ließ er eine Platte fertigen, auf der die

Namen der Ermordeten eingraviert wurden. Er hat ihre sterblichen Überreste in unserer Familiengrabstätte beigesetzt und das Schild am Innenzaun der Grabstelle befestigt.

Der Mörder hatte am 8. November 1844 bereits das Zeitliche gesegnet. Sieben Jahre zuvor und 19 Jahre nach seiner schändlichen Tat war er in den Stand eines Pair von Frankreich erhoben worden. Er wurde geadelt wie mein Großvater, der diese Vorrangstellung an Kinder und Enkel weitergab, ohne dass wir irgendetwas dafür geleistet hätten. Während Agar den Seinen gar das Recht zu leben absprach, ohne dass sie sich etwas hätten zuschulden kommen lassen.

Heißt »Pair« nicht »ebenbürtig«? Wenn es eine Veränderung gibt, die ich allen Menschen wünsche, dann die.

FREIZEITTIPPS:

69 SCHLOSS MORSBROICH

Dem ersten Besitzer des Grundstücks, Johann Moir von dem Broiche, sagte man einen dunklen Teint nach. Ob der Beiname »Moir« von seinem Aussehen kam, ist umstritten, ebenso ob der erste Besitzer nicht doch Ritter Udo Moir von Rode gewesen sei, der das Land bereits 1220 von seinem Erzbischof als Lehen erhalten haben soll. Urkundlich bestätigt ist Ritter Johann als Schlossherr im Jahre 1328. Ohne Zweifel ist außerdem, dass Albrecht von Zweiffel als Besitzer im Jahre 1437 geführt wurde. 1491 übernahm Heinrich von Ossenberg, 1575 die Familie von Hall. Mit Beginn des 17. Jahrhunderts lag bereits eine große Grundschuld auf dem Gut, das im Zuge des 30-jährigen Krieges in die Hände des Deutschen Ordens geriet. Illustre Namen gaben sich als Komture (Verwalter) die Klinke in die Hand: Heinrich von Reuschenberg, Karl-Gorwin Adolph von Nesselrode-Ehreshoven, Karl-Gottfried von Loe und Jobst Moritz Droste zu Senden. Unter Ignaz Felix Freiherr von Roll zu Bernau schließlich wurde das »gantz ruinöse« Gebäude »niedergelegt«, wie man den Abriss vornehm umschrieb, und als Lustschloss im Stil des Rokoko-Schlösschens Falkenlust in Brühl wieder aufgebaut. Als die französischen Truppen das Rheinland eroberten, ging der Besitz 1806 an den Schwager Napoleons, der ihn seinem Finanzminister Jean Antoine Michel Agar überließ. Der Wiener Kongress mischte die Karten neu, was dem aufstrebenden Bürgertum, hier in Gestalt des Kölner Bankiers Abraham Schaaffhausen, Gelegenheit gab, adligen Lebenswandel nachzuahmen, indem er das Schloss einschließlich der zugehörigen Grafschaft Morsbroich 1817/18 von Agar erwarb. Angeblich soll dieser nicht bereit gewesen sein, den Erlös mit Frau und Kindern zu teilen, weshalb er sie ermorden ließ. Nach Schaaffhausens Tod geriet sein Bankhaus in eine Krise, eine Aktiengesellschaft wurde gegründet, die das 1.400 Hektar große Gelände samt Schloss 1857 an Friedrich von Diergardt, Mitglied des Aufsichtsrats und Industrieller in Sachen Seide, weiter veräußerte. Die Ära derer von Diergardt brach an. Friedrich von Diergardt war als Abgeordneter der Rheinischen Ritterschaft Mitglied im preußischen Landtag und Abgeordnetenhaus und wurde 1960 in den Freiherrenstand berufen, das kurz zuvor erworbene Schloss kam ihm als standesgemäßer Wohnsitz da offensichtlich sehr zupass. 1885 wurde das Gebäude um zwei Seitenflügel erweitert. Zum Besitz der Schlossherren zählte unter anderem der Bürgerbusch 26 und der Hemmelrather Guts- und Wirtschaftshof 10.

Nach 1954 mietete die Stadt Leverkusen das stark beschädigte Schloss Morsbroich von der Erbengemeinschaft derer von Diergardt an. Bertha Middelhauve – bis zur Eheschließung mit dem Verleger Friedrich Middelhauve Lehrerin, dann Mutter von vier Kindern, darunter die spätere Verlegerin Gertraud Middelhauve, und seit 1948 FDP-Stadträtin – trug maßgeblich dazu bei, dass das Gebäude nicht eine neue Nutzung als Krankenhaus oder Heimatmuseum fand, wie von Teilen des Stadtrats favorisiert, sondern der im Dritten Reich so verpönten avantgardistischen Kunst eine Heimstätte bieten sollte. 1974 ging das Anwesen endgültig in den Besitz der Stadt über, die es zu Teilen – vor allem den Spiegelsaal und die Außenanlagen – auch heute noch für repräsentative Zwecke und Kulturveranstaltungen sowie als Standesamt nutzt. Insbesondere das Open-Air-Kulturfestival »Morsbroicher Sommer« mit Konzerten, Kindertheater-, Varieté- und Hörspiel-Aufführungen erfreut sich großer Beliebtheit. Seit 1987 wird im Sommer außerdem das Europafest im Schlossgarten des Museums mit kulinarischen Köstlichkeiten und Musik aus den Ländern Europas gefeiert, ein Gottesdienst – gestaltet von Juden, Christen, Muslimen und Buddhisten – unterstreicht den völker- und kulturverbindenden Charakter.

Das Museum ist heute weltweit anerkannt, wurde 2009 vom Internationalen Kunstkritikerverband AICA zum Museum des Jahres gewählt, zeigt wechselnde Ausstellungen zeitgenössischer Kunst und ist im Besitz bedeutender Werke des Expressionismus und der klassischen Moderne, von Gerhard Richter, Wolf Vostell, Georg Baselitz, um nur drei namhafte Künstler zu nennen. Verächtern der modernen Kunst wird ein Ereignis im Jahr 1973 unvergessen bleiben, als bei einem geselligen Abend des SPD-Ortsvereins Leverkusen-Alkenrath ein mit Heftpflaster und Mullbinden versehenes Badewannen-Kunstwerk von Joseph Beuys gereinigt und zum Gläserspülen verwendet wurde.

Die Außenanlage des Schlosses ist durch einen Wassergraben begrenzt, der im hinteren Teil über einen Teich, einen Wasserfall und einen Kanal aus der Dhünn gespeist wird. Der Schlosspark ist ein frei zugänglicher Skulpturengarten, Informationen zu den Exponaten kann man seit 2017 mittels einer kostenlosen App erlangen. Die Entwicklung des Konzepts von der »drop sculpture«, dem autonomen Kunstwerk, hin zur sozialen Plastik, die zum öffentlichen Raum, in dem sie steht, Bezug nimmt, wird so auch dem Laien nachvollziehbar. Schönes Beispiel etwa das »Water Island« von Jeppe Hein, die Brunnenanlage vor dem Schloss, die den Besucher durch die strahlenförmig angelegten Wege in die Mitte zieht, wo er von einer kreisförmigen Wasserwand umschlossen wird. Das durch ein Programm gesteuerte An- und Abschalten des Springbrunnens erfordert genaues Beobachten und Reagieren, wenn man den Brunnen trocken durchqueren will. Jeppe zitiert mit seiner Installation Barockschlossmotive wie Wasserspiele und Irrgärten und fordert den Betrachter zu aktivem Handeln auf. Ein Konzept, das insbesondere von Kindern begeistert angenommen wird. Aber auch die dem Spiegelsaal zustrebenden Bräutigame stellen sich gerne der Herausforderung, ihre Bräute trockenen Fußes über die Brunneninsel zu befördern.

Als die Stadt Leverkusen 2016 im Zeichen fortgesetzten Nothaushalts eine Unternehmensberatung beauftragte, ihre Ausgaben auf den Prüfstand zu stellen, empfahl diese »sämtliche Aktivitäten des Museums einzustellen und die Sammlung in ihrer bestehenden Form aufzulösen«. Das Ansinnen führte zu weltweiten Protesten. Doch das Damoklesschwert radikaler Mittelkürzungen schien mit Beginn des Jahres 2017 verschwunden. In Zusammenarbeit mit Experten legte der Projektausschuss des Museumsvereins ein Gutachten zur Zukunftssicherung vor, das durch eine Reihe von Maßnahmen, insbesondere Veranstaltungen, eine Steigerung der Attraktivität des Schlosses anstrebte. Für den Museumsdirektor und promovierten Kunsthistoriker Markus Heinzelmann, der den weltweiten Ruf des Museums seit 2006 entscheidend geprägt und dabei eine eher elitäre Linie verfolgt hatte, vermutlich der Grund, weshalb er zum März 2018 den Hut nahm.

Kleine Richtigstellung am Rande: Schloss Morsbroich steht im Stadtteil Alkenrath 4. Wer mit Leverkusen nicht vertraut ist, neigt dazu, es dem benachbarten – bekannteren – Stadtteil Schlebusch 73 zuzuschlagen, entsprechende

Interneteinträge bestätigen den Irrtum. Die Ungleichbehandlung der Stadtteile zeigt sich auch an Leverkusener Bahnhofsnamen. Der Bahnhof Küppersteg liegt auf der Grenzlinie zwischen Küppersteg **2** und Bürrig **44**, müsste korrekterweise Bürrig/Küppersteg heißen. Der Bahnhof Schlebusch setzt dem allerdings die Krone auf. Er liegt klar im Manforter Stadtgebiet. Der Grund: Eine Haltestelle der Bergisch-Märkischen Bahn gab es bereits 1867, die nächstgelegene namensgebende Flurbezeichnung war damals »Schlebuscher Heide«, der Name Manfort tauchte erst um 1900 auf. Im Juni 2017 forderte die SPD, den Bahnhof umzubenennen. Die Deutsche Bahn zeigte sich willig, forderte jedoch von der Stadt die Summe von 25.000 Euro für entstehende Kosten. Die klamme Kommune verschob die Namensänderung auf den Fahrplanwechsel 2018. Eine andere Umbenennung – die der S-Bahn-Haltestelle »Bayerwerk« in »Leverkusen Chempark« – war 2013 bereits vorgenommen worden. Gerüchten zufolge hatte die Firma Currenta sich das 200.000 Euro kosten lassen.

70 GEZELINKAPELLE

Nach einer ersten urkundlichen Erwähnung im 15. Jahrhundert wurde die Kapelle mithilfe von Pilgerspenden der Kölner Franziskaner errichtet, andere Quellen verweisen auf den Besitzer des Hauses Morsbroich im Jahre 1515. Aus dem Jahr 1597 stammt das bis heute erhaltene Bronzeglöckchen. Um 1659 muss Heinrich Friedrich Freiherr von Reuschenberg zu Setterich, Deutscher Ordensritter und damaliger Schlossherr auf Morsbroich, zum Wiederaufbau, mindestens zur Instandsetzung, entscheidend beigetragen haben. Im 16. und 17. Jahrhundert entwickelte sich ein Gezelinkult um das – wie es in den Akten des Deutschen Ordens heißt – »Heiligenhäuschen aus Holz und Lehm«, der Renovierung, Verlegung und Neuaufbau erforderlich machte. Die Beliebtheit der zweijochigen Backsteinkapelle von 1868 mit dem dreiseitigen Chorabschluss blieb ungebrochen. Auf dem heutigen barocken Altar aus dem 18. Jahrhundert steht eine hölzerne Gezelinusfigur mit geöffneten Armen, seitlich geneigtem Kopf und wallendem Umhang – Sinnbild des engagiert-empathischen burgundischen Zisterziensermönchs, der Stab steht für den guten Hirten. Das Wasser der Gezelinquelle, das über einen Brunnen genau unter dem Altar der Kapelle gefördert wird, soll Gezelinus 1135 zum Sprudeln gebracht haben, als er während einer Dürre hier betete und eben jenen Hirtenstab in den Boden trieb. Bis heute soll es neben Durstigen »lahmen, kranken und preßhaften Personen« zugutekommen (Erläuterung zu »preßhaften Personen« aus einem historischen Text der Sächsischen Landesbibliothek – Staats- und Universitätsbibliothek Dresden: »Leider! giebt es der Menschen nur zuviel, welche seufzen, daß sie immer und ewig gepreßt sind. Dagegen fehlt es aber auch nicht an solchen, welche gerade in ewiger Presse und Quetsche am beßten sich befinden – nämlich die Schriftsteller!«). Das Quellwasser muss heute mit einer Pumpe aus dem Boden »gepreßt« werden, die Entnahme ist zeitlich limitiert: täglich 8:30 Uhr bis 11 Uhr und 13 Uhr bis 18:30 Uhr, freitags ab 9:15 Uhr. Aufgrund des zu hohen Kohlensäuregehalts kann das Wasser behördlich nicht als Trinkwasser eingestuft werden, soll aber laut Gutachten von hoher Qualität und dank des üppigen Borgehalts gut bekömmlich sein.

Die Gezelinkapelle liegt am südwestlichen Rand des Bürgerbuschs **26** an der Gustav-Heinemann-Straße, Ecke Grüner Weg im Stadtteil Alkenrath **4**.

71 ST. ANDREAS

Mitten in der Fußgängerzone an der Bergischen Landstraße 64 in Leverkusen-Schlebusch liegt die neoromanische, dreischiffige und doppeltürmige katholische Backsteinbasilika von 1890. Kostbarste Reliquie: Gebeine und Schädel des seligen Gezelinus 70, der nie heiliggesprochen wurde, dessen Segen spendende Quelle in St. Andreas nichtsdestotrotz als Taufwasser gute Dienste tut. Die heutige Andreaskirche ist ein Nachfolgebau der rechteckigen Saalkirche St. Andreas in Schlebuschrath, erstmalig 1230 erwähnt, abgebrochen 1828, an die heute nur noch ein Holzkreuz auf einer Wiese neben einem Sportplatz erinnert. Die Schafherden, die gelegentlich die Wiese bevölkern, gemahnen an den ehemaligen Schafhirten Gezelinus.

72 TEUFELSSTEIN

Ob der im Volksmund »Teufelsstein« genannte Felsbrocken mitten im Bürgerbusch 26 während einer Kaltzeit durch Schmelzwasser aus dem Süden herangespült wurde oder während der Eiszeit vor 60.000 Jahren aus Skandinavien abgewandert ist, darüber sind sich die Fachleute ebenso uneinig wie darüber, woraus er besteht und woher er stammt: Braunkohlenquarzit? Vulkangestein? Ein Meteorit? Auf der Rückseite weist er lange schmale Einkerbungen auf, die von Röhrenwürmern stammen könnten. Manche bezeichnen ihn als Runenstein und sehen Hinweise auf eine heidnische Kultstätte, schätzen sein Alter auf 800.000 Jahre. In Mondscheinnächten glänzt der Findling geheimnisvoll und beflügelt die Fantasie, die in einigen Gruselgeschichten Niederschlag gefunden hat, nach denen mitternachts seltsame Geräusche und Schatten dort wahrgenommen wurden. Bis heute ist der Teufelsstein ein beliebter Rastplatz und Treffpunkt für Menschen aus der Umgebung, wovon nicht zuletzt Flaschenscherben und Schmierereien zeugen.

1929 sackte er so tief in den sumpfigen Untergrund des Bürgerbuschs, dass man darüber nachdachte, ihn zu »retten« und als Rohmaterial für ein Kriegerdenkmal zu nutzen. Der damalige Waldbesitzer, Freiherr von Diergardt, hielt ihn hingegen für ein Naturdenkmal und ehrte ihn als solches, indem er ihn 200 Meter von seinem ursprünglichen Standort entfernt auf festem Boden auf einen Betonsockel umlagerte.

73 BINNESTER HOF

Der Binnester Hof gilt als Keimzelle Schlebuschs, was nicht nur dem Namen seiner Herren, der Ritter von Slebusz oder Schlebusch, geschuldet ist, sondern der Name des Hofs wurde dahingehend gedeutet, dass er »binnen«, also im »Innersten« der Ortschaft gelegen habe. »Binnen« könnte aber genauso gut auf Mauer und Wassergraben hindeuten, die den »Junkerhof«, wie er außerdem genannt wurde, angeblich umgaben.

Der Rittersitz soll im 12. Jahrhundert entstanden sein. Das heutige Gebäude an der Bergischen Landstraße 92, Ecke Odenthaler Straße trägt über der Tür das Wappen von Ignaz Felix Freiherr von Roll zu Bernau, Komtur des Deutschen Ordens, der schon Schloss Morsbroich 69 »niederlegen« ließ. Den Binnester Hof, ebenfalls zu seinem Besitz gehörend, ließ er auch abreißen und 1784 auf den alten Kellergewölben neu aufbauen. Das Hauptgebäude mit Krüppelwalmdach, die Hofanlage mit verputzten Backstein- und Fachwerkgebäuden sowie der Taubenturm aus den 1850er-Jahren stehen unter Denkmalschutz.

Von der Keimzelle Schlebuschs zum Ort: Im Südosten

Leverkusens gelegen, an Köln grenzend, ist Schlebusch schon aufgrund seiner geschichtlichen Bedeutung das dritte Leverkusener Zentrum neben Wiesdorf 2 und Opladen 22. 1135 wurde es erstmals urkundlich erwähnt, ab 1815 bildete es die Bürgermeisterei Schlebusch, bis es 1930 in die Bayerstadt eingemeindet wurde, zu deren gehobenen Wohngegenden es noch immer zählt. In der Fußgängerzone in der Bergischen Landstraße befindet sich die Alte Bürgermeisterei, heute ein Bürgerzentrum mit Spielecafé, Skat-, Computertreff, Sing-, Musikkreis und vielen Veranstaltungen. Zahlreiche Feiern beleben den Schlebuscher Ortskern, etwa das an Fronleichnam stattfindende Schützen- und Volksfest im Wuppermannpark 80. Zu weiteren Schlebuscher Sehenswürdigkeiten wie dem Freudenthaler Sensenhammer 76, St. Andreas 71, dem Bürgerbusch 26 und dem Schlebuscher Karneval 20 ist unter der jeweiligen Nummer etwas nachzulesen.

74 FRIEDENBERGER HOF

Das Herrenhaus Friedenberger Hof in der Straße Am Kreispark 22 ist eine der drei Keimzellen, aus denen die ehemalige Kreisstadt Opladen entstand; die anderen beiden sind das Gut Ophoven 52 und die heute nicht mehr vorhandene »Robertsburg«, von der nur noch die Wohnsiedlung »An der Robertsburg« zeugt. Der Friedenberger Hof ist insofern der historisch bedeutsamste Ort der genannten, weil er mit dem um 1150 lebenden Ritter Euirhard Upladhin (»auf dem Berghang« – oberhalb der Wupper) in Verbindung stehen soll, auf den der Name »Opladen« zurückzuführen ist. Erste urkundliche Erwähnung findet das Haus als »Stayn up dem Berch« 1360, als Hof des Ritters Gottschalk Starke.

Der Name »Friedenberger Hof« wiederum ist auf das

Geschlecht derer von Wreden zurückzuführen, denen er um 1636 gehörte. Später übernahmen die Herren von Quadt das Gut, daher auch der Name »Quadter-« oder »Kottenhof«. Spätere namhafte Bewohner waren Rat Vinzenz Joseph Deycks (1768–1850), erster Notar am Gericht des Amtes Miselohe und von 1811 bis 1815 Opladener Bürgermeister, außerdem die Familie seines Schwagers Jacob Salentin von Zuccalmaglio (1775–1838), genannt Montanus, die sich in vielfacher Hinsicht um die Sammlung des Volksliedguts und die Förderung des Musiklebens verdient machte. Heute ist das Bauernschlösschen im Besitz der Stadt, die es zunächst für landwirtschaftliche Zwecke verpachtete und nach Abriss der Stallungen und Scheunen 1964 in private Hände gab. Der zweigeschossige Fachwerkbau mit steilem Schieferdach, Treppengiebel, einem dreigeschossigen Rundturm mit Schweifhaube, barocker Haustür und Spindeltreppe wurde 1986 unter Denkmalschutz gestellt. Nach umfänglichen Restaurierungsarbeiten beherbergte er eine Bibliothek, eine Kunstsammlung und die VHS, seit 1983 den Bund der Historischen Deutschen Schützenbruderschaften Köln e. V.

75 FAMILIENFRIEDHOF

1883 legte der Enkel des ersten Freiherrn von Diergardt, der das Schloss Morsbroich 69 als dauerhafte Wohnstätte und nicht nur als Sommerresidenz nutzte, ein Familiengrab auf dem Grundstück an. Allerdings nicht gleich neben dem Schloss, das er 1885 ausbaute und um zwei Flügel erweiterte, sondern im benachbarten Buchenwäldchen, das Teil des Bürgerbuschs 26 an der heutigen Gustav-Heinemann-Straße ist. Vom Schloss aus muss man die vierspurige Straße und die Dhünn überqueren, ehe man in den Wald gelangt. Der Familienfriedhof wurde im klassizistischen Stil gestaltet, der Grabstätte der Familie von Humboldt im Park von Schloss Tegel in Berlin nachempfunden: ein halbrunder gemauerter Bogen mit eingelassenen Gedenktafeln, einzelne freistehende Grabsteine davor, das Ganze eingefasst von einem schmiedeeisernen Zaun, der Zugang erfolgt über ein Drehkreuz, das sich nicht immer bewegen lässt. 1984 stellte die Stadt die Anlage unter Denkmalschutz, setzte sie instand und brachte ein Hinweisschild am Zaun an. Seitdem wurde der Zustand der Gräber gelegentlich beklagt, denn es gab Vandalismus und die Stadt, die Familie von Diergardt – Nachfahren leben heute in Toronto und Düsseldorf – sowie der Waldbesitzer schoben sich gegenseitig die Verantwortung für die Pflege zu. Tatsächlich ist es nicht leicht, die Namen und Daten auf den verwitterten Steinen zu entziffern. Daher für alle, die die Stätte gelegentlich aufsuchen möchten, im Folgenden eine vollständige Liste:

Diese Familienmitglieder sind hier beigesetzt:

Friedrich Daniel Freiherr von Diergardt, Fideikommissherr auf Morsbroich, * 21. Nov. 1850, † 26. Aug. 1907

Viktor Freiherr von Diergardt, * 10. Mrz. 1886, † 18. Apr. 1912

Agnes Freifrau von Diergardt geb. Freiin von Loen, * 8. Dez. 1851, † 1. Apr. 1917

Leopold Freiherr von Loen, General der Infanterie und Generaladjutant, * 24. Juni 1817, † 26. Febr. 1895

Gabriele Freiin von Finck, * 16. Juli 1910, † 15. Dez. 2004

Therese Freifrau von Finck geb. von Diergardt, * 29. Sept. 1882, † 15. Febr. 1969

Leopold Freiherr von Diergardt, * 21. Juni 1882, † 11. Okt. 1918

Huberta Freifrau von Finck geb. von Wenzlawowicz,

* 7. Mai 1924, † 18. Juni 1996

Für folgende Mitglieder wurden Gedenksteine errichtet:

Hertha Anna Freifrau von Diergardt geb. Späth, * 23. Dez. 1893, † 22. Aug. 1988 (bestattet auf dem Waldfriedhof Scherfenbrand/Schlebusch)

Friedrich Leopold Freiherr von Diergardt, Fideikommissherr auf Morsbroich, * 31. Dez. 1879, † 29. Juni 1958 (bestattet auf dem Waldfriedhof Scherfenbrand/Schlebusch)

Joachim Freiherr von Finck, * 22. Okt. 1912 in Dresden, gefallen 12. Juni 1940 in Frankreich (bestattet auf dem Ehrenfriedhof Beauvais)

Gisbert Freiherr von Romberg-Klitzing, * 14. Dez. 1911, gefallen 12. Aug. 1941 in Russland

Baron Hasso-Geza von Diergardt-Naglo, * 12. Juni 1916, † 25. Mrz. 1997 (bestattet in Kanada)

76 FREUDENTHALER SENSENHAMMER

Keimzelle der Sensenfabrik war die Genehmigung, dass der Kaufmann Derick van Hees 1778 bei Schlebusch einen Reckhammer, ein mit Wasserkraft über einen Stauteich betriebenes Hammerwerk, errichten durfte. Die Produktion von Rohstahlknüppeln begann. 1815 ließ der Hagener Sensenfabrikant Caspar Lange das Gebäude und den Teich erweitern und richtete ein zweites Hammergebäude sowie eine Frucht- und Ölmühle ein, die durch zwei weitere Wasserräder angetrieben wurden. 1835 übernahm die Familie Kuhlmann den Betrieb und erhöhte die Schlagzahl auf elf Schmiedehämmer. Im Zuge der Industrialisierung und dank Dampfmaschinenkraft wuchs der Betrieb 1900 auf 76 Mitarbeiter. Die Produktion verlagerte sich allerdings, indem die Stromgewinnung per Wasserkraft in dem Maße an Bedeutung gewann, wie die Nachfrage nach Sensen zurückging. Dennoch wurde die Herstellung der Sensen modernisiert, Luft- oder Federhämmer wurden eingesetzt, nach dem Zweiten Weltkrieg ersetzten Ölöfen die alten Kohleöfen, neue Turbinen und ein Drehstromgenerator kamen hinzu. Zwischen den 60er- und 80er-Jahren blieben weitere Modernisierungsbemühungen aus, Sensen und Sicheln waren nicht mehr gefragt. 1987 stellte der letzte Besitzer, Horst Schäperclaus, die Fabrikation ein und regte selbst die Umwandlung in ein Museum an. Die Denkmalpflege übernahm der 1991 konstituierte Förderverein Freudenthaler Sensenhammer. Im April 2005 öffnete das Industriemuseum schließlich seine Pforten. Heute ist der Freudenthaler Sensenhammer weit mehr als eine Ansammlung von Exponaten. In Schmiedevorführungen wird die Arbeitswelt des letzten Jahrhunderts wieder lebendig. Und die eindrucksvolle Fabrikhalle wird gerne für Konzerte und andere Kulturveranstaltungen sowie Kunstausstellungen und Privatveranstaltungen genutzt. An Vorführtagen werden Transmissionen und Schmiedehämmer in Betrieb gesetzt, die Öfen gezündet, und der Besucher kann industrielle Schmiedearbeit live erleben. Eine Ausstellung informiert darüber hinaus über die Kulturgeschichte von Sichel und Sense, Werks- und Baugeschichte sowie historische Handwerks- und Herstellungstechnologien.

Der Denkmalschutz erstreckt sich auf das Gesamtensemble aus Fabrikantenvillen, Arbeiterhaus, Fabrikationstrakt mit Schornstein sowie den beistehenden Fachwerk- beziehungsweise Putzbauten. Auch die für den Spaziergänger und Museumsverächter lohnenswerten idyllischen wasserbautechnischen Anlagen im Außenbereich zählen dazu, bestehend aus Ober- und Untergrabensystem und einem

Stauteich. Hier kann man auch eine imposante Hammersammlung bewundern, die als industriegeschichtlicher Skulpturengarten vor sich hin rostet.

HYGIENISCHE MASSNAHMEN

Im Dunkeln ließ das Trommelfeuer nach. Dafür kroch die Angst aus den Löchern. Es war eine Frage von Tagen. Wenn sie in der Nacht übersetzten, konnten sie jeden Moment an die Tür klopfen. *Wenn* sie klopften. Wahrscheinlicher war, dass sie sie eintraten und alles über den Haufen schossen, was sich bewegte. Oder schlimmer.

Am 29. März hatte der Gauleiter den Räumungsbefehl gegeben. Was brachte es wegzulaufen? Ich hätte Erich zurücklassen müssen.

»Gib mir die Pistole und bring dich in Sicherheit«, sagte er. »Wozu haben sie mir eine Waffe mitgegeben? Damit ich es selbst erledige. Ich bin doch sowieso zu nichts mehr zu gebrauchen, dann …«

Ich verließ die Küche und knallte die Tür hinter mir zu, ehe er den Gedanken zu Ende bringen konnte. Diese Wehleidigkeit! Man hatte uns eingebläut, dass, wer überleben wollte, kämpfen müsste. Das geht nun mal nicht ohne Blessuren.

Papa war bereits in Polen, als ich meinen 14. Geburtstag feierte. Wir haben damals am Lagerfeuer am Fähranleger Hitdorf gesessen und den »Soldatenabschied« gesungen.

Nun lebt wohl, ihr Menschen, nun lebet wohl!
Und wenn wir für euch und unsere Zukunft fallen,
soll als letzter Gruß zu euch hinüberhallen:
Nun lebt wohl, ihr Menschen, nun lebet wohl!
Ein freier Deutscher kennt kein kaltes Müssen:
Deutschland muss leben, und wenn wir sterben müssen!

Als wir nach Hause aufbrachen, eingehakt, im Gleichschritt, glomm das Feuer in unseren Herzen nach, aber die kühle Herbstabendluft ließ eine melancholische Stimmung aufkommen. Erika stimmte das »Maikäferlied« an, das mich nicht mehr losließ, bis ich abends einschlummerte.

Anderntags öffnete ich dem Postboten die Tür, innerlich summend:

Der Vater ist im Krieg.
Die Mutter ist im Pommerland.
Und Pommerland ist abgebrannt.

Mama war zu dem Zeitpunkt auf dem Markt. Wo sie kaum sechs Jahre später eine Mörsergranate erwischte. Da kam mir die Melodie wieder in den Kopf: *Papa ist im Pommerland. Mama, die ist abgebrannt. So ist der Krieg.*

Ein paar Monate vor Mutters Tod war Erich zurückgekehrt. Saß seitdem am Küchentisch und klagte. Weil sein rechtes Bein in Frankreich geblieben war. Ich spielte auf unseren ältesten Bruder an: »Nimm dir ein Beispiel an Adolf. Der sitzt in Lüttringhausen 77 und wird vermutlich seinen Kopf verlieren. Entscheide, was dir lieber ist.«

Nein, Adolf hat nicht gesungen. Nicht in Lüttringhausen und vorher auch nicht. Er hat an Lagerfeuern gesessen, an denen andere Lieder gesungen wurden. Nachdem das mit Hilde durchgesickert war. Der Moment, in dem er aufzuräumen begann. Er – nicht Hilde – hat meinen Schalter umgelegt.

Ich habe nicht viel für meine Schwester empfunden. Heute frage ich mich, inwiefern unsere Erziehung dazu beigetragen hat. Meine Eltern waren glühende Verfechter der nationalen Erneuerung. Der Blutsvergiftung des Volkskörpers müsse entgegengewirkt werden, hieß es. Ja, auch in meinem Elternhaus. Hilde muss für meine Eltern ein Schlag gewesen sein. Ein Mongölchen! Ein Jahr nach der Zwillingsgeburt. Ich will meiner Mutter keinen Vorwurf machen. Sie hatte mit Erich und mir alle Hände voll zu tun. Natürlich war sie froh, als Hilde einen Platz in der Heil- und Pflegeanstalt Galkhausen kriegte. Wir besuchten sie dort einmal im Monat. Damals verkehrte noch die Kleinbahn zwischen Rheindorf und Langenfeld 78. Aber ich erinnere mich, dass wir auch oft zu Fuß von der Unternstraße aufbrachen, es waren ja nur 30 Minuten, und unsere Eltern legten Wert auf körperliche Ertüchtigung.

Obwohl ich sie nicht leiden konnte, hing Hilde an mir. Vielleicht suchte sie Orientierung bei der älteren Schwester. Einerseits war sie blöde wie eine Fünfjährige, andererseits auf abstoßende Weise frühreif. Mit ihren Brüdern hatte sie immer schon hingebungsvoll gekuschelt. Zu hingebungsvoll, wie ich fand. Den männlichen Pflegern warf sie sich an den Hals und klammerte wie ein Kleinkind, auch als ihr schon Brüste gewachsen waren. Mir zeigte sie eines Tages stolz ihre Vorlagen, was mir furchtbar peinlich war, weil ich mich selbst noch nicht mit dem »Fluch der Frauen«, wie Mama es nannte, abgefunden hatte. Wochen später, als ich sie wieder besuchte, krempelte Hilde ihr Hemd hoch und zeigte mir eine hässliche Narbe eine Handbreit unter dem Nabel.

»Jetzt kann mir nichts mehr passieren«, sagte sie.

Ich verstand nicht. »Was sollte dir passieren?«

Sie zwinkerte, legte einen Finger auf den Mund und wies mit dem Daumen der anderen Hand in Richtung eines Pflegers, der in einer schräg gegenüberliegenden Koje eine erregt brabbelnde Patientin fixierte. Die Betten waren durch leichte Stellwände voneinander getrennt, zum Gang hin durch Vorhänge, die tagsüber nur zugezogen wurden, wenn jemand krank war oder aus sonstigen Gründen abgeschirmt werden sollte. Vermutlich wollte sie nicht, dass er mithörte.

Ich lenkte das Gespräch auf einen bevorstehenden Ausflug mit meiner BDM-Gruppe zum Bensberger Schloss **79** und vergaß gleich darauf, was sie mir hatte sagen wollen. Als es mir ein paar Tage darauf wieder einfiel, fragte ich Mama, ob meine Schwester eine Blinddarmentzündung gehabt hätte. Sie zuckte zusammen. »Du meinst, wegen der Operation?«

»Sie hat mir die Narbe gezeigt.«

»Ach, so. Nein, kein Blinddarm.«

Mutter drehte mir den Rücken zu und polierte das Spülbecken, das sie doch gerade eben schon geputzt hatte.

»Das musste halt raus«, sagte sie. »Eine Frage der Hygiene nach dem Abort. Sie mussten sie sterilisieren.«

Ich vermutete eine Art Abszess. Ein »Abort« kam in meinem Sprachschatz nicht vor, und unter Sterilisation verstand ich eine desinfizierende Maßnahme. Im Grunde war es mir egal. Alles, was mit Hilde zu tun hatte, war eklig. Ihr Aussehen, ihr Verhalten, die Anstalt, die anderen Behinderten.

Außer meiner Schwester gab es noch eine Verwandte in Schlebusch, die am Wuppermannpark **80** wohnte und die wir alle halbe Jahre besuchten, was mir ähnlich unangenehm war. Tante Friedchen hatte schief stehende Zähne und schmatzte beim Reden. Sie bestand darauf, dass ich sie auf den Mund küsste. Dabei schlug mir saurer Kohlgeruch in hoher Konzentration entgegen, dessen Andeutung uns bei jedem Besuch schon im Treppenhaus empfing.

Warum so eine alte Frau wie ein kleines Mädchen angesprochen würde, fragte ich Mama, als wir wieder einmal vor der Wohnungstür standen.

»Wie meinst du das?«

Ich wies auf das Emailleschild über der Klingel. »Fräulein

Elfriede Führer«, stand da in schnörkeliger Schrift. »Wieso heißt sie ›Friedchen‹ und nicht Elfriede? Und warum ›Fräulein‹?«

Sie sei die jüngste Schwester unseres Opas, lautete die Antwort. Die mich nicht zufriedenstellte. Wieso blieb sie, nachdem alle ihre Geschwister gestorben waren, das »-chen«? Wenn meine Eltern ungehalten waren, nannten sie mich »Fräuleinchen«. Immer hieß es, ich dürfe nicht kindisch sein, sondern sollte Haltung zeigen. Meine Mutter hieß »Frau Führer«. Wurden nicht alle erwachsenen Frauen »Frau« genannt? War die Tante wie meine Schwester zurückgeblieben? Dass sie nie geheiratet hatte, schien sie in einem Status ewiger Kindheit festzuhalten. Dabei umgab sie bereits ein Geruch von Verwesung.

Unsere Eltern sprachen immer von der notwendigen Reinigung des deutschen Volks, vom Ausmerzen kranker und schwacher Elemente. Hatten wir in der eigenen Familie nicht gleich zwei davon?

Kurz nach Ausbruch des Krieges verstarb die Tante. Papa war damals schon weg gewesen, daher folgten nur ein paar alte Nachbarn gemeinsam mit Adolf, Erich, meiner Mutter und mir dem Sarg, als Tante Friedchen auf dem Friedhof Manfort 81 beerdigt wurde.

Vier Jahre nachdem der Postbote die Nachricht überbracht hatte, dass mein Vater gefallen war, wurde Hilde verlegt. Nach Meseritz-Obrawalde. In Sicherheit gebracht, wie es hieß. Der Krieg rückte näher.

Es gab so viele Maßnahmen, die zur Erneuerung des Volkes beitragen sollten! Erst zog man die Männer ein. Viele fielen. Die Juden wurden umgesiedelt. Dann kamen die ersten Fremdarbeiter. Meine Mutter wurde immer wortkarger. Wie sollte sie das auch erklären? Dass alle

Blutsfremden weggeschafft wurden, war ja noch folgerichtig. Dass die Väter an der Front starben, schien mir für die Erneuerung der arischen Rasse doch eher abträglich. Die Polen und Russen, die zuletzt die Arbeit in der Heimat erledigen sollten, sorgten nur wieder für ungesunde Durchmischung.

Wie gesagt, ich habe Hilde genauso wenig vermisst wie Tante Friedchen.

Adolf war es, der meiner Mutter Vorwürfe machte. Ich verstand nicht gleich, was er meinte. Mein großer Bruder war von der Einberufung verschont geblieben, nachdem Vater gefallen und Erich sich freiwillig gemeldet hatte. Zumal Adolf als Wärter an der Brucher Talsperre [82] für die Wasserversorgung der Region unabkömmlich war. Er lebte zur Untermiete in Marienheide [83] und kam nur noch am Wochenende gelegentlich nach Rheindorf. Um einen Streit vom Zaun zu brechen.

Wieso Mutter angegeben hätte, dass Hilde nicht einsatzfähig sei?

Mama sagte Dinge wie: »Du weißt selbst …!«, und: »Was hätte ich denn …?«

»Was dachtest du denn, was mit jemandem passiert, der nicht zum Arbeiten taugt?«, schrie Adolf.

Mutter rang die Hände. »Ich hoffte, sie würden sie verschonen!«

»Hilde ist doch behindert!«, sprang ich ihr bei. »Was sollte sie denn arbeiten?«

Adolf blickte mich an, runzelte die Stirn und schnaubte. Dann sagte er: »Komm mit!«, schnappte seine Jacke und verließ das Haus.

Ich sah Mutter fragend an. Sie starrte aus dem Fenster. Offensichtlich war sie weder in der Stimmung, mir irgendetwas zu erklären, noch, mir zu verbieten, meinem Bruder zu folgen.

Ich ging. Adolf war an der Haustür links in die Felderstraße abgebogen, wo er vor der Gaststätte Norhausen [84] stehen blieb, entschied sich aber dann offensichtlich anders, kehrte um und ging, ohne mich zu beachten, die Straße entlang in Richtung St. Aldegundis [85], ließ das Haus am Orth [86] ebenfalls links liegen. Wandte sich Richtung Wupper. Sah sich kurz um. »Na los.«

Ich schloss auf. »Was ist mit Hilde?«, fragte ich.

Er ging weiter, als hätte er meine Frage nicht gehört.

Ich zupfte ihn am Ärmel, eine Geste, die mich entfernt an die Versuche meiner Schwester, sich an die Pfleger zu klammern, erinnerte.

Adolf drehte sich abrupt zu mir um. »Sie haben sie umgebracht«, sagte er. »Vergast.«

»Wer, sie?«, wollte ich fragen, bekam aber kein Wort heraus. Kannte die Antwort. Die Nationalsozialisten.

»Weil sie Dreck war«, ergänzte Adolf. »Weil sie sie für Dreck erklärt haben. Dreck, der ausgemerzt gehört.«

Er packte mich bei den Schultern und schüttelte mich. »Pass auf, Klara! Lass dir nichts erzählen! Überhaupt nichts! Hilde war ein Mensch wie wir! Dumm vielleicht. Aber kein Dreck. Sie war *unser* Fleisch und Blut.«

Ich schwieg. Nein. Ich hatte Hilde nicht gemocht. Genauso wenig wie alles Schwache, Kranke, Eklige, Unfähige. Ich wollte damit nichts zu tun haben. Aber jemanden umbringen? Wenn meine Schwester das deutsche Blut vergiftete, dann konnte es uns alle treffen. Das Unbehagen, das mich zuletzt beschlichen hatte, wurde zum drängenden Zweifel.

Ich bat Adolf zu erzählen. Viel wollte er nicht preisgeben. Immerhin erfuhr ich, dass er Kollegen an der Dhünn- [87] und

Wiehltalsperre [88] hatte, die wiederum über Kontakte in Burscheid [89] und Reichshof [90] und bis ins Ruhrgebiet verfügten. Die allerhand zu wissen schienen über Menschen, die abgeholt worden waren, und was man mit ihnen gemacht hatte. Mit Juden, Zwangsarbeitern, politischen Gegnern. Seinen Freunden. Hilde.

Ich sollte mich nicht wundern, wenn sie ihn irgendwann auch abholen würden, sagte Adolf. Aber ich sollte den Mund halten und mir keine Sorgen machen. Bloß nicht einknicken. Niemals einknicken, wiederholte er, bevor er mir eine Liste von Adressen anvertraute, wo ich notfalls Beistand finden würde. Ich dürfe sie aber ja nicht in falsche Hände gelangen lassen.

»Versprich mir, dass du nicht weinst, Klara!«, sagte Adolf. »Das ist es, was sie wollen. Dass wir Angst haben. Tu ihnen niemals den Gefallen!«

Zumindest in *dem* Punkt haben meine Eltern wohl nicht alles falsch gemacht. Adolf und ich waren aus dem gleichen Holz. Das Gespräch am Wupperufer hat mich verändert. Das Schlimmste war, dass ein Teil der Wut, die in mir gärte, sich gegen mich selbst richtete. Ich hatte geglaubt, was man mir gesagt hatte. Nationale Erneuerung! *Deutschland muss leben, und wenn wir sterben müssen.*

Meine Familie hatte Blutzoll geleistet. Reichlich.

Es kam noch schlimmer.

Als die Gestapo unseren Bruder Adolf Führer mit 70 anderen Inhaftierten aus Lüttringhausen und anderswo am 13. April 1945 am Wenzelnberg [91] liquidierte, drei Tage vor dem Einmarsch der Amis, hatte er kein bisschen gejammert, sondern das Moorsoldatenlied gesungen. Das erzählte mir am nächsten Morgen einer der polnischen Zwangsarbeiter, die die Grube hatten ausheben müssen und der noch in der gleichen Nacht entkommen war. Adolf hatte ihm meinen Namen genannt. Zwei Tage habe ich den Juden versteckt. Und ausgefragt. Wieder und wieder musste er mir alles erzählen. Vom ersten Spatenstich bis zum Festtrampeln der Erde über den Toten und Todgeweihten. Einige waren lebendig begraben worden. Adolf nicht. Wieder und wieder habe ich mir versichern lassen, dass er nach dem Genickschuss zusammengesackt war. Mitten im Lied. Sich nicht mehr geregt habe.

Der tapfere Moorsoldat war tot. Der eine Wehrmachtsoldat hatte ein Bein in Frankreich verloren. Der andere sein Leben in Polen. Die Mutter hatte es zu Markt getragen. Die Schwester in die Gaskammer.

Mein Blut.

Ich begann meinen persönlichen Hygienefeldzug.

Zwei Maßnahmen:

Für die eine brauchte ich Erich. Der schwierigere Teil. Ihm klarzumachen, dass er und seine Walther zu etwas nütze waren. Dass er das unter Beweis stellen sollte. Indem er Generalfeldmarschall Model aufsuchte. Eile war geboten. US-Sturmtruppen hatten am 6. und 10. April erste Versuche unternommen, den Rhein zu überqueren und Hitdorf einzunehmen. Ein Teil der Amis war gefangen genommen, ein Teil zurückgeschlagen oder getötet worden. Eine Frage von Tagen.

Das Artilleriefeuer hatte gegen Abend nachgelassen. Wir mussten den Alliierten zuvorkommen – oder einem Freitod.

Ich kehrte in die Küche zurück und hielt Erich die Pistole unter die Nase. Gab ihm die Adresse eines Duisburger Genossen von Adolfs Liste. Bevor er anderntags aufbrach – noch fuhren die Züge –, höhlte ich sein Holzbein aus. Gerade so weit, dass die Walther P38 hineinpasste. Es war das Einzige, was die Wehrmacht ihm bei seiner Rückkehr aus Frankreich überlassen hatte. In der Hoffnung, er würde seinem Leben selbst ein Ende setzen, wie Erich mutmaßte.

»Deine Entscheidung«, sagte ich. »Aber vorher ist Model dran.« Mit Sicherheit wäre er an den Generalfeldmarschall nicht herangekommen, wenn er die Waffe offen getragen hätte.

Ich greife vor, wenn ich sage, dass ich stolz auf meinen Zwillingsbruder bin. Er hat es geschafft, Hitlers Feuerwehrmann zu liquidieren. Der bis zuletzt mit eiserner Hand eine Kapitulation verhinderte. Der die drückend überlegenen britischen und amerikanischen alliierten Invasionstruppen gestoppt hatte, als sie im Rahmen der »Operation Market Garden« mit Panzern über die Rheinbrücke von Arnheim ins Reichsgebiet vorzustoßen versuchten. Den Mann mit dem Monokel, der nie die Haltung verlor. Den kühnen, unermüdlichen Soldaten, verantwortlich für das feige Massaker auf dem Wenzelnberg.

Erich stellte Otto Moritz Walter Model am 21. April 1945, zwei Wochen vor der Gesamtkapitulation unter einer Gruppe Eichen im Spee'schen Wald, zwischen Wedau und Lintorf unweit der Sechs-Seen-Platte, erschoss ihn und gleich darauf sich selbst, ehe Models Generalstabsoffiziere, die auf den Knall hin herbeieilten, es tun konnten. Sie stellten es so dar, als hätte Model seinem Leben selbst ein Ende gesetzt. Um den Nimbus des unbesiegbaren Feldherrn aufrechtzuerhalten.

Ich wusste, dass es nicht so war. Aber spielte es eine Rolle? Erichs versehrtes Leben war nach den Maßstäben der Nationalsozialisten genauso wenig wert wie Hildes behindertes und Adolfs politisch fehlgeleitetes.

Von mir ahnten sie nichts.

Unmittelbar bevor die US-Truppen Hitdorf am 16. April einnahmen, hatten die verbliebenen Wehrmachtsoldaten das Weite gesucht. Was sie nicht wussten: Eine Pioniereinheit hatte einen Teil der Mühlenstraße mit Tellerminen versehen, um den vorrückenden Feind zu stoppen.

Unter den Soldaten, die sich nicht versteckten, sondern in letzter Sekunde abzogen, war ein Mann, den ich nach dem Bericht des polnischen Zwangsarbeiters tagelang gesucht und schließlich gefunden hatte, um ihm den Tipp mit dem Fuhrwerk zu geben. Dem Brauerei-Fuhrwerk, das die Wehrmachtsoldaten beschlagnahmt hatten, um sich vor der 15. US-Armee in das Ruhrgebiet abzusetzen. Der Jurist und Kripo-Beamte Theodor Goeke, Hauptsturmführer und Leiter des Exekutionskommandos auf dem Wenzelnberg, war hochbeglückt, als ich ihm einen Platz auf dem Karren verschaffte. Dem Karren zum Schafott. Über die verminte Mühlenstraße.

Die nachrückenden Amerikaner wurden von den Hitdorfern gewarnt. Sie nahmen einen Umweg über die Straße am Werth, die Ring- und die Fährstraße zurück auf den nicht verseuchten Teil der Mühlenstraße.

Das Fuhrwerk der Deutschen hatte es da bereits zerlegt – Goeke so gründlich, dass er bis heute als verschollen gilt.

Mein Gewissen ist sauber. Die Blutschuld getilgt.

Alles eine Frage der Hygiene.

77 LÜTTRINGHAUSEN

Lüttringhausen wird hier als Pars pro Toto für die gleichnamige Justizvollzugsanstalt gebraucht. 1906 wurde das Königliche Gefängnis (zu) Lüttringhausen eingeweiht, das später als Zuchthaus genutzt wurde, also als Gefängnis mit strafverschärfenden Haftbedingungen, die in der Regel aus Zwangsarbeiten bestanden. Nach der Eingemeindung nach Remscheid hieß die Anstalt Zuchthaus Remscheid beziehungsweise Zuchthaus Remscheid-Lüttringhausen. Erst 1969 wurde die Zuchthausstrafe abgeschafft. Zu allen Zeiten, insbesondere aber im Dritten Reich, waren hier auch politische Gefangene untergebracht, die in der Endphase des Krieges zur Bombenentschärfung eingesetzt wurden. 60 von 71 Getöteten am Wenzelnberg kamen aus dem Lüttringhausener Gefängnis. Zudem wird es mit Euthanasieverbrechen in Zusammenhang gebracht.

Das historische Haftgebäude der JVA mit dem Kirchturm steht heute unter Denkmalschutz. Seine zentrale Lage an der höchsten Stelle von Lüttringhausen sowie die nächtliche Beleuchtung prägen den Ort, der in der Mitte des 12. Jahrhunderts zum ersten Mal urkundlich erwähnt wurde. Als alte Hansestraße war er schon früh Handelsort. Mit der Industrialisierung kam die Textilfabrikation. 1856 erhielt Lüttringhausen die preußischen Stadtrechte, 1929 wurde die Stadt eingemeindet.

78 LANGENFELD

Langenfeld, mittlere Kreisstadt (Mettmann) im Regierungsbezirk Düsseldorf, nördlich an Leverkusen grenzend, hat eine noch weitgehend unerforschte Vor- und Frühgeschichte, die sich aufgrund eines Gräberfelds aus dem ersten nachchristlichen Jahrhundert und Funden aus der Alt- und jüngeren Steinzeit sowie der Römerzeit bis ins Paläolithikum zurückverfolgen lässt. Spannend: ein bei Baggerarbeiten in der Kölner Straße gefundener »genagelter Schädel«, ein auf einen Pfahl genagelter Kopf einer jungen Frau aus offensichtlich höheren Kreisen, die enthauptet worden war – vermutlich zur Zeit der Hexenverfolgung. In Langenfeld-Richrath wurde in den 60er-Jahren bei Kanalarbeiten eine nicht mehr datierbare Pferdebestattung entdeckt. »Langevelt« oder »Das lange Feldt«, wie es in ersten Urkunden hieß, lag an der römischen Fern- und Handelsstraße »Via Publica«, der heutigen B 8. In der Neuzeit war der Ort eine wichtige Postkutschenstation zwischen Köln und Düsseldorf, was sich heute noch im Stadtwappen und in dem »Traditionspaar der Stadt Langenfeld« – »Postillon und Christel von der Post« – spiegelt, das die Stadt Langenfeld bei feierlichen Anlässen gemeinsam mit dem Bürgermeister repräsentiert. Der »Posthornweg« ist ein 35,8 Kilometer langer Rundwanderweg um die Stadt.

Im Stadtteil Langenfeld-Reusrath wurde 1900 die »Provinzial-Heil- und Pflegeanstalt Galkhausen« für die Versorgung psychisch kranker Menschen aus Köln auf dem Gelände des einstigen Gutes Galkhausen der Grafen von Mirbach-Harff eröffnet. Landwirtschaftliche Tätigkeit sollte therapeutischen Zwecken dienen. Im Laufe der Zeit nutzte man die Anstalt auch für andere medizinische Aufgaben und als Lazarett. Unrühmlich wurde es im Dritten Reich: Einen Großteil der Patienten stufte das »Gesetz zur Verhütung erbkranken Nachwuchses« 1933 als erbkrank ein, was 1936 die Zwangssterilisation von 478 Personen nach sich zog. Für eine große Anzahl Menschen war Galkhausen Durchgangsstation auf dem Weg der Euthanasie. 1941 wurden 233 Männer und 141 Frauen von Galkhausen zur NS-Tötungsanstalt Hadamar verbracht und dort umgebracht. 1943 kamen zunehmend Patienten aus anderen Anstalten nach Langenfeld – vor ihrer »Weiterverlegung« nach Hadamar, was eine genaue Bestimmung der Zahl der Getöteten schwierig macht. Transporte gingen auch in die Vernichtungslager Tiegenhof bei Gnesen, Meseritz-Obrawalde, Altscherbitz bei Leipzig, Plagnitz bei Bunzlau, Großscheidwitz bei Löbau, Wiesengrund bei Pilsen, Ansbach sowie nach Lehen bei Salzburg. Gleich nach dem Krieg lebten in der Anstalt wieder 842 Patienten, 1948 schon 1.167 psychisch Kranke. Im Düsseldorfer Euthanasieprozess wurden 1950 zwei Langenfelder Ärzte freigesprochen. Heute ist die Klinik Langenfeld eine von neun in der Trägerschaft des Landschaftsverbandes Rheinland, die den größten Teil der psychiatrischen Versorgung im Rheinland sicherstellen. Historisch sehenswert: mehrere Villen, das Hauptgebäude und die Institutsambulanz auf dem Gelände. Begehenswert: der weitläufige Park.

Heute ist Langenfeld ein attraktiver Wohnort für Menschen, die die Annehmlichkeiten des Stadtlebens schätzen, aber nicht den Großstadtstress von Düsseldorf oder Köln. Auch einer erfolgreichen Ansiedlungspolitik und Verwaltungsvereinfachungen geschuldet, flankiert von effektiven Bemühungen, sich aus der kommunalen Schuldenlast herauszuarbeiten, was 2008 erreicht wurde – anders als in Leverkusen.

Kulturell hat die Stadt ebenfalls etwas zu bieten. Der »Schauplatz« in der Stadtmitte und der »Schaustall« in Richrath sind die größten Veranstaltungsstätten für Musikevents und Kabarett. Wer die Stadt auf der B 8 durchquert, kommt am Volksgarten an der seit 2008 unter einer Glaskuppel rekonstruierten Werkstatt »Wiescheider Kotten« vorbei, in der Wilhelm Jacobs in den 1920er-Jahren aus Baumstämmen Messergriffe für die Solinger Schneidwarenindustrie herstellte. Eine schöne Möglichkeit, das Handwerk des Heft- und Schalenschneiders kennenzulernen.

79 BENSBERGER SCHLOSS

Das im frühen 18. Jahrhundert als barockes Jagdschloss im heutigen Bergisch Gladbacher Stadtteil Bensberg erbaute Schloss hatte Johann Wilhelm II., genannt Jan Wellem, nach dem Vorbild von Schloss Schönbrunn erbauen lassen. 1774 war Johann Wolfgang von Goethe dort zu Gast und zeigte sich von der Aussicht und den »Wandverzierungen« begeistert. Das prächtige Schloss wurde von den Folgebesitzern nicht oft genutzt. 1793 richtete man im Zuge der Koalitionskriege zwischen französischen und österreichischen Truppen dort ein Feldlazarett ein. Später diente es als preußische Kadettenanstalt. Nach dem Ersten Weltkrieg waren zeitweise Besatzungstruppen in dem Gemäuer untergebracht, anschließend wurde es für verschiedene Zwecke verwendet, unter anderem als Quartier für Obdachlose. Die Nazis installierten in dem Gebäude eine Nationalpolitische Erziehungsanstalt, das Kürzel NPEA wurde im Volksmund zu NAPOLA verballhornt. Von 1965 bis 1997 war das Schloss ein königlich-belgisches Gymnasium. 1997 wurde es schließlich umfassend renoviert und zum Grandhotel Bensberg umgebaut, eins der »Leading Hotels of the World« mit fünf Sternen, ausgezeichneter Gastronomie und der Schauplatz von Großveranstaltungen wie der Verleihung des »Grimme Online Awards«, dem »Festival der Meisterköche« oder der Oldtimer-Veranstaltung »Schloss Bensberg Supersports Classics«. Der Weihnachtsmarkt auf Schloss Bensberg zieht alljährlich Tausende von Besuchern an.

80 WUPPERMANNPARK

An der Bergischen Landstraße 2a in Schlebusch 74 liegt hinter dem entzückenden neobarocken Pförtnerhäuschen von 1911 mit verschiefertem Schweifgiebel der Wuppermannpark mit seinem beeindruckenden Baumbestand aus Blut- und Rotbuchen, Roteichen, Rosskastanien, Platanen und Ulmen, der mitten im Zentrum des Stadtteils zum Flanieren im Grünen einlädt. Der englische Landschaftsgarten an der Dhünn wird nicht nur von Spaziergängern mit Hunden und Kinderwagen genutzt, hier lässt sich im Sommer gut picknicken. Außerdem bieten ein Spielplatz und eine Skateranlage Kindern und Jugendlichen die Möglichkeit, sich auszuleben. Hin und wieder auch zum tüchtig Feiern: Am Fronleichnamswochenende wird im Rahmen des Schlebuscher Schützen- und Volksfests im Park eine Konzertbühne aufgebaut. Bei freiem Eintritt wird den Besuchern – 2018 waren es 6.000 – ein tolles Musikprogramm geboten, neben weiteren Attraktionen.

Benannt wurde der Park nach der Walzwerkfabrikantenfamilie Wuppermann 81, die zudem der gegenüber an der Mülheimer Straße 14 gelegenen Villa ihren Namen gegeben hat, obwohl sie nicht die Bauherren waren. Die Mülheimer Tuch-Unternehmerfamilie Andreae schuf die zweigeschossige Villa im Stil eines Schweizer Chalets mit Holzveranden und reichem Schnitzwerk in der Mitte des 19. Jahrhunderts als Sommerresidenz. 1885 erwarb Heinrich Theodor Wuppermann das Haus von Christoph Andreae. 1987 verkaufte die Familie Wuppermann es an die Stadt, die es seither als Sitz des Bezirksbürgermeisters, für standesamtliche

Trauungen, als Bürgerzentrum und Veranstaltungsraum auch für private Anlässe nutzt. 2008 wurde die Villa Wuppermann zuletzt umfangreich renoviert. Sehenswert sind außerdem die Familiengräber der Wuppermanns aus dem 17. bis Anfang des 20. Jahrhunderts im Park des Anwesens.

Von der Mülheimer Straße aus unübersehbar: die Skulpturengruppe »Plaudernde Menschen« von Eberhard Foest, ein Ensemble von stilisierten Stahlfiguren als kleinere Ausführungen der Skulptur vor der »Wacht am Rhein« 12.

81 FRIEDHOF MANFORT

Der größte von elf Leverkusener Friedhöfen, einer von sieben städtischen neben denen in Bergisch Neukirchen 17, Küppersteg (2 beziehungsweise 39), Lützenkirchen 26, Opladen (22 beziehungsweise 51), das gleich zwei hat, und Schlebusch 74 sowie vier katholischen in Hitdorf 18, Quettingen 26, Rheindorf 84 und Steinbüchel 93, ist der in Manfort an der Manforter Straße. Er wurde 1905 als Ersatz für den Friedhof im Bereich der heutigen Herz-Jesu-Kirche 28 geschaffen. Die zentrale Friedhofskapelle von 1917/18, auf die der Besucher als Erstes zustrebt, wirkt von Ferne »etwas breit in der Hüfte«. Sie beruht auf einem Entwurf des Leverkusener Architekten Wilhelm Fähler (1889–1953) und steht seit 2008 unter Denkmalschutz.

Neben den klassischen Erdbestattungen bietet der Friedhof mittlerweile drei Wände für Urnen. Der Fachbegriff »Kolumbarien«, lateinisch für »Taubenschlag«, beschreibt treffend den optischen Eindruck – nicht im bildlichen Sinne: Auch bei Urnengräbern herrscht kein Raus und Rein, es gelten die üblichen 20 Jahre Ruhefrist. Seit 2005 gibt es außerdem einen Ruhegarten: die Möglichkeit zur Urnenbestattung an anonymer Stelle auf einem Grünstreifen, die Namen der Verstorbenen sind auf einer Stele zu finden. Wer es gerne ein wenig weniger anonym und ein wenig mehr gärtnerisch und künstlerisch gestaltet wünscht, aber dennoch auf die persönliche Grabpflege verzichten möchte, kann seit 2013 die Urnenbestattung in einem Memoriamgarten wählen, wo die Stelle der Beisetzung individuell gekennzeichnet werden kann.

Westlich der Hauptachse findet sich ein Ehrenmal, das an das Bayer-Werksunglück vom 27. Januar 1917 erinnert, als die Sprengstofffabrik, in der monatlich 200 bis 300 Tonnen TNT hergestellt wurden, in die Luft flog. 80.000 Tonnen TNT töteten sieben Bayer-Mitarbeiter und einen Wachmann; zwei Handwerker fegte die Druckwelle von einem Baugerüst. Hunderte Menschen wurden verletzt, unter anderem die einzige Tochter von Carl Duisberg, der in der Direktorenvilla das Oberlicht auf den Kopf fiel: doppelter Schädelbasisbruch. Die Hauptverwaltung, der Prachtbau Q 26 an der Kaiser-Wilhelm-Allee, wurde beschädigt, schlimmer: In einem Lazarett in einem der Verwaltungsgebäude lagen 450 verletzte Soldaten, die nach dem Bersten der Fensterscheiben vom Tod durch Erfrieren bedroht waren und schnellstens in umliegende Hospitäler verbracht werden mussten. Sechs der Todesopfer wurden am Donnerstag nach der Explosion auf dem Manforter Friedhof bestattet. Bürgermeister, Landrat und andere Honoratioren waren bei der Beisetzung der »Helden des Schlachtfelds« zugegen, die ihr Leben ebenso wie die, die an der Front starben, dem »Krieg und Sieg« geopfert hätten, wie es hieß.

Ergänzend zum Ehrenfriedhof Opladen **51** findet sich auf dem Manforter Friedhof im östlichen Bereich eine Gedenkstätte für Opfer des Dritten Reichs mit der Inschrift: »Im Gedenken an die in Leverkusen verstorbenen meist osteuropäischen Zwangsarbeiter, die Opfer der nationalsozialistischen Gewaltherrschaft wurden. Allein hier wurden mehr als 200 Erwachsene und 70 Kinder beigesetzt.« Außerdem gibt es mehrere Kriegsgräberfelder sowie Kriegsvertriebenengräber. Letzteren wurde ein imposantes hölzernes sogenanntes »Ostdeutsches Kreuz« errichtet, vor dem ein Friedensstein steht. Hier legen der Bund der Vertriebenen und seine Landsmannschaften alljährlich einen Kranz nieder.

Daneben ruht natürlich allerhand Hautevolee auf dem Leverkusener Zentralfriedhof. Carl Duisberg selbst ließ sich und seiner Gattin Johanna zu Lebzeiten einen eigenen Friedhof bauen **58** und für seine übrige Verwandtschaft in Manfort eine Gedenk- und Grabstätte einrichten, die sein Lieblingsbildhauer Fritz Klimsch mit Reliefs und Skulpturen versah. Der Sinnspruch »Wissenschaft ist Macht, Kunst ist Freude« charakterisiert den heimlichen König von Leverkusen, Carl Duisberg, der es wie kaum ein anderer verstand, Wissenschaft in den Dienst der Macht zu stellen, sodass beide Teile Profit daraus zogen, und der zugleich die Gunst seiner Untergebenen als patriarchalischer Gönner, Sozialreformer und Kulturförderer zu gewinnen wusste. Seine Vorliebe für den preußischen Klassizismus und die Nachahmung von Kunst- und Bauwerken der preußischen Metropole Berlin spiegelt gewissermaßen seine Freude an der Ästhetik der Macht.

Ergänzend zwei Promis – unter vielen weiteren – auf dem Manforter Friedhof: »Paulinchen« alias Pauline Pohnke **7** und Ulrich Haberland **56**, **62**.

Manfort ist der am stärksten durch Verkehrswege durchschnittene Stadtteil. In den Nebenstraßen findet sich aber auch viel Grün. Als Wahrzeichen Manforts gilt die Kirche St. Josef **25**. Spannende Entwicklung: 1985 wurde das

1872 gegründete Wuppermannwerk in Manfort verkauft, das ein Jahr zuvor noch gut 1.600 Mitarbeiter beschäftigt und Qualitätsstahl mit großer Präzision gewalzt hatte. Gustav Theodor Wuppermann, Familienunternehmer in der vierten Generation 80, strich die Segel. Der Käufer, die Krupp Stahl AG, legte das Unternehmen still. Bauernopfer der Neuordnung der Stahlindustrie: Dem drohenden Abbau von Subventionen musste durch Rationalisierungen begegnet werden. Auf dem Gelände, das die LEG (Landesentwicklungsgesellschaft) übernahm, entstand nach Leerstand und jahrelangem Stillstand das Gewerbegebiet Innovationspark Leverkusen. Eins der dort am Rande liegenden Gebäude ist der Hemmelrather Hof 123.

82 BRUCHER TALSPERRE

2014 geisterte die Brucher Talsperre durch die Medien – im Zusammenhang mit einem Kriminalfall: Ein Pädophiler hatte eins seiner Missbrauchsopfer – einen jungen Mann, der ihn angezeigt hatte – gezwungen, seine Anschuldigungen zu widerrufen, und wollte dessen Selbstmord vortäuschen, indem er den Jugendlichen die 20 Meter hohe Staumauer hinunterstürzte. Dieser überlebte schwer verletzt. Für (Selbst-)Morde ist die Brucher Talsperre offensichtlich nur bedingt geeignet. Aber zur Naherholung: Wandern auf dem 2,7 Kilometer langen Uferweg, Campen und Baden an ausgewiesenen Plätzen sowie Wassersport (Tauchen ist nicht erlaubt). Seit 1913 dient die Sperre in erster Linie der Brauchwasserspeicherung und zum Hochwasserschutz für das obere Wuppergebiet. Sie gehört zur Gemeinde Marienheide 83 und wird vom Wupperverband betrieben. Im Zweiten Weltkrieg stand eine Flak an der Talsperre zur Sicherung des Bauwerks, heute befindet sich an derselben Stelle eine DLRG-Station zur Sicherung der Badegäste.

83 MARIENHEIDE

Erste urkundliche Erwähnungen des Ortes finden sich 1417 als »Mergenheyde« beziehungsweise 1601 als »Mergenheyd«. Der Name ist auf die Mutter Maria zurückzuführen. Der Legende nach soll hier ein Einsiedler, der Klausner Heinrich, gehaust haben, dem die Muttergottes in Form eines Bildes erschien und gebot, nach Köln zu gehen, um dort ein Marienbild für 30 Silberlinge zu erstehen. Er tat's und legte mit dem nach Hause gebrachten Marienbild den Grundstein für den Wallfahrtsort Marienheide, wo jährlich nach dem zweiten Juli, Tag der Heimsuchung Marias, eine Festwoche veranstaltet wird. Der Besucher sollte nicht nur seelenheilshalber unbedingt die denkmalgeschützte Wallfahrtskirche von 1470 besuchen, die zum Ende des 19. Jahrhunderts komplett neu gestaltet wurde. Die Gemeinde bietet darüber hinaus eine Fülle an Sehenswürdigkeiten, die per Wander- oder Radweg zu erschließen sind. Der Aussichtsturm auf dem Unnenberg in Dannenberg, von dem aus bei gutem Wetter die Spitzen des Kölner Doms zu sehen sind, soll als Beispiel für beeindruckende bergische Aussichten Erwähnung finden. Das Naturschutzgebiet Rengsetal mit dem Flugplatz Dümpel steht für das großartige Naturerleben der Gegend. Die Ortschaft Lieberhausen mit ihrer evangelischen Pfarrkirche »Bunte Kerke« sei stellvertretend genannt für fünf weitere mit ähnlichen prächtigen Deckenmalereien versehene Kirchen im Oberbergischen. Und das Heier Schützenfest mit dem Kampf um den Wanderpokal »Heiermann« ist ein wunderbares Beispiel für die Feierfreude der Region.

Auch in Sachen Krimi ging die Gemeinde bereits durch die Gazetten: als 1998 zwei Lehrerinnen der Gesamtschule durch einen Sprengsatz ums Leben kamen, die der Ehemann der einen gebastelt hatte.

84 GASTSTÄTTE NORHAUSEN

Zu Beginn des 16. Jahrhunderts wurde Rheindorf, heute Leverkusener Stadtteil am Rhein zwischen Wiesdorf 2 und Hitdorf 18, Sitz eines Zollhofes. Der Dorfkern mit seinen verwinkelten Gässchen weist bis heute viele alte Fachwerkbauten auf. Das am meisten frequentierte Gebäude davon ist wohl die Gaststätte Norhausen in der Felderstraße 17, die in einem 1720 – womöglich schon deutlich früher – errichteten zweigeschossiges Haus 1872 von Christian Norhausen eröffnet wurde. Es handelte sich um das ehemalige Wohnhaus einer Hofanlage in Stockwerkbauweise mit Kastengesims und Krüppelwalmdach, das von außen den Eindruck einer kleinen schnuckelig-urigen Kneipe macht. Neuere Anbauten auf dem rückwärtigen Teil des Grundstücks sorgen jedoch dafür, dass in dem Familienbetrieb in fünfter Generation bis zu 500 Personen feiern können.

Der unverfälschte Charme des Hauses empfahl es auch schon als Kulisse für die ZDF-Serie »Soko Köln«. Für den Dreh wurde der Name allerdings geändert: Das Haus bekam ein Schild mit der goldenen Aufschrift »Beim Ömmes« verpasst.

Der Rheindorfer Norden ist weniger pittoresk. Hier dominieren Hochhaussiedlungen aus der Nachkriegszeit und sozialer Wohnungsbau. Aber auch der Friedenspark, die zweitgrößte Grünanlage Leverkusens.

85 ST. ALDEGUNDIS

Die katholische Backsteinsaalkirche St. Aldegundis prägt das Rheindorfer 84 Panorama an der Unterstraße und liegt in unmittelbarer Nachbarschaft des zehn Jahre später erbauten Bergerhofs von 1784. Allerdings kann die Kirche auf eine wesentlich längere Geschichte zurückblicken. Ursprünglich soll sich an der Stelle eine heidnische Kultstätte befunden haben. 1170 wurde die Kirche erstmals urkundlich erwähnt. Der romanische Wehrturm basiert aber auf karolingischen Fundamenten. 1281 ging die Kirche in den Besitz der Abtei Altenberg. Der heutige Bau stammt von 1777, der Innenraum wurde im Rokokostil ausgestattet. Im Außenbereich finden sich neun Grabkreuze sowie ein weiteres in der Stützmauer des Kirchhofs. Heute bietet das Gotteshaus als Pfarrkirche Raum für die Gemeinden St. Stephanus in Hitdorf 18, Zum Heiligen Kreuz und St. Aldegundis in Rheindorf. Die heilige Aldegundis soll insbesondere vor Fieber, Krebs und Todesgefahr schützen. Ein weiterer guter Grund, der Kirche einen Besuch abzustatten.

86 HAUS AM ORTH

In der Unterstraße 2 steht das um 1720 von dem Schiffseigner Laurenz Adolphs erbaute Haus am Orth. In Leverkusen ist es aufgrund seines wildromantischen Bewuchses besser bekannt als »Villa Knöterich«. Den ursprünglichen Namen erhielt das Haus aufgrund seiner Lage am Ortseingang von Rheindorf 84. Der große repräsentative Backsteinbau mit vorgelegter Treppe und Hofeingang steht seit 1983 unter Denkmalschutz. Nach dem Zweiten Weltkrieg mussten erhebliche Schäden ausgebessert werden, die Fassade wurde verputzt, das ursprüngliche Mansardwalmdach durch ein einfaches Walmdach ersetzt. Seit Anfang des 20.

Jahrhunderts wird im Haus am Orth eine Gaststätte mit Bier- und Restaurantgarten für bis zu 100 Gäste betrieben.

87 DHÜNNTALSPERRE

Die Große Dhünntalsperre – ein Erweiterungsbau der kleineren, 15 Jahre zuvor erbauten – liegt zwischen den Gemeinden Wermelskirchen, Wipperfürth, Kürten 99 und Odenthal 100 und ist nach der Rurtalsperre die zweitgrößte Trinkwassertalsperre Deutschlands. Überschusswassermengen regenreicher Jahre können hier über einen langen Zeitraum aufgenommen werden, um sie in regenarmen Jahren wieder abzugeben. Nicht Energiegewinnung, sondern Sicherung der Trinkwasserversorgung der grundwasserarmen Großstädte Wuppertal, Remscheid und Solingen führte zur Bauplanung Ende der 1950er-Jahre und zu dem Erweiterungsbau zu Beginn der 1970er-Jahre, der erst 1988 fertiggestellt wurde. Heute kann sogar die Landeshauptstadt Düsseldorf durch die Große Dhünntalsperre mitversorgt werden. Den in »Hygienische Maßnahmen« genannten Dhünntalsperrenwärter kann es ebenso wie den Wiehltalsperrenwärter 88 mithin während des Zweiten Weltkriegs noch nicht gegeben haben. Aufgrund der Bedeutung beziehungsweise der Bekanntheit der Talsperren wurden sie dennoch in die Geschichte »hineingemogelt«.

Im Kompetenzzentrum »Forum Aqualon Lindscheid«, mit Sitz in der ehemaligen Betriebsschlosserei am Betriebshof des Wupperverbands in Wermelskirchen-Lindscheid, soll die Bedeutung des Naturraums Große Dhünntalsperre durch eine Dauerausstellung mit »Informationen im Vorbeigehen« vermittelt werden. Didaktisch aufbereitet, mit interaktiven Mitmachmodulen und in einem Multifunktionsraum können sich Schulklassen und

Tagungsgruppen auf spannende Weise mit dem Thema auseinandersetzen. Ein integrativ betriebenes (klein-) gastronomisches Angebot ist geplant und soll 2018 oder 2019 eröffnet werden. Die Information ist wichtig: Trinkwasserqualitätsanforderungen verbieten eine touristische Nutzung der Dhünntalsperre, die über das Wandern hinausgeht.

88 WIEHLTALSPERRE

Die Wiehltalsperre befindet sich im Gebiet der Gemeinde Reichshof und etwa fünf Kilometer östlich von Wiehl. Sie ist wie die Dhünntalsperre 87 ein Trinkwasserreservoir und daher nicht zum Baden und Wassersporteln nutzbar. Für ihren Bau mussten ab den 60er-Jahren des letzten Jahrhunderts 450 Menschen ihre Dörfer verlassen. 1973 nahm die Anlage ihren Betrieb auf. An einem 2005 fertiggestellten Aussichtspunkt namens »Auchel-Fjord« – an der Kreisstraße K 16 Brüchermühle-Sinspert gelegen, kurz vor der Abzweigung nach Schemmerhausen – informiert eine Tafel über den Stausee und die versunkenen Dörfer, darunter die Ortschaft Auchel, nach der außerdem das Wasserwerk benannt wurde. Neben dem Gewässerbereich stehen heute auch große Teile der umliegenden Wälder unter Naturschutz.

Eine Insel in einer der größten drei Vorsperren des Stausees im östlichen Teil wurde deutschlandweit bekannt durch die Werbekampagne der 20 Kilometer entfernt liegenden Krombacher-Brauerei, die diese Insel seit vielen Jahren als optisches Aushängeschild nutzt. 2011 hat die Gemeinde Reichshof einen Aussichtspunkt installiert, der einen Blick auf die »Krombacher-Insel« bietet und entlang eines Wanderwegs liegt, der am Parkplatz Nespen beginnt. Einer von vielen, mit denen man sich das Gebiet erschließen kann. Für Wissbegierige empfiehlt sich zudem der Besuch des Wiehler Bauernmuseums »Achse, Rad und Wagen« im Ohlerhammer. Und natürlich sollte auch die Wiehler Tropfsteinhöhle am Pfaffenberg 1 erkundet werden, die bereits 1860 entdeckt, aber erst zu Beginn des 20. Jahrhunderts im Rahmen von Arbeitsbeschaffungsmaßnahmen von Lehm und Schlamm befreit und so einer größeren Öffentlichkeit zugänglich gemacht wurde. Da es sich um ein Riff aus dem Devonmeer handelt, findet man im umgebenden Kalkstein zahlreiche versteinerte Muscheln und Korallen.

89 BURSCHEID

Burscheid, 1175 erstmals urkundlich erwähnt, hat heute etwa 20.000 Einwohner. Die Gemeinde grenzt unmittelbar an Leverkusen, Leichlingen 3, Wermelskirchen sowie Odenthal 100 und vereint viele umliegende Ortschaften, die größte darunter Hilgen, zu einer Stadt. Sie gilt als bergische Obstkammer. Durch Ausnutzung der Wasserkraft und des Holzreichtums der umliegenden Wälder wurde ab dem 16. Jahrhundert die Industrialisierung vorangetrieben, die einen entscheidenden Impuls durch die Erfindung eines Kupfer-Asbest-Dichtungsrings durch den Lokomotivführer Friedrich Wilhelm Goetze erhielt, womit der Grundstein der späteren Goetze-Werke gelegt wurde.

2017 wurde der stillgelegte alte Bahnhof an der Hilgener Montanusstraße 15a zu neuem Leben erweckt: Das Team »Treffpunkt Alter Bahnhof« hat die ehemalige Bahnhofsgaststätte als Quartiertreff, Veranstaltungs- und Begegnungsort eingerichtet.

Seit der Gründung der »Musicalischen Akademie von 1812 zu Burscheid« durch Jakob Salentin von Zuccalmaglio, heute Deutschlands ältestes Laienorchester, gilt die Kommune als Musikstadt des Bergischen Landes. In diesem Zusammenhang sollte die Band- und Chorarbeit des Jugend- und Kulturzentrums Megafon in der Montanusstraße unter der Trägerschaft der Katholischen Jugendagentur Erwähnung finden.

Kulturell breiter gestreut sind die Veranstaltungen des historischen Burscheider Badehauses an der Bürgermeister-Schmidt-Straße 7c. 1914 als Badeanstalt zur Förderung der Volkshygiene errichtet, nach zwischenzeitlichem Leerstand als Flüchtlingsunterkunft genutzt, ist das Haus seit 2006 Kultur- und Künstlerzentrum. Das umfangreiche Programm bietet viele Gastauftritte neben wiederkehrenden Events wie Jazzkonzerten, KultTouren, Kinder- und Jugendveranstaltungen, Lesungen, Tanzabenden und mehr. Die Ausstattung des Hauses ist seit 2017 um einen Art-déco-Flügel reicher.

Auch in der Buchhandlung Ute Hentschel in der Hauptstraße 26 finden regelmäßig Lesungen statt.

In den Burscheider Ortschaften und um sie herum gibt es für Rad- und Wanderfreunde viele Möglichkeiten der Betätigung, angefangen mit der Balkantrasse, die von Leverkusen bergauf nach Burscheid und dann weiter bis nach Remscheid-Lennep beziehungsweise Wuppertal führt. Daneben verfügt Burscheid über eine Fülle an historischen Sehenswürdigkeiten, von der Eifgenburg über den Rittersitz Haus Landscheid hin zu mehreren historischen Mühlen. Eine davon ist die Lambertsmühle im Wiehbachtal, zu der sich keine genaue Altersangabe findet, aber der Hinweis, sie habe ihren Namen einem um 1570 geborenen Lambert zu verdanken. Bis 1751 gehörte sie zum Adelsbesitz der Herren von Landscheid. 1766 brannte sie bis auf die Grundfesten nieder – angeblich, weil ein Knecht dem Leben einer von ihm geschwängerten Magd ein Ende setzen wollte. Das Kirchenbuch hingegen verzeichnet den Tod der Anna Margareta Clemens als selbst verschuldeten Unfall: Sie sei nächtens mit einem Licht zur Futterkrippe gegangen und habe diese aus Versehen in Brand gesetzt. Die Wassermühle wurde wieder aufgebaut und bis September 1956 genutzt, bis das Wasserrad sich aus seiner Verankerung löste und eine Reparatur nicht mehr lohnte. 1983 wurde sie samt Stall, Remise, Scheune, einem weiteren Gebäude und dem Bauerngarten unter Denkmalschutz gestellt und 2002 zu Schauzwecken wieder in Betrieb genommen. Der Besucher kann seitdem nicht nur anschaulich den Weg vom Mahlen zum Brot erleben und andere Gewerke kennenlernen, sondern auch viel über die Geschichte der ganzen Region erfahren. Seit 1999 kann dort zudem geheiratet werden – 233 Jahre nach dem bösen Anschlag des bindungsunwiligen Knechts. Der heutige Betrieb der Lambertsmühle ist dem Förderverein zu verdanken. Ohne ihn wäre die Arbeit am Haus, Ofen, Mahlwerk, Webstuhl, im Garten, an den Bienenstöcken, im Service und Museum nicht zu bewältigen.

90 REICHSHOF

Die Gemeinde Reichshof wurde 1969 aus denen von Reichshof, Denklingen und Eckenhagen zusammengefügt und hat seit 1991 den Status eines heilklimatischen Kurorts. Die historische Entstehung des Orts liegt weitgehend im Dunkeln, aber es gibt eine Urkunde von 1167, nach der Kaiser Friedrich I., genannt Barbarossa, Erzbischof Rainald von Köln zur Belohnung für dessen Tapferkeit beim Sieg des kölnischen Heeres gegen die Römer den Reichshof Eckenhagen schenkte, samt Leuten, Besitzungen, Silbergruben, allen

Rechten und allen Gerätschaften des Hofes. Lange danach wurde Reichshof zum Spielball in den Händen von adligen Gefolgsleuten verschiedener Lager, im 19. Jahrhundert kam es zur Aufteilung der drei Ortschaften unter Franzosen und Preußen in unterschiedliche Mairien beziehungsweise Bürgermeistereien – bis zur Gemeindeneuordnung 1969.

Reichshofer Sehenswürdigkeiten sind unter anderem neben der Wiehltalsperre 88 die Mühlen in Denklingen, Remperg und Feld, die Burg Sotterbach, der Affen- und Vogelpark Eckenhagen sowie die evangelische Barockkirche Eckenhagen mit der größten noch bespielbaren und genutzten barocken Orgel im Nordrheingebiet, die in Kombination mit Kanzel und Altar eine beeindruckende Einheit bildet. Wanderfreunde finden viele interessante Routen, hier nur zwei Tipps zur Ergänzung: Die Oberbergische Wanderwagenstation in Eckenhagen bietet sich an für Übernachtungen und die urige Wanderhütte »Schorsch's Panoramahütte« im Almhüttenstil für Jause und tolle Aussichten direkt am »Bergischen Panoramasteig«.

91 WENZELNBERG

Der Wenzelnberg ist der nördlichste der Leichlinger Sandberge 3. Die ursprünglichen Sandvorkommen, die auf ein urzeitliches Meer zurückzuführen sein sollen, sind mittlerweile fast vollständig abgebaggert worden. Er gehört zur Stadt Langenfeld 78 und ist die höchste Erhebung auf deren Gebiet. Der Wenzelnberg wird heute vor allem mit einem Massaker in Verbindung gebracht, das dort am 13. April 1945 stattfand. 71 Männer wurden unmittelbar vor dem Einmarsch der US-Infanterie von den Nationalsozialisten auf den Berg verbracht und ohne Prozess hingerichtet, überwiegend durch Genickschüsse, und paarweise aneinander gefesselt in ein Massengrab geworfen, einige wurden dabei lebendig begraben.

68 der Männer sind namentlich bekannt, die Identität von drei weiteren konnte nicht mehr ermittelt werden. Generalfeldmarschall Walter Model hatte sechs Tage vorher eine Order des Reichssicherheitshauptamtes an das Zuchthaus Remscheid-Lüttringhausen **77** weitergegeben, dass 600 ausländische Arbeiter, Zuchtgefangene und deutsche Kommunisten, die sich veranlasst sehen könnten, sich umstürzlerisch zu betätigen, vernichtet und zu diesem Zweck an die Sicherheitspolizei überstellt werden sollten. Vier Gestapo-Beamte – Caspar Dahlmann (Gestapo Wuppertal), Ernst Vestweber (Kriminalpolizei Wuppertal), Walter Brüggemann (Gestapo Wuppertal) und der Fahrer der Gestapo-Außenstelle Wuppertal Paul Dzulke – sprachen deshalb bei dem Leiter der Anstalt, Regierungsrat Dr. Engelhardt, vor. Dieser behielt sich vor, die angeforderten Delinquenten selbst auszusuchen, bestand darauf, dass ausländische Gefangene ausgeklammert würden, und reduzierte die Zahl der Auszuliefernden auf 90. Zur gleichen Zeit ließ der Leiter der Gestapo-Außenstelle in Wuppertal, Hufenstuhl, Zwangsarbeiter auf dem Wenzelnberg einen vermeintlichen Panzergraben ausheben. Als die zur Hinrichtung vorgesehenen Gefangenen anderntags auf LKW verladen werden sollten, stellte sich heraus, dass Dr. Engelhardt 35 von ihnen zum Arbeitseinsatz geschickt hatte, sodass sie nicht zur Verfügung standen. Sechs weitere sollten noch auf das Polizeipräsidium überstellt werden, einem von ihnen gelang die Flucht. Elf Häftlinge aus den Haftanstalten Wuppertal-Bendahl und Ronsdorf wurden zusätzlich hergeschafft, sodass letzten Endes 71 Männer am Wenzelnberg ermordet wurden. Das Erschießungskommando bildeten 25 Schutz-

polizisten aus einer Einsatzkompanie, die in der Schule in der Leipziger Straße in Wuppertal-Elberfeld stationiert war. Leiter des Exekutionskommandos war der Jurist und Kripobeamte Hauptsturmführer Theodor Goeke, damals 33 Jahre alt.

Bereits einen Tag später begann der Einmarsch der US-Truppen. Am 17. April wurde ihnen das Massaker gemeldet, zehn Tage später begann man mit der Exhumierung der Leichen. 40 namentlich bekannte NSDAP-Mitglieder wurden vernommen. Am 1. Mai wurden die Getöteten vor dem Rathaus in Solingen-Ohligs beigesetzt. 3.000 Menschen nahmen an der Trauerfeier teil. Zehn Jahre später wurden die Toten erneut exhumiert und an den Ort ihrer Hinrichtung verbracht, wo ein Mahnmal eingerichtet wurde, an dem die Städte Langenfeld, Leverkusen, Remscheid, Solingen und Wuppertal seitdem alljährlich im Wechsel Gedenkfeiern ausrichten. 2018 beteiligte Leichlingen 3 sich erstmalig an der Gestaltung der Gedenkstunde, die traditionell damit schließt, dass die Anwesenden das 1933 von Häftlingen des Konzentrationslagers Börgermoor geschaffene Widerstandslied »Die Moorsoldaten« singen.

Die Beteiligten an dem Massaker wurden nie zur Verantwortung gezogen. Der militärische Befehlshaber, Generalfeldmarschall Walter Model, erschoss sich am 21. April 1945, zwei Wochen vor der Gesamtkapitulation, unter einer Gruppe Eichen im Spee'schen Wald, zwischen Wedau und Lintorf unweit der Sechs-Seen-Platte. Das in der Geschichte dargestellte Attentat auf Model hat es wohl nicht gegeben, aber es wäre theoretisch möglich gewesen. Der Leiter des Exekutionskommandos, Theodor Goeke, tauchte unter und blieb verschollen.

Die Möglichkeit, dass er, wie in »Hygienische Maßnahmen« dargestellt, beim Abzug in der Hitdorfer Mühlenstraße ums Leben kam, ist nicht ganz aus der Luft gegriffen. Tatsächlich geriet dort ein Trupp deutscher Landser mit Pferd und Wagen in eine Tellerminenfalle, die eine deutsche Pioniereinheit kurz zuvor ebenda verlegt hatte. Die einmarschierenden Amerikaner, für die sie gedacht war, wurden von der Bevölkerung rechtzeitig gewarnt und machten einen Bogen um den verminten Straßenabschnitt.

Unter den Ermordeten war auch ein Adolf Führer, dessen Name die Absurdität der Freund-Feind-Vorstellungen der Nazis transportieren mag und der daher in der Geschichte genannt wird, ohne dass die hier beschriebene Figur außer in der Art des Todes eine Gemeinsamkeit mit dem realen Adolf Führer aufweist. Von diesem erzählt sein Großneffe Peter Fey, dass er in einem Interview mit einer niederländischen Zeitung über die menschenverachtenden Zustände in deutschen Konzentrationslagern berichtet habe. Für das Vergehen der »Schädigung des Ansehens des Deutschen Volkes« sei er daraufhin vom Volksgerichtshof zu acht Jahren Zuchthaus verurteilt und willkürlich für die Hinrichtung am Wenzelnberg ausgewählt worden.

KUNST ODER WEG?

Der Grat zwischen Kunst, Kitsch und Krempel ist schmal, aber entscheidend. Es gibt keine graduelle Annäherung, keinen Weg dorthin. Nur Kunst und Nicht-Kunst – also weg.

Der gemeine Bürger tut sich damit schwer. Am schwersten aber der gemeine Künstler. Ich weiß, wovon ich spreche. Ich bin einer. Dass wahre Kunst verkannt wird, ist ein Gemeinplatz. Ihr den Platz zu geben, der ihr gebührt, muss denen vorbehalten bleiben, die in der Lage sind, das eine vom anderen zu unterscheiden. Das ist nicht immer leicht. Aber Teil des Kunst-Werks. Auch eine Frage der künstlerischen Verantwortung. Ansgar hat mir in der Hinsicht die Augen geöffnet. Vielmehr die Tatsache, dass er sie schloss. Für immer. Mitten in der Sitzung. Er war aufgestanden und hatte eine flammende Rede gehalten. Eine wichtige Rede. Eine längst überfällige. Ich meine, wir saßen nun schon 30 Jahre im Bunker **92**. Klar hatten wir immer wieder Versuche unternommen, die da draußen auf uns aufmerksam zu machen. Aber wir stießen doch nur gegen Betonwände. Gelegentlich verirrte sich ein Lokalreporter in unsere heiligen Hallen. Wenn wir einen Tag der offenen Tür oder eine Vernissage veranstalteten. Dann stand wieder irgendein Stuss in der Zeitung, der grundsätzlich die Versatzstücke »mutig«, »gewagt« und »interessant« enthielt und zwei, drei Mutige veranlasste, sich über unsere Schwelle zu trauen und Interesse zu heucheln, um ein paar Gläser Sekt und Salzstangen abzugreifen, die Ateliers vollzukrümeln und einen Haufen Spül zu hinterlassen. Außer Spesen nichts gewesen. Nein, Ansgar hatte vollkommen recht mit seiner Brandrede. Wie ausgebrannt er selbst war, bewies er stehenden Fußes, indem er aus den Latschen kippte. Mitten im Satz. »Raus!«, rief er. »Wir müssen raus …« Im selben Moment machte sein Herz wohl einen Satz oder setzte aus. Jedenfalls griff er sich an die Brust – zuerst dachte ich angesichts seiner Emphase noch: Will er den Tarzan markieren? Sich gorillamäßig auf den Thorax trommeln und »Jane, greif die Liane!« brüllen? Liane, die neben ihm stand, griff tatsächlich zu, als er umkippte, aber sie erwischte nur seinen Zopf. Und da der nicht nachgab und an seinem anderen Ende etwa 150 Kilo Noch-Lebendgewicht dem Ruf der Erdanziehungskraft folgten, während die spindeldürre Liane ihrem Namen alle Ehre machte, stürzte sie gleich mit. Ein symbolisches Bild. Ansgar und Liane waren tatsächlich gelegentlich gemeinsam in die Kiste gesprungen. Geplumpst wohl eher, was Ansgar anging.

Diesmal war für ihn tatsächlich Schicht im Schacht. Ehrensache, dass wir ihm die letzte Kiste gestalteten. Wir hatten ja alle Gewerke unter uns: Axel, unser Holzbildhauer, schreinerte einen schlichten Sarg aus Schwemmholz. Ich schmiedete Beschläge und Tragegriffe aus Metallschrott. Liane ließ sich nicht lumpen, griff tief in die Textiltruhe und polsterte Ansgars Liegestatt in schrillen Farben aus, auf die diesen zu Lebzeiten keine zehn Pferde gekriegt hätten. Aber er hatte ja keine Augen mehr im Kopf. Zumindest keine Hornhäute. Der Notarzt, der Ansgars Tod bescheinigte, hatte den Organspendeausweis eingesackt und die sterblichen Überreste gleich mit. Hornhauttransplantationen sind heute Routineeingriffe.

Als wir Ansgar in den Sarg umbetteten, kam er uns verdächtig leicht vor. Offensichtlich hatten die Ärzte ganze Arbeit geleistet.

Die übrigen Kollegen waren bei der Gestaltung des Äußeren des Erdmöbels mit Farben und Applikationen nicht sparsam gewesen. Als ich das Ergebnis dieses gemeinsamen Bemühens sah, dämmerte mir, dass ein wie auch immer gearteter Aufbruch nicht vor den eigenen Leuten haltmachen durfte. Diese Art Kunst gehörte entsorgt. Was anderntags geschah. Mein Objekt des Anstoßes samt unserem Kumpel wurde verbuddelt. Immerhin die öffentlichkeitswirksamste Maßnahme seit Bestehen des Vereins. Halb Leverkusen gab ihm das letzte Geleit zum Steinbücheler Friedhof 93. Die andere Hälfte erfuhr es über Morgenzeitung und Lokalradio. Nie zuvor hatte Ansgar solche Publicity gehabt.

Nur ein toter Künstler ist ein guter Künstler.

»Aufbruch« lautete die fette Überschrift auf dem Anschlag, der anderntags bei der Vauvau – die Akronyme der Kollegen gemahnten an anschlagende kleine Kläffer – auf der Tür vor Ansgars Atelier klebte. Von seinem Vermächtnis war die Rede. Rausgehen! Nein, es ging nicht um das Rauchverbot im Bunker und neue Ascher im Eingang.

Punkt eins: Karlstraßenfest mit dem JTL 94 und Pentagon 95. Drei Wochen noch. Ulrich skizzierte Stationen auf einer Flipchart. Bierwagen, Bühne, Trödelstände – ob wir, um Publikum anzulocken, vor unserem Eingang nicht einen Waffelverkaufsstand? Axel und Liane klopften auf Holz. Helga schnipste wie ein Grundschulkind: Sie habe ein tolles Rezept. Von ihrer Oma. Mit Eierlikör.

»Habt ihr einen an der Waffel?«, vergewisserte ich mich. »Geht es um Kunst oder Bergische Kaffeetafel 96?«

»Stimmt!« Ulrich schlug sich an die Stirn und ergänzte auf der Flipchart mit Spiegelstrichen unter »Waffeln«: »Kaffee« und »Sahne«. Hinter eine geschweifte Klammer schrieb er: »Helga«. Der Stand stand also. Weitere Dienste wurden verteilt: Schilder malen, Nüsschen – statt krümeliger Salzstangen – kaufen, Getränkeausschank, Spülen, Aufräumen. Ulrich als Fotograf – er bestand auf »Fotokünstler«, »Graf« sei aristokratisch und reaktionär – wollte Polaroids von Besuchern fertigen. Vor Kunstwerken ihrer Wahl. Allgemeines Tischgetrommel: tolle Werbetrommel!

»Selfiescheiß auf Vorsintflutlich!«, warf ich ein.

Lianes Kopf zuckte herum. »Flutlicht!«, rief sie. »Wir brauchen Bauscheinwerfer zum Ausleuchten! Übernimmst du das, Alfred?«

Ehe ich protestieren konnte, hatte Ulrich »Scheinwerfer« und »Alf« notiert. Besser als Sektgläser polieren, dachte ich. Noch lieber hätte ich Ulrich die Fresse poliert. Aber der Gedanke an Ansgar hielt mich zurück. Die Einschläge hatten den Bunker erreicht. Ansgar war nur die Vorhut gewesen. Altersschwerhörigkeit grassierte. Was kam als Nächstes? Kaffeefahrten und Rheumadecken?

»Okay, Tagesordnungspunkt zwo«, sagte Ulrich. »Exkursionen. Dazu wollte Anne etwas sagen.«

Anne holte weit aus. Rausgehen, ja. Aber das müsse man im übertragenen Sinne verstehen. Es gehe nicht darum, dass wir unsere Kunst zu Markte trügen. Sondern um Öffnung auch im schöpferischen Sinne. Wir sollten uns anderen Künsten öffnen, Synergien suchen, Inspiration finden. Das sei es doch, was Ansgar gemeint hätte – und was wir ihm gewissermaßen schuldig seien.

Schuldig? Was war da an mir vorbeigegangen? War Ansgar zum Märtyrer mutiert?

Und deshalb, fuhr Anne fort, sollten wir – jeder Einzelne – uns einen Ort suchen, wo wir dann alle zusammen hinfahren würden, um uns neue Anregungen zu holen. Und zwar *miteinander*. Wieso sie ausgerechnet mich an der Stelle fixierte, erschloss sich mir nicht.

Alle nickten. Andächtige Stille breitete sich aus.

»Ach, Ansgar!« In Lianes Augen blitzte es verdächtig. Axel legte den Arm um ihre Schultern. Offensichtlich willig, Ansgars Vermächtnis in jeglicher Hinsicht anzutreten. Liane schmiegte sich nicht weniger willig an ihn und schniefte in seine Achselhöhle.

Helga schnipste. »Die Villa Zanders 97!«, rief sie. »Ich mache einen Termin! Gleich nach dem Karlstraßenfest!«

Immerhin räumten alle zusammen in den nächsten drei Wochen gründlich auf. Ansgars Atelier wurde zum Gemeinschaftsraum umfunktioniert. Die Witwe wollte seine Ölschinken nicht haben. Also hing Ansgar weiter an der Wand und hatte Teil am Bunkerleben. Zumindest verkündete Liane das. Was dazu führte, dass Axel die Tür zwischen Ansgars und seiner Werkstatt abschloss und zweifach verriegelte, wenn sie bei ihm war.

Das Fest untertraf meine schlimmsten Befürchtungen. Als es losging, war erst nichts los, weil es nieselte. Dann kam die Sonne heraus und im Nullkommanichts kroch alles aus den Löchern. Kinder kreischten, Musiker drehten Verstärker auf, Menschen grölten. Waffelgeruch waberte durch den Bunker. Kaum stand jemand im Eingang, Waffel in der Hand, stürzte Ulrich herbei, Waffe im Anschlag – so wirkte es jedenfalls, wenn er mit der Polaroid auf die Besucher zielte und sie aufforderte hereinzukommen. Die Menschen zogen Schultern, wahlweise Augenbrauen hoch und flüchteten. Angst oder Arroganz – egal. Kunst hatte keine Chance gegen Kommerz.

Dann kam die Frau mit der Flüstertüte. Sie war Regisseurin am JTL. Ein Haufen junger Menschen, Möchtegernschauspieler in idiotischen Kostümen, scharte sich flugs um sie, feixend und Faxen machend. Die Frau gab über das Megafon Anweisungen, was die Schauspieler tun sollten. Laut Programm nannte sich das Improtheater. Es schien eher eine Art Echotheater zu sein. Die Frau schrie in die Tüte, was die Jugendlichen tun und sagen sollten, und die wiederholten ihre Worte kreischend und hampelten herum. Zum Glück gab es irgendwann eine Pause, die Frau legte das Megafon ab, alles eilte zum JTL, um etwas zu trinken. Als die Truppe nach einer Viertelstunde wiederkam, griff die Regisseurin nach dem Gerät, setzte es an, schrie etwas, stutzte, ließ das Megafon sinken, fummelte daran herum, zeigte es ihrem Ensemble, es ging von Hand zu Hand, alle schüttelten den Kopf. Die Frau sah sich um und steuerte mit der Flüstertüte den Waffelstand an.

»Hallo«, sagte sie und hielt das Ding anklagend hoch. »Jemand bei euch, der schweißen kann?«

Helga kicherte und wies mit dem Daumen auf mich.

Sie streckte mir die Tüte entgegen.

»Ups«, sagte ich.

»Hast *du* das gemacht?«, fragte die Regisseurin.

Ich grinste. »Warum sollte ich?«

»Weil du ein Arsch bist?«

Ich grinste breiter. »Was gibt das hier? Impotheater?«

Sie funkelte mich an.

»Ich sammele Schrott«, sagte ich. »Lass es hier. Ich mach was draus.«

Sie schmiss mir das gute Stück vor die Füße. Den zweiten Teil des Improstücks schmiss die Truppe zwar ebenfalls, aber auch ohne Megafonie blieb der Geräuschpegel bis zum späten Abend unerträglich. Der Mob tobte vor dem Bunker. Drinnen möbelten sich die Künstler unter Zuhilfenahme des Besuchersekts auf.

Helga war als Einzige begeistert. Man riss ihr die Eierlikörwaffeln nur so aus den Händen. Dass sich niemand für die Aquarelle in ihrem Atelier interessierte, ignorierte sie geflissentlich. Und buchte für die nächste Woche eine Führung durch die Villa Zanders.

Wir fuhren mit zwei Autos zu dem ehemaligen Industriellensitz nach Bergisch Gladbach. Als ich neben Ulrich auf das klassizistische Gebäude zuschritt, konnte ich mir ein: »Kunst kann auch feudal, nicht wahr, Herr Graf?«, nicht verkneifen. Er schnaubte, hielt aber die Klappe.

Irgendwas mit der Buchung hatte leider nicht geklappt. Eine Doppelung. Unsere Führerin sollte zeitgleich eine Kindergeburtstagsführung vornehmen. Vornehme Umschreibung für ein Krakeelevent, im Verlaufe dessen die Kinder großflächige Krakeleien auf Papierbahnen anfertigten und die Hordenführerin zur Feier ihres Jahrestags zur »Museumsdirektorin« ernannt wurde. Man bot uns zur Entschädigung an, von dem Geburtstagsbuffet zu essen. Helga war entzückt: Es gab Waffeln. Liane, Axel, Ulrich und Sören – unser Grafiker, Bilderbuchillustrator und Collagenkünstler – trösteten sich mit Würstchen. Nur mir war die Panne alles andere als wurst. Ich setzte mich ab und streifte allein durch die aktuelle Ausstellung, die mich auch nicht vom Hocker riss. Eine David-Hockney-Review mit dem Titel »60 years of sex, sun and seismic shocks«. Vielleicht sollte Kunst tatsächlich wieder mehr auf Schockelemente setzen?

Im Gang traf ich das Geburtstagsgör, das mit einem Farbtopf unterwegs war. Es stellte ihn vor der Damentoilette ab und verschwand hinter der Tür.

Ich war längst wieder draußen angekommen, als das Kind kreischend näher torkelte. Einige schienen den Auftritt als Teil des Happenings zu verstehen, Handys wurden gezückt, Fotos geschossen, auf denen allerdings nicht viel zu erkennen sein konnte angesichts der gelben Farbschicht, mit der das Balg überzogen war. Die Mutter rannte ihrer Tochter entgegen, wollte ihr die Augen öffnen, tupfte mit einem Taschentuch an ihr herum, erreichte das Gegenteil. Die »Museumsdirektorin« plärrte, jemand hätte ihr von hinten … – und jaulte, weil die Mutter nicht aufhörte an ihr herumzuwischen. Die Umstehenden kämpften mit Lachanfällen, zwei weitere Mädchen fingen an zu kreischen, die Geburtstagsmutter schrie nach Notarzt und Polizei, die Führerin war in Schockstarre verfallen.

»Wollen wir?«, fragte ich. »Den Hockney könnt ihr euch schenken.«

Die anderen hatten genug gegessen. Wir brachen auf.

Als wir ins Auto stiegen, streifte Ulrichs Blick meine Rechte, mit der ich den Gurt über die Diagonale zog. »Sieh bloß zu, dass da keine Farbe drankommt!«, ranzte er.

Ha! Das sind die wahren Spießer! Sich über vermeintlich aristokratische Berufsbezeichnungen echauffieren, aber »My car is my castle« schreien.

Ich hielt trotzdem lieber die Klappe.

Der nächste Ausflug war Ulrichs Ding. Das Papiermuseum Alte Dombach **98**. Neidlos musste ich anerkennen: Er hatte sich gründlich vorbereitet. War extra vorher dort gewesen und hatte – inspiriert von Ansgars Ableben – eine Führung gebucht, die die Rolle des Papiers bei rituellen Handlungen in den Fokus nahm. Unterwegs bat er mich, ich möge die Sonnenblende herunterklappen, er habe die

Visitenkarte unseres Führers in den Schlitz geschoben und seinen Namen vergessen.

Ich tastete und zog etwas heraus. Es war das Kärtchen, in einen 50-Euro-Schein eingeschlagen. Spottete: »Dein Parkuhrmünzen-Wechselgeld?«

Er grunzte etwas von wegen, er hätte das Honorar für den Führer gleich passend zurechtgelegt. Bat, ich möge alles einstecken, er käme gerade schlecht an sein Portemonnaie. Ich schob den Schein samt Visitenkarte in meine Brusttasche.

»Müller«, sagte ich. »Dr. Egon Müller.«

Dr. Egon Müller erwartete uns bereits. In der Ausstellung ging es um China. Die Chinesen hätten nicht nur das Pulver erfunden, sondern auch Druckkunst und Papier. Handwerkliche Grundlage vieler Künste, wie Ulrich betonte. Aber es diente eben auch spirituellen Zwecken. In der Annahme, dass Verstorbene in einer jenseitigen Welt mit irdischen Gütern zwar nichts mehr anfangen könnten, aber doch noch daran hingen, und in der Hoffnung, sie gnädig zu stimmen, sodass sie positiven Einfluss auf das Schicksal der Hinterbliebenen nähmen – also durchaus schlitzäugig gedacht –, verbrennten die Asiaten bedrucktes Papier. Geldscheine zum Beispiel, falsche Fuffziger, reiner Schein. Oder Faltpapierobjekte wie Häuser, Autos, Smartphones oder andere Statussymbole bis hin zu bevorzugten Speisen der Toten, Obst oder Lieblingsgemüse. Akribisch gestaltete Nachbildungen, die sie von einer Sekunde auf die andere verpuffen ließen.

Wir sollten mit einer simplen Serviettenfalttechnik eine Blume oder ein Fantasieobjekt herstellen, um es Ansgar ins Jenseits hinterherzuschicken. Mit welchem Eifer die Kollegen sich ans Werk machten! Ich begann, Sörens vorwitzige Zunge zu fotografieren, die wie ein hospitalistischer Tiger zwischen den Lippen hin und her fuhr, während er sich konzentrierte. Am Ende war ich der Einzige, der nichts gebastelt, aber Künstler at work gebannt hatte.

Dr. Müller führte uns zu einer Feuerschale, in der es lustig fackelte. Ulrich sagte: »Schließt die Augen. Wir denken an Ansgar. Dann übergeben wir ihm unsere Geschenke.« Alle hoben die Papierobjekte hoch und senkten die Lider. Lächerliches Spektakel! Aber irgendwie war es mir plötzlich peinlich, dass ich nichts hatte. Die Visitenkarte fiel mir ein. Ich zog sie hastig heraus und warf sie ins Feuer, just als Ulrich die Augen wieder öffnete. Mit dem Kärtchen flatterte etwas Braunes durch die Luft, das sich entfaltete, in der Gluthitze kurz hochwirbelte, die Ziffer 50 offenbarte, bevor es im Flammenofen verschwand.

»Ups!«, sagte ich. »Der falsche Fuffzi…« Ich brachte den Satz lieber nicht zu Ende. Spießer haben keinen Humor. Bei der Heimfahrt saß ich in Lianes Galaxy auf der zweiten Rückbank. Nach einer langen Diskussion, ob alle zusammenlegen sollten, um Ulrich den Fuffi zu ersetzen, weil ich gar nicht einsah, jemanden dafür zu bezahlen, dass er sein Geld so bescheuert aufbewahrte. Am Ende blieb er auf der ganzen Summe sitzen, weil er noch nicht mal bereit war, einen Eigenanteil zu übernehmen.

Das muss wohl der Moment gewesen sein, in dem die Stimmung kippte.

Axels Idee war es, bildende Kunst mit Klängen zu verbinden. Er hatte früher schon gelegentlich hölzerne Schlag-, Blas- und Zupfinstrumente aus Wurzel- oder Bauholz gefertigt. Jetzt wollte er uns Musik nahebringen. Nicht irgendwelche. Avantgardistische. Stockhausen.

Wir fuhren nach Kürten 99. Ich saß bei Liane ganz hinten. Da Ulrich nicht mehr mit mir sprach, hatte ich gar nicht erst gefragt. Mich überhaupt zurückgehalten. Angefangen an etwas zu arbeiten, das mir am Herzen lag. Etwas Großem. Der Gedanke war mir an Ansgars Grab gekommen. Mit Blick auf die Stahlskulptur von Bernhard Guski. Ich war noch einmal dagewesen und hatte sie ausgemessen. Vier Meter hoch, zwei Meter 40 breit, 40 tief. Ein Kreuz, in dessen Schatten Ansgar nun lag. Ansgar, der Abtrünnige. Wer hatte auch damit rechnen können, dass er den Löffel abgeben würde? Es gab kein Testament. Seine Frau war katholisch. Ihm konnte es egal sein, klar. Mir nicht.

Stockhausen war für mich ein ähnliches Kreuz wie die Kirche. Keine Überzeugungs-, sondern eine Geschmacksfrage. Ich fand ihn … – nun gut, Kunst fordert reflektierte Menschen, keine Reflexreaktionen. Daher hatte ich Hoffnung. Die sich bei unserer Ankunft schnell zerschlug. Die Werkeinführung: viel Theorie. Der Verzicht auf Themen und Motive erschloss sich mir nicht, vielleicht war ich an der Stelle gerade weggenickt. Die Hörproben: Meine Zehennägel kräuselten sich. Dann praktische Übungen. Um es kurz zu machen: Meine Zehennägel nahmen Schillerlockenformat an, als ich Axels verklärten Gesichtsausdruck sah. Mein Frust fand ein Ziel. Doppelt motiviert. Dieser Idiot war schuld, dass wir hier waren. Und fand das auch noch gut!

Er hatte gerade die Kopfhörer übergestreift. Ich stand neben dem Synthesizer. Da hab ich ihm den Stockhausen gemacht. Ich meine, der Mann steht ja auf schrille Töne. Ist halt nicht jedermanns Sache. Axels jedenfalls nicht. Der fiel um wie vom Blitz getroffen. Mein »Ups!« drang nicht mehr zu ihm durch. Ich möchte behaupten, dass ich letzten Endes im Sinne aller gehandelt habe. Es war nicht wirklich etwas passiert. Axel kam wieder zu sich. Gut, der Tinnitus wird wohl bleiben. Aber das ist ja auch eine Sache der Veranlagung. Und der Psychohygiene.

Wir waren jedenfalls kaum eine halbe Stunde später auf dem Heimweg. Keiner sagte etwas. Die Erschöpfung, die aus den Mienen sprach, bestätigte, dass ich im richtigen Moment die Reißleine gezogen hatte. Axel hatte sich an dem Tag keine Freunde gemacht.

Dass unsere Kommunikation seitdem stockte, lag wohl daran, dass er nicht mehr mitkriegte, wenn ich ihn etwas fragte. Zu viel Stockhausen kann zu Verstocktheit führen.

Anne war die Nächste. Als Glasmalerin hatte sie sich – na, was? – ausgesucht? Den Altenberger Dom 100. Glas stehe ich durchaus nahe. Glas braucht Metall. Metall kommt auch alleine klar. Mit Domen hab ich zwar nichts zu tun, aber es hängt ja auch immer Geschichte dran, die spannend sein kann. Kann. Weil Anne selbst die Führung machte, ging es nur um Glas. Fenster. Simples Fensterglas, durch Bleistege – Metall! – zu ornamentalen Mustern zusammengefügt. Wozu Klarglas inspirieren sollte, war keinem so recht klar. Die Bleifassung war doch das einzig Künstlerische daran! Und dann der Hype darum: Ende des 19. Jahrhunderts sollten die Fenster restauriert werden, das Glas wurde herausgenommen und verschwand. Ein Teil zumindest. 70 Jahre später tauchte eine Kiste mit den verschollenen Scheiben wieder auf. Im Düsseldorfer Kunstmuseum. Die Scherben in Zigarrenkisten, in uralte Zeitungen eingeschlagen, größtenteils zersplittert, die untersten zu Glasstaub zermahlen. Man habe Jahre gebraucht, um die Mikro-Bruchstücke wieder zusammenzufügen und die wertvollen Fenster zu restaurieren.

»Wieso tut man sich so eine Frickelei an?«, fragte ich.

Anne zischte: »Hallo? Fensterglas aus dem 13. und 14. Jahrhundert!«

»Kapott is kapott.« In manchen Momenten mag ich den rheinischen Dialekt. Er ist so pragmatisch-prosaisch. »Du meinst, dass so ein zusammengefriemeltes Fenster künstlerisch wertvoller ist als eins, bei dem die Scherben 700 Jahre später sauber geschnitten und eingefügt wurden?«

»Hunderttausendmal!«, fauchte Anne.

Als ich anderntags – »Ups!« – eine Metallplatte vor Annes Glasvorräten fallen ließ, konnte sie sich rein gar nicht mehr erinnern, wie wertvoll so ein Scherbenhaufen sein konnte. Kein Splitterchen Humor!

Die albernste Aktion aber bot Sören. Dieser ganze Fortbildungsfake diente doch keinem anderen Zweck, als die eigene künstlerische Kacke zu adeln. Sören hatte zuletzt einigen Erfolg mit einer Kinderbuchwühlmaus namens Gabi Grabinski gehabt. Sie buddelt sich durch die Botanik und stößt auf allerlei Blödsinn. Daher schleppte er uns zum Gut Eichthal **101** in Overath. Zu einer Archäologiewerkstatt. Auch hier wieder das gleiche Konzept: allerhand Theorie, dann praktische Übungen. Zur Abwechslung wieder mit Ansgar-Bezug durch die Brust ins Auge: Märtyrer im Bunker. Der Mönch Simeon hatte sich Anfang des ersten Jahrtausends in der Porta Nigra einmauern lassen. Nach ein paar Jahren bereits das Coming-out – mit Ansgars Worten: »Raus!« Die Überreste des Asketen wurden ausgebuddelt, er heiliggesprochen und mit seinen Knochen ein schwunghafter Reliquienhandel begonnen. Jetzt kommt's: Der Trierer Erzbischof, der die Heiligsprechung beim Papa in Rom bewirkte, hieß Poppo! Während wir im Workshop den fachgerechten Umgang mit archäologischem Fundmaterial übten, gärte es in meinen Eingeweiden. Die besten

Inspirationen sind ja keine Kopfgeburten, sondern kommen aus dem Bauch. Noch am gleichen Abend wurde ich in unmittelbarer Nähe des Bunkers fündig. Ich bearbeitete meine Beute mit Bunsenbrenner, diversen Brat- und Backverfahren, bis sie eine Form und Konsistenz erreicht hatte, die keinen Hinweis mehr auf die ursprüngliche Beschaffenheit gaben. Dann deponierte ich sie in Sörens Atelier. Auf einer seiner Grafiken von Gabi Grabinski, die eben den Kopf aus der Erde reckte. Was lag näher, als dass die Wühlmaus einen archäologischen Fund aus der Erde zutage beförderte, indem sie ihn vor sich herschob? Nun thronte er wie ein Turban auf dem Köpfchen des niedlichen Nagers.

Sören porkelte tagelang an dem Objekt herum. Als er den Bodenschatz mithilfe eines befreundeten Bayer-Chemikers endlich bestimmen konnte, war seine Wut bodenlos. Zumal er mir nichts nachweisen konnte. Ihm genügte mein unter schallendem Gelächter abgesondertes »Ups!« und der Tipp, dass ein Kinderbuch, das sich mit einem solchen Thema auseinandersetzte, garantiert ein Bestseller würde.

»Wer sonst als du kann auf so eine Scheiß-Idee kommen?«, schäumte er.

Es wurde schweigsam um mich. Was mir durchaus gelegen kam, weil ich mit Feuereifer an der Vollendung meines Werks arbeitete. Ich würde es ihnen allen zeigen. Rausgehen. Kunst in die Öffentlichkeit. In Ansgars Sinne. In gebührendem Abstand zum Guski-Kreuz hatte ich am Hang des Friedhofs »Auf'm Berg« ein stählernes Fragezeichen errichtet. Eins, das jenes noch überragte: Fünf Meter hoch, zwei breit war das Gesamtmaß, 60 Zentimeter betrug das Innenmaß des geschwungenen Hohlkörpers. Der Gemeinde St. Nikolaus hatte ich es als Aufforderung, über das Wort Gottes nachzudenken, verkauft. Wer es als ein Infragestellen verstand, war selbst schuld. Macht nicht genau das Kunst aus, dass jeder sich denken kann, was er will?

Das Anbringen der letzten Stahlplatte hatte ich mir für den Moment vorbehalten, in dem ich mich den Kollegen offenbaren würde. Der letzte Arbeitstag vor Pfingstmontag, an dem die Skulptur feierlich eingeweiht werden sollte. Termin und Uhrzeit hatte ich ausgehängt und einen kleinen Transporter gemietet. Ich lud die Bunkerbewohner ein, hinter mir herzufahren. Dass ich das Schweißgerät im Laderaum verstaute und die Leiter auf dem Dach befestigte, waren natürlich Hinweise. Aber ich verriet kein Sterbenswörtchen. Wie auch? Mit mir sprach ja keiner. Ich fuhr los. Als ich den Wagen dicht an das monumentale Werk heranrangierte, stiegen alle aus dem Galaxy und machten große Augen. Ich fuhr die Leiter an dem Gerüst aus, lehnte die stählerne Verschlussplatte daran, holte das Schweißgerät und machte mich an den Aufstieg. Das Fragezeichen war perfekt. Oberhalb des Punkts, der als runde Tonne auf dem Boden auflag, ruhte das geschwungene umgekehrte S auf sechs Stahlstützen, die schlank genug waren, neben dem imposanten Hohlkörper optisch nicht aufzufallen, gleichzeitig aber kräftig genug, um den vermeintlich frei schwebenden geschwungenen Korpus zu tragen. Ein perfektes Kunstwerk, an dem nur noch das i-Tüpfelchen fehlte: das Anschweißen der Stahlplatte, die den Hohlkörper oben abschloss. Die Platte lag unten, am Fuß des Gerüsts. Neben meinen Künstlerkollegen, die immer noch Maulaffen feilhielten, wie es schien.

Sollte ich ihnen eine Chance geben?

»Ich brauch die Platte!«, rief ich nach unten.

Unten wurde gestikuliert. Liane und Helga machten abwehrende Gesten. Klar, die hatten schon im Bunkertreppenhaus ein Schwindelproblem. Die anderen hoben die Platte an, reichten sie herum. Anscheinend überlegten sie, wer sie wie tragen sollte. Wer sagt's denn?

Dann machten sie sich zu viert an den Aufstieg. Je zwei, die die Platte oben beziehungsweise unten festhielten. Umsichtig, aber umständlich. Das Ding war nicht so schwer, dass es nicht einer allein hätte schaffen können. Aber wenn es ihm entglitten wäre, hätte es aus einiger Höhe schon Schaden anrichten oder nehmen können. Sie kamen unendlich langsam voran. Egal. Ich genoss den Triumph, sie gemeinsam für mich schuften zu sehen. Endlich erreichten sie die Ebene, auf der ich stand. Ich hatte das Schweißgerät vor dem Loch, das es zu verschließen galt, in Anschlag gebracht und winkte energisch mit der freien Hand, um ihnen zu verstehen zu geben, dass sie sich gefälligst beeilen sollten. Sie machten keine Anstalten, näher zu kommen, senkten die Platte stattdessen ab, hielten sie an den vier Ecken. Ließen sie schwingen. Im ersten Moment überlegte ich noch, was das für ein albernes Ritual sein mochte. Ein Spiel? Dann verstand ich: Sie wollten sie mir zuwerfen! Sahen die Idioten denn nicht, dass ich nur eine Hand frei hatte? Wollten sie beweisen, wie stark sie waren und was für ein schlappes Würstchen ich wäre, wenn ich das Ding nicht locker aus dem Handgelenk auffing? Das alles zuckte mir innerhalb von Sekundenbruchteilen durch den Kopf. Schon sauste die Platte auf mich zu. Ich ließ den Schweißbrenner fallen und duckte mich zur Seite, stolperte halb in die Öffnung und spürte im gleichen Moment einen brutalen Stoß im Rücken, der meinem Sturz einen kräftigen Drall gab. Ich fiel vorwärts in das Fragezeichen, glitt mit so viel Schwung hinein, dass ich die erste Krümmung erreichte. Halb betäubt, wie ich war, gelang es mir nicht, die Vorwärtsbewegung abzubremsen. Das Gefälle beschleunigte den Abgang. Ich rutschte durch die erste und zweite Krümmung, landete polternd in der Basis und krachte mit dem Schädel gegen die untere Verschlussplatte.

Der stählerne Tunnel, der mich wie eine zu groß geratene Wurstpelle umgab, schien das Dröhnen in meinen Ohren tausendfach zu verstärken. Dennoch drangen durch die Wand neben mir Rufe. Frauenstimmen.

»Uuups!«, schrie eine.

»Was war das?«, die andere.

Von weit her, irgendwo oben, scholl es zurück: »Alf hat sich verpisst!«

Eine andere Stimme: »Der will das alleine durchziehen!«

Eine der Frauen – Liane, da war ich mir sicher – rief: »War ja klar! Los, worauf wartet ihr?«

Und Helga: »Ich hab Waffelteig vorbereitet!«

Die Zunge klebte mir am Gaumen. Alles drehte sich. Dieser Druck in der Kehle! Die Luft wurde knapp. Ich wollte schreien, bekam aber kaum ein Krächzen heraus. Dazu die plötzliche Panik: Ich lag bewegungsunfähig in einem stählernen Sarg. Vor Pfingstmontag würde mich keiner finden. Meine Sinne schwanden. Als ich schon fast weggeglitten war, hörte ich einen Motor starten. Worte wirbelten durch meinen Kopf: »Da kam plötzlich vom Himmel her ein Brausen, wie wenn ein heftiger Sturm daherfährt, und erfüllte das ganze Haus.«

Nur ein toter Künstler …

Ich verlor das Bewusstsein.

92 BUNKER

Auf Leverkusener Stadtgebiet sind viele Weltkriegsluftschutzbunker erhalten geblieben. Manche davon sind sehr augenfällig wie der von der B 8 gut sichtbare riesige rosa Hochbunker an der Carl-Duisberg-Straße in Wiesdorf oder der in der Dr.-August-Blank-Straße in Manfort 8. Aber es sind auch fast nicht mehr auffindbare darunter wie der Opladener »Fledermausbunker« – ein Stollen neben der »Himmelsleiter« genannten Treppe an der Wupper unterhalb der Villa Römer 54 und des Friedenberger Hofs 74 – sowie die denkmalpflegerische Rarität des Einmannbunkers auf dem Gelände der Neuen Bahnstadt 22 gegenüber der alten Feuerwache an der Werkstättenstraße 19.

Ebenfalls in Opladen wurde im Zweiten Weltkrieg der nahezu quadratische sechsgeschossige Hochbunker mit dem halbrund hervorragenden Aufzugsturm in der Karlstraße 9 neben dem langgestreckten dreigeschossigen Flachbunkertrakt in der Nummer 6 gebaut. Schlaue Konstruktion: Tarnung als Kirchenschiff, der katholischen Kirche St. Michael im Grundriss ganz ähnlich – von oben gesehen, dem Blickwinkel der feindlichen Flieger. Ein Satteldach über dem Quertrakt, ein Pultdach über dem Hochbunker und eine Natursteinverblendung der Fassaden sollten die Camouflage, der auch die stockwerksweise umlaufenden Gesimsbänder dienten, perfektionieren, wurden aufgrund der Kriegsereignisse aber nicht mehr verwirklicht. Seit 1988 steht die zivile Luftschutzbunkeranlage unter Denkmalschutz. Die Fenster zwischen den Gesimsbändern waren ein Zugeständnis an die neuen Mieter, die sie zu verschiedenen Zwecken nutzten – sozialen, künstlerischen und gewerblichen. So gab es eine Weile eine Fahrradwerkstatt und bis 2001 den Mädchentreff »MaBuKa« (Mädchentreff Bunker Karlstraße) 8, eine offene Einrichtung des Jugendamts, die für 15 Jahre in einem Container in Quettingen 26 untergebracht war, demnächst aber endlich ein eigenes Gebäude bekommen soll. Der langjährigste Mieter, der den Hochbunker mit eigenen Mitteln renovierte, ist der gemeinnützige Verein »Künstlerbunker Begegnungsstätte Karlstraße e. V.«, seit 1988 dort ansässig. Er richtete in dem Hochbunker elf Künstlerateliers ein, in denen mittlerweile mehr als 30 Bildhauer, Maler, Objektkünstler und Zeichner aus Leverkusen Raum für künstlerisches Schaffen und Ausstellungen fanden, darunter Namen wie Friedel Engstenberg, Winfried Gille, Helmut Hungerberg, Peter Kaczmarek, Ellen Loh-Bachmann, Peter Lorenz, Harry Plein, Alfred Prenzlow, Britta Reinhardt, Odo Rumpf, Michael Salge, Jutta Schmücking, Lüder Seedorf, Johannes Seibt, Bernd Wachtmeister und Rolf Wetter. Anfang 2017 entstand in Kooperation mit Kölner Kunstschaffenden aus Süd- und Mittelamerika eine Ausstellung, in die Ansätze vieler Kulturen einflossen und die eindrücklich zeigte, wie weltoffen es in einem Bunker zugehen kann. 2018 war das Thema der Gemeinschaftsausstellung »Keine Angst vor Schwarz« – mit ethnischen, experimentellen und kosmischen Implikationen.

Mit den Ateliers entstand ein Theater mit 50 Sitzplätzen, Proberäumen und Requisitenlager für die 1985 gegründete »Studiobühne«, eine Laienspieltruppe auf hohem Niveau unter der künstlerischen Leitung von Karin Staffe, die 2016 verstarb.

Der Künstlerbunker gehört zur KulturStadtLev, einer eigenbetriebsähnlichen kommunalen Einrichtung, die die vielfältigen Leverkusener Kulturaktivitäten unterstützt. Für den Betrieb sind die Künstler jedoch selbst verantwortlich.

In dem benachbarten Flachbunker hat das »Junge Theater Leverkusen« **94** eine Heimat gefunden.

Seit 2004 bietet die Stadt in Sachen Kunst ein großartiges Event: die Leverkusener Kunstnacht. Vom frühen Abend bis Mitternacht können Interessierte – zuletzt an die 17.000 – etwa 50 Galerien, Ateliers, Museen und andere Orte in ganz Leverkusen besuchen, die teilweise nur für eine Nacht Ausstellungen zeigen, oft flankiert von Lesungen, Musik und Kleinkunst. Um von einem zum anderen Veranstaltungsort zu gelangen, gibt es Shuttlebusse, in denen zahlreiche Künstler die Besucherinnen und Besucher der Kunstnacht unterwegs gut unterhalten. Die Leverkusener Kunstnacht findet jährlich Anfang Oktober statt.

93 STEINBÜCHELER FRIEDHOF

Der kleine Friedhof »Auf'm Berg« in Alt-Steinbüchel gehört zu den konfessionellen Friedhöfen Leverkusens und wird von der katholischen Gemeinde St. Nikolas unterhalten. Die Kirche St. Nikolas steht etwa einen Kilometer Luftlinie von dem Friedhof entfernt in Steinbüchel-Neuboddenberg an der Berliner Straße 173. Die neoromanische Backsteinbasilika entstand 1894 nach dem Entwurf des Kölner Architekten Krämer. Rechts und links neben dem Hauptportal befinden sich Ecktürmchen, der Hauptturm an der Ostseite ist 41 Meter hoch. Als Innenausstattung wurden aus der Vorgängerkirche drei Altäre, der Taufstein und ein Missionskreuz von 1788 übernommen. Die Kirche

St. Nikolaus wurde 1987 unter Denkmalschutz gestellt. Sie gilt als Wahrzeichen Steinbüchels.

Der Steinbücheler Friedhof steht katholischen wie evangelischen Christen gleichermaßen offen.

2013 wurde er um 160 Grabstellen erweitert und um das imposante Kreuz des Bildhauers Bernhard Guski aus Hückeswagen ergänzt. Die stählerne Skulptur hat die Maße 400 × 240 × 40 und besteht aus zwei kantigen Hohl-Elementen mit einer rechteckigen Kerbung, die nebeneinandergestellt ein ausgespartes Kreuz in der Mitte offenbaren.

In unmittelbarer Nachbarschaft des Friedhofs, Auf'm Berg 2, steht der Namensgeber der Ortschaft, das Haus Steinbüchel. 1150 fand es erstmals als Sitz des Ritters Konrad, Lehnsmann der Abtei Deutz, urkundliche Erwähnung. 1732 wurde das Herrenhaus mit der prächtigen Fachwerkfassade von Moritz von Droste zu Senden neu gebaut. Von 1820 an gehörte Steinbüchel zur Bürgermeisterei Schlebusch. Zuletzt betrieb die Bayer AG das Gut landwirtschaftlich. 1999 wurde der Hof, der aus einem Ensemble von drei Gebäuden besteht, in eine Anlage mit 26 Eigentumswohnungen umgebaut, musste aber 2010 bereits wieder saniert werden, weil der Holzwurm sich im Gebälk eingenistet hatte. Bei dem Haus befindet sich ein Erinnerungskreuz an die alte, 1894 abgebrochene Steinbücheler Pfarrkirche.

Steinbüchel ist als Leverkusener Wohngegend beliebt, weil es urbanes Leben samt kleiner Fußgängerzone mit Naturnähe verbindet – unter anderem in Form des Bürgerbuschs 26 und des nach der finnischen Partnerstadt Oulu benannten Sees, des früheren Ophovener Weihers; nicht zum Schwimmen, aber zum Angeln und Spazierengehen gern genutzt. – Hier denn auch der Hinweis auf weitere Partnerstädte Leverkusens: Bracknell in England,

Chinandega in Nicaragua, Ljubljana in Slowenien, Nazareth-Illit in Israel, Ratibor in Polen, Schwedt im Bundesland Brandenburg, Villeneuve d'Ascq in Frankreich und Wuxi in China.

94 JTL

Das Opladener 22 Junge Theater Leverkusen wurde 1998 gegründet durch den Schauspieler und Regisseur Bernd Vossen als Laientheater für junge Menschen, die sich auf einen Theaterberuf vorbereiten wollen. Als Vossen 2006 überraschend starb, übernahmen drei Regisseurinnen die Leitung, die vorher eng mit ihm zusammengearbeitet hatten: Petra Clemens, Claudia Sowa und Marion Bryx. Ehe das Junge Theater 2012 seine jetzige Heimat im Bunker 92 in der Karlstraße 9a fand, musste es mehrfach umziehen. Heute liegt die künstlerische Leitung in den Händen von Clemens und Sowa, unterstützt von vielen Lehrenden und Förderern, darunter Eltern von aktuellen und Ex-Schüler(inne)n. Unter den Dozent(inn)en sind viele Ehemalige, die gerne an das JTL zurückkommen und ihre Erfahrungen weitergeben. Das Ensemble erhält Unterricht in Schauspielgrundlagen, Atem-Stimme-Sprechen, Gesang, Dramaturgie- und Rolleninterpretation und anderen bühnenrelevanten Disziplinen. Schließlich werden hier nicht nur angehende Schauspieler(innen) ausgebildet, sondern die Absolvent(inn)en können weitere Bühnenberufe in den Bereichen Regie, Dramaturgie, Kostüm, Maske, Bühnenbild und Beleuchtung kennenlernen. Das größte Problem für die eigenen Inszenierungen ist die erfolgreiche Arbeit des JTL. Zwar werden bei jährlichen Vorsprechen immer neue Ensemblemitglieder gewonnen, aber oft bricht ein Teil davon noch während der laufenden Saison wieder weg, weil er an einer der renommierten staatlichen Hochschulen angenommen wurde. 2016 belegten Ex-JTLer 13 von rund 170 Ausbildungsplätzen im deutschsprachigen Raum – eine tolle Erfolgsquote, die zur Folge hat, dass sich beim Vorsprechen mittlerweile nicht mehr nur Jugendliche aus Leverkusen, sondern aus Gemeinden im Umkreis von 150 Kilometern bewerben. Ende 2016 nannte der Leverkusener Anzeiger einige Beispiele von den circa 100 erfolgreichen Absolventen, die bisher in ihrem Traumberuf angekommen sind: Marc Rentmeister (heute als Schauspieler, Dramaturg und Regisseur im ganzen Land unterwegs), Serkan Kaya (seit Jahren als Udo-Lindenberg-Double in dessen Musical »Hinterm Horizont« in Berlin und Hamburg vor Hunderttausenden von Zuschauern), Katharina Lorenz (als Schauspielinstitution am Wiener Burgtheater), die Brüder Timon (Theater Plauen, heute Landestheater Schleswig-Holstein) und Julius Schleheck (Westfälisches Landestheater), Philipp Arnold (Deutsches Theater Berlin), René Schwittay (Hans-Otto-Theater Potsdam, »Tatort«), Marc Lamberty (als »Che Guevara« im Musical »Evita«, Auftritt in der Oper Graz) und Lisa Graf (Hamburger Schauspielhaus).

Neben der Ausbildung des eigenen Ensembles bietet das JTL in Zusammenarbeit mit Schulen und Jugendkunstgruppen Schauspielkurse, Exkursionen und Auftritte auf anderen Bühnen. Das Programm des JTL zeigt nicht nur eigene Produktionen, sondern viele Gastspiele.

Das größte Geheimnis bei allen Erfolgen bleibt die Frage, mit welchen Mitteln der Betrieb des JTL aufrechterhalten wird. Bei einem Förderbeitrag von jährlich 45.000 Euro für die gesamte freie Kunstszene bleibt für die einzelne Einrichtung nur ein Tropfen auf den heißen Stein.

95 PENTAGON

Als weiteres Beispiel einer Opladener 22 Szenekneipe soll das Pentagon in der Karlstraße 22 Erwähnung finden, weil es für weit mehr als Bier und Kurze steht. Es ist Sitz des 1988 gegründeten Kulturfördervereins Lev. e. V. »Szene OP« und versteht sich als Mittler zwischen der Opladener Kulturszene und dem Kulturamt der Stadt Leverkusen. Außerdem ist es Förderer der Kleinkunst vor Ort, unter anderem durch das jährliche Karlstraßenfest, bei dem Anwohner und ansässige Künstler aus dem Künstlerbunker 92 und dem JTL 94, aber auch andere Künstler und Musiker gemeinsam feiern und von mittags bis spätabends Livemusik und Liveauftritte stattfinden. Daneben werden Rockfeste in der Opladener Stadthalle und im Forum 60 organisiert. In der Kneipe selbst finden Lesungen und Kabarettauftritte statt.

96 BERGISCHE KAFFEETAFEL

Um 1870 herum wurde der Begriff »Bergische Kaffeetafel« zum ersten Mal dokumentiert. Was genau dazugehört, ist nicht streng definiert. Entscheidend ist: möglichst viel und von allem etwas. Ein Ausdruck bergischer Herzlichkeit und Gastfreundschaft. »Koffeedrenken mit allem Droem un Dran«, Kaffeetrinken mit allem Drum und Dran, von süß bis herzhaft. Zentrales Requisit ist auf jeden Fall die Kranenkanne: eine bauchige, meist zinnerne Kaffeekanne mit drei Füßen (später einem) und mit einem oder mehreren Zapfkränchen. Da die sich oft nicht ganz zudrehen ließen, wurde die Kanne »Dröppelminna« genannt, von »tröpfeln« und »Minna« als verbreitetem Namen für »Wilhelmine«, wie viele Hausmädchen hießen oder genannt wurden. Damit der Inhalt warm blieb, konnte ihr auch ein

Stövchen untergestellt werden. Zum Kaffee werden Waffeln mit heißen Kirschen und Sahne, Hefeblatz, Rosinenweißbrot und süße Aufstriche, Milchreis mit Zimt und Zucker, Kuchen, Plätzchen, Krapfen, Brezeln, Grau- und Schwarzbrot oder Pumpernickel, Eierspeisen, Käse, Wurst oder Schinken gereicht. Damit das Ganze gut verdaulich bleibt, sollte etwas Hochprozentiges nicht fehlen: Branntwein, Bergischer Korn, für gemäßigte Genießer darf es auch ein Likörchen sein.

Klassische Stärkung für Ausflügler; Städter, die im Bergischen einen Wandertag im Grünen eingelegt haben.

97 VILLA ZANDERS

Das Kunstmuseum Villa Zanders gibt es erst seit 1974. Das Haus ist exakt 100 Jahre älter und wurde von dem Architekten Hermann Otto Pflaume für Maria Zanders, die Witwe des Papierfabrikanten Carl Richard Zanders (1826–1870), gebaut. Maria Zanders unterhielt einen Salon, in dem Künstler, Musiker und andere illustre Zeitgenossen verkehrten. Sie pflegte aber nicht nur im eigenen Hause Kunst und Kultur, sondern förderte auch öffentlich Musik und bildende Kunst. Nach ihrem Tod ging das Haus an ihren Sohn, zuletzt bewohnte dessen Witwe es, bevor sie die Gründerzeitvilla samt umgebendem Park 1932 an den Rheinisch-Bergischen Kreis veräußerte. Schließlich ging es in den Besitz der Stadt Bergisch Gladbach über, dem es lange als Verwaltungssitz diente. Heute bietet es unterschiedliche Kunst – nach Etagen getrennt: Im Untergeschoss wird spätromantische Malerei der Düsseldorfer Malerschule aus dem Ende des 18. Jahrhunderts ausgestellt, die beiden oberen Etagen sind für Wechselausstellungen vorgesehen, sowohl mit Werken jüngerer Künstler als auch Klassikern.

Eine Besonderheit ist die hauseigene Sammlung von Papier als künstlerischem Medium, die 300 Exemplare umfasst. Außerdem gibt es eine Artothek mit über tausend Kunstobjekten zum Ausleihen.

Archäologische Funde belegen, dass die Stelle, wo sich heute Bergisch Gladbach befindet, bereits um 300 n. Chr. besiedelt gewesen sein muss. 1271 wurde »Gladebag« urkundlich erwähnt. 1572 traten zum ersten Mal reformierte Papiermacher auf, die die Tradition der Stadt als Zentrum der Papierherstellung begründeten. In Hinsicht auf die Religion blieb der Katholizismus – wie fast überall im Rheinland – vorherrschend. 1856 erhielt der Ort Stadtrechte. Ab 1863 wurde der Namenszusatz »Bergisch« ergänzt, um die Stadt von »München-Gladbach«, später »Mönchengladbach«, zu unterscheiden. Bergisch Gladbach wurde durch die Gebietsreform und die Fusion mit Bensberg und Schildgen 1975 schließlich zur Großstadt mit über 100.000 Einwohnern.

Bedeutendste Sehenswürdigkeiten der Stadt sind neben der Villa Zanders vor allem das Rathaus im Stadtteil Bensberg, das nach einem Entwurf des Architekten Gottfried Böhm in die alte Burganlage integriert wurde und im Volksmund »Affenfelsen« genannt wird. Neben dem Bensberger Schloss **79**, in dessen Restaurant Vendôme Joachim Wissler kocht, ist außerdem Schloss Lerbach zu nennen, das mit seinen Dreisterneköchen Dieter Müller und Nils Henkel bis 2011 dafür sorgte, dass Bergisch Gladbach neben Baiersbronn der einzige Ort in Deutschland mit zwei Dreisternerestaurants war. 2015 wurde der Betrieb im Schlosshotel Lerbach eingestellt, seitdem wird es von der Eigentümerfamilie von Siemens renoviert, um es einem neuen Pächter schlüsselfertig übergeben zu können.

98 PAPIERMUSEUM ALTE DOMBACH

Im LVR-Museum Alte Dombach, dem größten Papiermuseum Deutschlands, können Besucher erleben, wie im 19. Jahrhundert Papier hergestellt wurde: mit Mühlrad, Lumpenstampfwerk und Maschine. Diese stammt aus dem Jahr 1889, ist beeindruckende 40 Meter lang und fünf Meter hoch. 1614 wurde die Papiermühle gegründet. 1987 übergab die Bergisch Gladbacher Zanders Feinpapiere AG und die J.W. Zanders KG die Anlage dem Landschaftsverband Rheinland, der dort Interessierten heute nicht nur die Geschichte der Papierproduktion erzählt, sondern auch den seit 1900 explosionsartig angestiegenen Papierverbrauch, seine Ursachen und Folgen für die Umwelt in eindrucksvoller Weise darstellt.

Im Außengelände finden sich weitere historische Maschinen und ein kleines Arbeiterhaus, das die Wohnbedingungen der dort beschäftigten Familien veranschaulicht. Außerdem können Kinder sich auf einem Themenspielplatz austoben, auf dem alle Geräte etwas mit der Papierherstellung zu tun haben: Es gibt ein Mühlrad, ein großes Spielhaus für die »Arbeiter«, eine Wasserspielanlage mit Sandtransportbahn und einem lauffähigen kleinen Mühlrad, einen Matschbereich – neben Hängematte und Reckstangen. In einem Schaugarten lernt man Pflanzen kennen, deren Fasern zu einer breiigen Grundsubstanz für Papier verarbeitet werden.

Da die Anlage mitten im Wald liegt, kann man ihren Besuch wunderbar verbinden mit einer Tour auf einem der zahlreichen Wanderwege für Familien, Gruppen, Radler oder Hardcorewalker.

99 KÜRTEN

Das heutige Stadtgebiet der Gemeinde Kürten könnte zwischen 700 und 800 besiedelt worden sein. Der erste urkundliche Nachweis eines Kirchdorfs Kürten ist datiert auf 1308, dort ist von »Curtine« die Rede, was auf das mittellateinische »curtis« für »Hof«, »Fronhof« oder »Hofstelle« zurückzuführen ist. Es liegt also nahe, dass hier ein Herrenhof existierte. Aus der vornapoleonischen Zeit finden sich jedoch fast keine schriftlichen Zeugnisse. Seit dem 9. Jahrhundert muss es eine Pfarrgemeinde unter der Kirche St. Johannes Baptist gegeben haben. Die heutige Kirche zeigt einen romanischen Turm neben einem neoklassizistischen Hauptschiff und modernem Chorraum sowie Seitenschiff. Weitere vorwiegend katholische Gotteshäuser stehen in Weiden, Bechen, Olpe, Dürscheid und Biesfeld. Die Teilorte Kürten, Bechen und Olpe, unter wechselnden Herrschaftsverhältnissen in unterschiedlichen Konstellationen zusammengefügt, bilden seit 1975 die Flächengemeinde Kürten. Seit 1997 fanden in Kürten zunächst jährlich, später alle zwei Jahre im Sommer die international besetzten »Stockhausen-Kurse und -Konzerte« statt. Seit 2010 trägt der Ort den Zusatz »Stockhausen-Gemeinde«. Karlheinz Stockhausen (1928–2007) – einer der bedeutendsten, aber auch umstrittensten Komponisten des 20. Jahrhunderts – hatte von 1965 bis zu seinem Tod in Kürten gelebt. Er war ein Wegbereiter elektronischer Musik und akustischer Klangwerke, beeinflusste Rock- und Pop-Musiker wie John Lennon, Frank Zappa und David Bowie. Seine eigene Musik war alles andere als massenkompatibel, wurde schon mal als anstrengend, elitär und verschroben kritisiert. Die Stockhausen-Stiftung für Musik kümmert sich um seinen Nachlass, macht ihn wissenschaftlicher Forschung zugänglich und fördert musikalische Entwicklung auf der Grundlage seines künstlerischen Werks.

Wer mit Stockhausen nichts am Hut hat, mag sich von einem anderen Sound verführen lassen: Das Kürtener Freizeitbad »Splash«, im Broch 8, bietet Sinneserfahrung samt Sauna für Groß und Klein.

100 ALTENBERGER DOM

1133 kamen Zisterziensermönche aus Burgund nach Altenberg, dem Stammsitz der Grafen von Berg. Diese überließen dem Orden den Platz, auf dem ihre alte Burg stand, damit die Klosterbrüder sich eine Abtei aufbauen konnten. 1259 erfolgte die Grundsteinlegung zu einem gotischen Dom, der 1379 geweiht und 1400 mit einem großen Westfenster versehen wurde. Es ist das größte Kirchenfenster jenseits der Alpen und zeigt das himmlische Jerusalem. Die Zisterzienser waren aus dem Benediktinerorden hervorgegangen, sie verfolgten ein reformiertes Konzept asketischer Klarheit, das sich auch in ihrem Kirchenbau niederschlug. Daher gaben sie ihrem Dom keinen Turm, nur einen Dachreiter. Man verzichtete anfangs auch auf figürliche Darstellungen und farbige Verglasungen. Zwischen dem Chorumgang und dem Westfenster lässt sich allerdings gut verfolgen, dass die ältesten Fenster zwar noch schmucklos sind, die jüngeren aber zunehmend Ornamente aufweisen und bunter werden. Der Altenberger Dom wurde eine wichtige Station auf dem Bergischen Jakobsweg, der von der Klosterkirche in Wuppertal-Beyenburg über Remscheid-Lennep, vorbei an der Eschbachtalsperre nach Wermelskirchen und schließlich zum Altenberger Dom in Odenthal verläuft. Wer von hier weiter in Richtung Santiago de Compostela will, muss den Weg zum Kölner Dom einschlagen.

1803 wurde die Abtei im Zuge der Säkularisation aufgelöst, die Anlage gelangte in den Besitz eines Kölner Weinhändlers, der sie an zwei Unternehmer verpachtete, die dort eine Chemiefabrik einrichteten. Bei einer Explosion und einem Brand kam es zu großen Schäden an Klosterbau und Dom. Die Gebäude verfielen in den Folgejahren und wurden als Steinbruch genutzt. 1834 kaufte Franz Egon von Fürstenberg-Stammheim das heruntergekommene Gelände und begann mit einer Sanierung, deren Kosten Friedrich Wilhelm III. schließlich übernahm – mit der Auflage, dass der wiederhergestellte Altenberger Dom als Simultankirche, also von katholischen wie evangelischen Gläubigen gemeinsam genutzt werden sollte. Diese Bedingung wird bis heute erfüllt. Der Dom, aktuell im Besitz des Landes NRW, ist eine von 60 Simultankirchen in Deutschland. In Altenberg gilt das »Nacheinander-Prinzip«: Um 9 Uhr findet eine evangelische, um 10:30 Uhr eine katholische Messe statt. Über dem Altar ist die doppelseitig geschnitzte »Altenberger Madonna« aus dem Jahr 1530 angebracht.

Viele Wanderwege führen zum Dom und um den Dom herum, und auch unterwegs gibt es einiges zu entdecken: Wildpark, Waldlehrpfad, Denkmalroute, Hexenweg oder Märchenwald.

101 GUT EICHTHAL

Gut Eichthal ist ein Overather Ortsteil, gleichzeitig ein Gebäude, das seinen Namen von einem Kölner Kaufmann erhielt, der es 1832 errichtete und eine Reihe Eichen an der der Agger zugewandten Geländeseite pflanzte. Zwischen 1854 und 1867 übernahm eine belgische Minengesellschaft das Anwesen und ließ einen englischen Garten anlegen. Von den folgenden Eigentümern war der Kölner

Kaufmann Carl Peters der letzte. Er erwarb das Gutsgebäude 1900, baute es 1925 um und errichtete einen Teepavillon. In Köln besaß er das Kaufhaus Peters auf der Breite Straße, aus dem später Karstadt hervorging. Seine Tochter vererbte das Anwesen 1988 der Stadt Overath. Heute ist dort eine Außenstelle des Rheinischen Amtes für Bodendenkmalpflege untergebracht, das naturbezogene Bildungsangebote, vornehmlich für Jugendliche, macht. Im Sommer 2012 wurden drei Pavillons, ein »grünes Klassenzimmer« und der Park Eichthal fertiggestellt. In einer Archäologiewerkstatt können die Schüler altertümliche Fundstücke untersuchen und die Arbeit der Fachleute kennenlernen.

Rund um das Gut Eichthal wurde eine Erlebnisroute eingerichtet. Alternativ kann man eine Tour zum Thema »Aggergold« oder eine Wanderung zum »Bergbau auf dem Lüderich« buchen.

Overath wurde 1060 zum ersten Mal urkundlich erwähnt, mit dem Namen »Achera«, benannt nach der Agger. 1280 hieß es bereits »Ouerode«, vermutlich wegen der Ansiedlung an der Aue-Rodung. Seit dem 14. Jahrhundert gehörte die Ortschaft Overath zum Herzogtum Berg. 1997 wurde ihr das Stadtrecht verliehen. 1975 waren bereits Untereschbach, Immekeppel, Hohkeppel und Rösrath eingegliedert worden. An der katholischen Pfarrkirche St. Walburga kreuzen sich der Jakobsweg und der Elisabethpfad, ein Pilgerweg von Köln nach Marburg.

STÄDTER SUCHT FRAU

Holgi war es leid. Nach 45 Jahren Ackerei hatte der Bayer ihn aus dem Programm genommen. Mit 14 in die Schlosserlehre, jetzt zum alten Eisen. Seitdem switchte er sich durch das öffentlich-rechtliche und private Programm und sah kein Land mehr. Sollte es das schon gewesen sein?

»Bauer sucht Frau« brachte ihn schließlich auf eine Idee: Ein Weib musste her. Nicht dass das eine jungfräuliche Erkenntnis gewesen wäre. Holgis Erfahrungen mit Frauen waren allerdings überschaubar. Seine Mutter, die er abgöttisch geliebt hatte – wie sie ihn –, war bei einem Autounfall ums Leben gekommen. War das schon zehn Jahre her? Jedenfalls kurz nachdem ihn Else verlassen hatte. Ach, Else! Die erste Frau, die ernsthaftes Interesse für ihn gezeigt hatte. Da war Holgi bereits in einem Alter gewesen, in dem er jegliche Hoffnung aufgegeben hatte. Eine Bekanntschaft von der Bierbörse [102]. Er! Holgi! Genau genommen hatten die Kollegen Elses Bauchtanzgruppe angebaggert und abgeschleppt. Was für ein Abend! Die Belegschaft schmiss im Festzelt eine Runde nach der anderen, bis die Damen ihre Hüften kreisen ließen, während die Männer klatschten und schrien, und irgendwann war auch Holgi an der Reihe gewesen. Wer eine Runde schmiss, konnte von jeder Frau einen Schmatz kriegen. Holgi holte sich nur einen von Else. Er hatte sich gleich zu ihr hingezogen gefühlt, weil keiner der Kollegen von ihr etwas wissen wollte. Kein Wunder. Sie war mit Abstand die Molligste unter den Damen. Holgi fand das gut. Er war unter den Kollegen auch immer der dickste gewesen, schon als Kind der Klassenmoppel. Seine Mutter hatte ihn trotzdem immer lieb gehabt und mit Leckerlis getröstet, wenn die anderen ihn hänselten. Ihre Kuchen waren aber auch erste Sahne gewesen. Der Frankfurter Kranz, die Schwarzwälder Kirsch und die Donauwelle – Geografie ging bei den Bären immer durch den Magen. Hildegard und Holgi Bär schnuckten beide für ihr Leben gern.

Else war mehr der Pommestyp gewesen. Seine Mama hatte gleich gesagt, das passe nicht. Aber Schwamm drüber. Er hatte Else seitdem nicht mehr gesehen, und RTL war auch keine Lösung. Er war Städter, kein Bauer. Auch wenn Leverkusen jetzt nicht direkt als Großstadt durchging. Mal abgesehen davon, dass man sich schämen musste, wenn einen halb Deutschland begaffte beim Versuch, eine Frau anzubaggern. Aber es gab andere Möglichkeiten. Willi, sein ehemaliger Kollege aus der Schleiferei, hatte ihm in der Kneipe neulich eine App aufs Smartphone geladen. »Einsame Herzen« hieß sie. Ja, Holgis Herz war einsam. Deshalb hatte er sich dort angemeldet, und so viel hatte er von »Bauer sucht Frau« verstanden: Auf dem Land war es nicht so leicht, jemanden zu finden. Also hatte er gezielt nach Frauen geguckt, die nicht etwa in Köln, sondern irgendwo im Bergischen Land lebten. Das waren mit Sicherheit die einsamsten Herzen von allen. Und er, Holgi, hatte nicht nur ein großes Herz zu vergeben, sondern ein Häuschen mitten in der Stadt. Also, das hatte er nicht zu vergeben, das hatte er ja selbst geerbt. Aber er war bereit, eine Frau dort einziehen zu lassen. All die Jahre, die er jetzt dort allein lebte! Seit Mamas Tod.

Noch etwas hatte Willi ihm als Supertipp mitgegeben: nur ja kein Foto einstellen! Er hätte dann viel bessere Chancen. Auch wenn er nur Zuschriften von Frauen ohne Foto bekäme. Wenn er die dann träfe, wäre das ein Blind Date, aber wie bei einer Pralinenschachtel könnte man da richtig Glück haben. Das wäre wie Lottospielen. Willi grinste und wünschte Glück.

Sigrun hatte sich schon eine halbe Stunde, nachdem Holgi sein Profil eingerichtet hatte, gemeldet. Holger sei so ein schöner Name. Der »Kämpfer von der Insel« oder der »dem Kampfspeer Holde« hatte sie geschrieben, weil »Hol« von »Holmi«, der »Insel«, käme und »ger« »Speer« heiße. Das war Holgi neu. Aber es schmeichelte ihm. Und deshalb hatte er sich mit Sigrun verabredet. Er wollte sie in Gummersbach 103 besuchen. Ihr Name käme von einer Walküre, hatte sie gesagt. Holgi stellte sich vor, wie Sigrun mit zwei Walkingstöcken durch die Gegend lief. Aber sie erklärte, dass Walküre ebenfalls nordisch sei und von »valr« käme, was so viel heiße wie »auf dem Schlachtfeld liegende Leichen«, und von »kjosa«, also »wählen«, weil die Walküren nämlich Geistwesen seien, die die gefallenen Kämpfer vom Schlachtfeld abholten und nach Walhall führten, so eine Art Götterpalast. Der Aspekt »gefallen« gefiel Holgi nicht mehr ganz so gut, aber das mit dem Götterpalast klang wieder tröstlich. Sie trafen sich also in Gummersbach zu einem Spaziergang, wie Sigrun vorschlug. An der Reininghauser Straße an der Sporthalle, da sei eine Skulptur, die nenne sich »Sportkameraden«, die könne er nicht verfehlen. Nun ja. »Sportkameraden«. Holgi fand es ein wenig peinlich, als er eine halbe Stunde vor der verabredeten Uhrzeit vor den nackeligen Leibern des athletischen Bronzepärchens stand, das sich die Hand reichte. Nicht nur, weil er nicht wusste, wo er hingucken sollte. Erwartete Sigrun etwa, dass er so aussähe? Sicherheitshalber stellte er sich auf die andere Straßenseite. Und war erleichtert, dass die Frau, die, auf die Minute pünktlich, energisch auf die Figurengruppe zuschritt, dort stehen blieb und auf die Armbanduhr sah, eher – wie sollte er es sagen? – von kräftigem Körperbau war. Bestimmt einen halben Kopf größer als er.

»Oh«, sagte sie, als er sich lächelnd näherte, den Blick aber gleich wieder senkte, weil sie ihn so streng ansah. »Holger?« Als er nickte, bot sie ihm einen Händedruck, der ihn die Zähne zusammenbeißen ließ. »Ich hab mir so was schon gedacht. Aber gut, es ist ja nur ein kurzer Weg. Keine Viertelstunde.« Und nach einem abschätzigen Blick auf seinen Mittelleib: »Es geht bergauf!«

Holgi ließ sich nicht entmutigen. Mama hatte auch so gucken können. Und doch stets sein Bestes im Auge gehabt. Er schnaufte hinter Sigrun her, bis sie auf einer Anhöhe angekommen waren, die sich Kerberg nannte. Da gab es eine Rasenfläche vor einer Kriegsgräberstätte mit Namenstafeln und einer Art Opferschale in einer Mauereinlassung. Sigrun blieb vor einem quadratischen Podest stehen und senkte schweigend den Kopf. Eine Art eiserner Kranz war darauf abgelegt. Holgi versuchte möglichst lautlos nach Luft zu schnappen, was ihn erst recht in Atemnot versetzte. Als Sigrun etwas sagte, kriegte er vor lauter Anstrengung den Anfang nicht mit und erschrak über die Ausdrücke, die sie von sich gab. Da war von »Schweinen« und »Hunden« die Rede und von »Rache« und »nie wieder«. Das Letzte wiederholte sie mehrmals. Holgi war einerseits geneigt ihr zuzustimmen: Diesem Kerberg hätte er am liebsten schnell den Rücken gekehrt. Andererseits erschütterte es ihn bis ins Mark: Galten diese schlimmen Ausdrücke etwa ihm? Wollte sie ihn, Holgi, nie wiedersehen?

»Sigrun?«, fragte er mit dem Mut der Verzweiflung. Kämpfer kniffen nicht, sondern hatten Traute. »Könntest du dir vorstellen, dass du und ich uns trauen lassen?«

Die Walküre fuhr herum, fauchte: »Meinst du etwa standesamtlich?« Stand mit in die Hüften gestemmten Armen vor ihm, holte tief Luft und polterte los. Er hatte Mühe zu folgen, verstand aber zu seiner großen Erleichterung, dass es weder gegen ihn noch gegen den Gedanken einer bevorstehenden Verbindung ging. Sondern gegen den Staat, der überhaupt kein Recht hätte, das, was der Bürger tat und ließ, zu regeln. Ob er ein Papier dabei hätte, wollte Sigrun wissen. Noch während er in den Jackettaußentaschen nach einem Päckchen Tempotücher suchte, griff sie beherzt an seine Brust. Schon hatte sie seine Brieftasche in der Hand, entnahm ihr seinen rosafarbenen Führerschein und marschierte zu der Opferschale, über die sie ihre Beute hielt, während sie mit der Rechten ein Feuerzeug aus der Jackentasche fischte. Nie war Holgi so fix gewesen. Er stürzte zu ihr, haschte nach dem Lappen. Sie ließ nicht locker. Beide zerrten daran. Dann gab der Führerschein nach und Holgis Gesäß machte auf schmerzhafte Weise mit dem Boden Bekanntschaft. Sigrun ließ das Feuerzeug und die Führerscheinhälfte aufflammen und Letztere in die Schale fallen, wo sie lustig flackerte.

»Warum?«, stöhnte Holgi. Sie schmiss ihm die Brieftasche vor die Füße und holte Luft. Dann prasselte ein Wortschwall auf ihn ein. Das Deutsche Reich hätte nie aufgehört zu existieren, weil es nach dem Tod des Führers keine ordnungsgemäße Kapitulation gegeben hätte. Sein Führerschein sei somit genauso eine Fälschung wie alle seit 1945 ausgestellten amtlichen Dokumente. Diesen Kameraden, die für uns – Holgi schaute sich verstohlen um: Wen meinte sie? – ihr Leben gegeben hätten, seien wir es schuldig, dass wir uns diesem Lügengebilde, das sich BRD nenne, nicht beugten, sondern als freie Reichsbürger einander verbänden. Holgi tastete verstohlen nach seinem Popo. Dachte sie, er sei verletzt und brauchte einen Verband? Er versuchte sich aufzurappeln.

Sie bot ihm den Arm. »Willst du meine Hand?«

Sie hatte viel von Mama Bär, dachte Holgi, der Trotz in sich aufsteigen fühlte. Ja, er suchte eine Hand fürs Leben. Aber das sollte schon Hand und Fuß haben. »Ich will den Schein!«, sagte er.

Sigrun streifte ihn mit einem Blick, der ihn zurück auf den Boden plumpsen ließ. »Weichei!«, gab sie zurück. Drehte sich um und schritt von dannen.

Die Trauerzeit dauerte exakt so lange, bis Holgi einen neuen Führerschein hatte. Dann versuchte er sein Glück aufs Neue.

Mit Barbara aus Bödingen 104. Ledig, kinderlos, nur geringfügig älter als er. Ganz am südlichen Rand des Bergischen. Wieder wurde er zu einem Spaziergang eingeladen. Was fanden Frauen an Leibesübungen in freier Natur? Sicherheitshalber verstaute Holgi den Inhalt seiner Brieftasche in einem Leibgurt, den er unter dem Hemd trug.

Barbara entpuppte sich als zierliche Grauhaarige mit straff geflochtenem Zopf und geblümtem Schürzenkleid. Nichts an ihr erinnerte Holgi an Hildegard Bär. Auch nicht an Sigrun. Am ehesten an das Jugendfoto von Oma Hertha, Gott hab sie selig, im Bilderrahmen auf Mamas Nachttisch. Barbara hatte ihn zur S-Bahn Blankenburg bestellt, von wo aus sie losstiefelten. Drei Kilometer. Dass sie unterwegs kein anderes Thema zu kennen schien als ihre Frauengruppe, mit der sie diesen Weg schon so oft gegangen sei und mit der sie sich regelmäßig treffe, um für einen Basar zu häkeln und zu basteln, fand Holgi beruhigend. Handarbeiten waren etwas Sinnvolles. Frauengruppen, na ja. Mama hatte ihn immer gewarnt vor Frauengruppen, zu denen für sie nur Feministinnen gehörten, die mit Latzhosen und Scheren bewaffnet herumliefen und den Männern … – Den Gedanken führte er lieber nicht zu Ende. Barbara trug ein Kleidchen und war ein reizendes Persönchen. Genau das Gegenteil von Sigrun. Dass sie sich alle naslang auf die Stirn tippte, dann nacheinander auf die Brust, auf die linke und die rechte Schulter hielt er allerdings für eine nervöse Macke. Endlich erreichten sie eine Kirche, traten durch ein Tor auf den Hof, und Barbara seufzte beglückt, dies sei die Scherzhafte Mutter Gottes. Holgi wusste im ersten Moment nicht, ob er sich verhört hatte, und konnte ein Kichern nicht unterdrücken. Aber Barbara schien das gar nicht lustig zu finden, sie sagte, sie seien jetzt angekommen auf ihrem Pilgerweg. Das klang gut, fand Holgi, er war oft mit seinen Kollegen nach der Arbeit in die Kneipe gepilgert, das hieß, dass man sich jetzt erfrischen konnte. Nach dem Fußmarsch war das auch bitter nötig.

»Komm«, sagte Barbara. Holgi hatte noch nie ein Gotteshaus besucht, er war neugierig. Sie betraten das angenehm kühle Innere der kleinen Kirche, und Barbara steuerte schräg links einen Pfeiler an, wo ein Messingeimer an einem Haken hing. Sie tunkte ihre Fingerspitzen hinein und fuchtelte damit schon wieder vor ihrer Brust herum, dann trat sie beiseite. Holgi dachte, wenn schon, denn schon, tauchte beide Hände ins Gefäß, wusch sie, beugte sein Gesicht darüber, sodass er sich das kühle Nass ins Gesicht klatschen konnte, und verrieb es im Nacken. Ah, das tat gut! Er trank gleich noch ein paar Schlucke aus der hohlen Hand. Als er sich nach Barbara umsah, stand sie mit weit geöffnetem Mund neben ihm, ächzte: »Heilige Mutter Maria!«, und wankte zurück zum Ausgang. Holgi vergewisserte sich mit einem kurzen Blick auf den Messingeimer: nirgends das Schild »Kein Trinkwasser«. Barbara musste nach dem Marsch schwindelig geworden sein. Er eilte ihr nach, legte den Arm um sie, damit sie nicht umfiele. Sie wehrte ihn ab, stöhnte etwas von Buße. Buße? Sie war erschöpft, das war ihr anzumerken, sie musste entspannen, *Muße* meinte sie gewiss. Aber Barbara schien nicht in der Verfassung zu längeren Erklärungen, sie keuchte wie Holgi zuletzt auf dem Kerberg und wies an die Wand, wo eine Halterung mit Broschüren und Flyern angebracht war. Daneben stand ein Opferstock. »Geld«, stöhnte sie.

Das fand Holgi schon ein bisschen pisselig, dass man in dieser Kirche für einen Schluck Wasser etwas bezahlen sollte. Wenn es wenigstens ein frisch gezapftes Bier gegeben hätte! Aber er wollte nicht geizig erscheinen. Also knöpfte er sein Hemd auf und zerrte es aus der Hose, um an den Leibgurt mit dem Geld zu kommen. Ein nackter Bauch kam zum Vorschein, behaart, darunter weiße Haut, ein wenig rissig, leider, das Bindegewebe. Mama hatte die Striemen an Holgis Bauch »Schwangerschaftsstreifen« genannt. Weil der Gurt klemmte, musste er auch noch die Hose öffnen. Er hätte es sicherlich vermeiden sollen, Barbara gleich beim ersten Date damit zu konfrontieren. Aber wer konnte ahnen, dass sie ihn nötigen würde, sich hier in der Kirche …

Sie sprach kein einziges Wort mehr mit ihm, ja es schien, als rannte sie vor ihm weg, den ganzen langen Weg zurück. Holgi schnaufte hinterher und schwor sich, nie wieder die »Einsamen Herzen« anzuklicken.

Der Vorsatz hielt keine zwei Wochen. Bei der dritten Benachrichtigung, dass eine Dame namens Brigitte ihn angeschrieben habe, wurde Holgi weich. Sie kam aus Engelskirchen 105! Das klang einfach zu verheißungsvoll. Konnte es sein, dass Brigitte der Engel war, den er suchte? Das wäre doch einfach himmlisch!

Er war sehr offenherzig gewesen, hatte ihr von Mama Bär erzählt und dass er nun schon zehn Jahre allein sei. Leider stellte sich heraus, dass auch Brigitte es mit Natur und Bewegung hatte. Sie schrieb, sie sei Führerin – Holgi dachte mit Grausen an die Walküre, las aber doch weiter – und würde ihm gerne die Schönheit der Region näherbringen. Über-, aber vor allem unterirdisch, sie machte nämlich unter anderem Führungen durch die Aggertalhöhle. Das, fand Holgi, klang erstens aufregend, zweitens angenehm. Höhlengänge waren bestimmt keine Kilometer lang. Und schwitzen musste man da gewiss auch nicht. Dennoch: Ein weiterer Gedanke blitzte in Holgi auf: Konnte es sein, dass die bergischen Landpomeranzen gar nicht wild darauf waren, dass er sie in die Stadt holte, wenn sie doch so begeistert von ihren Gegenden waren? Was gab es in der Stadt – außer ihm natürlich –, was es in einem Kaff nicht gab? Nach kurzem Grübeln fiel es ihm ein: ein Theater!

Wieder überlegte er. Gab es wirklich ein Theater in Leverkusen? Und: War er je in einem gewesen? Doch, ja! Mama war mit ihm einmal in das Matchboxtheater 106 gegangen. Er erinnerte sich, dass er gedacht hatte, dort fände ein Boxmatch statt, und sehr irritiert war, dass sich da zwar Leute auf der Bühne stritten, aber ein Faustkampf war das beim besten Willen nicht gewesen. Eher ein Märchen, aber sehr chaotisch. Er meinte sich auch an eine Höhle zu erinnern. An mehrere Hexen, einen König und dessen Sohn, alle mit merkwürdigen Namen, die ihm nicht mehr einfielen. Aber am Ende konnte das Publikum mit einem Mann diskutieren, einem Engländer, der das Stück geschrieben hatte. Bei dessen Namen war er sich ganz sicher: Teddy Pratchett, er hatte auf dem Programm gestanden, und Holgi hatte gefragt, wie er ausgesprochen würde. »Brätschett«, hatte Mama gesagt. Es klang ähnlich bewundernd, wie wenn sie von Brätschett Bardoh sprach.

All diese Dinge schwirrten Holgi durch den Kopf auf dem Weg zu seiner Verabredung. Engel und Hexen, Himmel und Höhle. Neben dem verabredeten Parkplatz stand eine Bank, darauf saß eine Frau, die kein bisschen zu war. Nicht zu groß, nicht zu klein, nicht zu dick, nicht zu dünn, noch nicht einmal zu hässlich oder zu hübsch, einfach genau richtig. Sie stand auf, als Holgi einparkte, kam auf ihn zu, lächelte und sagte: »Brätschett.« Und: »Hallo, Holger.«

Holgi musste schlucken. Hatte er das jetzt gerade geträumt? »Brigitte?«

Sie lachte. »Meine Freunde nennen mich Brätschett.«

Ja, ihr Freund wollte Holgi gerne sein. Und weil Vertrauen Vertrauen verdiente, verriet er, dass er bei seiner Mama immer Holgi geheißen hatte.

»Holgi!« Brätschett kicherte. »Na los, das wird ein Spaß!«

Sie machten sich auf in Richtung Höhle. Holgi kam sich sehr wichtig vor, als Brätschett den Schlüssel zückte und mit ihm ins Innere trat. Als sie hinter ihnen wieder abschloss, fühlte er sich für einen Moment ein wenig mulmig. Als hätte sie es gerochen, sagte Brätschett lächelnd: »Du schaffst das, Holgi!« Holgi fühlte etwas in sich aufwallen. Am liebsten hätte er Brätschetts Hand gegriffen und »Ja, Mama!« gesagt.

Sie ging voraus und erzählte unterwegs, wie groß diese Höhle sei, die größte im Rheinland. Oh weia, dachte Holgi.

Was kam da wieder für ein Marsch auf ihn zu? Brätschett erzählte weiter, dass sie aus dem Devon stammte. Avon kannte Holgi. Nun gut, jetzt hatte er eine persönliche Devon-Beraterin, die ihm verriet, dass hier einmal das Meer gewesen war. Jetzt wurde Holgi doch ein wenig panisch. Wenn hier alles unter Wasser geriet, gäbe es kein Entrinnen. Brätschett zeigte ihm Fossilien. Holgi wollte Tropfsteine sehen. Die gäbe es nicht, sagte Brätschett, weil die Höhle unter einer Tonschieferschicht liege, die kein Wasser durchlasse. Das war dann wieder ein bisschen beruhigend. Aber auch enttäuschend. Eine richtige Grotte musste doch Tropfsteine haben! Der Gedanke an Tropfen, Wasser und Meer löste allerdings einen fatalen Drang in Holgi aus. Es war ein paar Stunden her, dass er auf der Toilette gewesen war. »Brätschett?«, fragte er. »Wie lange gehen wir noch?«

»Nicht mehr weit«, sagte sie beruhigend, »wir sind gleich da.«

»Wo da?«, wollte Holgi wissen.

»Im Pastorengang.«

Der Gang, den sie betraten, war schmal. Ziemlich schmal.

»Müssen wir da durch?«, fragte Holgi.

»Oh ja«, sagte Brätschett geradezu vorfreudig. »Du schaffst das.«

Es wurde wirklich eng. Brätschett war vorausgeeilt. Er musste hinterher. Holgi ging seitlich, konnte trotzdem nicht verhindern, dass er vorn und hinten an der Felswand entlangschrammte. Und es schien immer noch enger zu werden! Er versuchte sich so dünn wie möglich zu machen und stemmte sich vorwärts. Seitwärts. Schritt für Schritt. »Brätschett!«, rief er, seine Stimme klang kläglich, ihm fehle der Resonanzraum, so sehr zog er den Bauch ein.

Sie kicherte. »Komm, kleiner Holgi!«, rief sie.

Holgi mühte sich nach Kräften. Er steckte fest. Es ging nicht mehr weiter. »Ich kann nicht!«

»Holgi!« Brätschett hatte sich zu ihm umgedreht. Ihr Gesichtsausdruck war streng geworden. »Was willst du damit sagen, du unartiger Junge?«

»Hilfe«, sagte Holgi. Seine Stimme zitterte.

»Oha!« Brätschett kam einen Schritt näher und auf einmal war da eine Gerte in ihrer Hand. Sie ließ sie gegen die Höhlenwand knallen, etwas rieselte herunter. Wieder kicherte sie. »Muss ich wieder mit dir schimpfen, du ungezogener Bengel?«

Holgi fühlte sich hundeelend. »Brätschett, ich muss hier raus. Ich muss aufs Klo!«

»Ah!« Schneidende Stimme, finsterer Blick. »Der kleine Holgi hat also nicht rechtzeitig Pipi gemacht?« Wieder hieb sie gegen den Stein, ein bisschen näher an seinem Kopf. Wie hatte er diese Frau je mit Engeln in Verbindung bringen können?

Wimmern. »Ich muss!« Die beengte Situation drückte auf die Blase. Die Kühle tat ihr Übriges. »Bitte!«

Brätschett holte noch einmal aus und dann prasselte eine Salve Hiebe gegen die Wände. Holgi erschrak dermaßen, dass es zwischen seinen Beinen heiß wurde. Brätschett brach in schallendes Gelächter aus. Die Höhle verstärkte den Hall. Holgis Wut und Verzweiflung entluden sich in einem übermenschlichen Kraftakt. Bloß weg von dieser Hexe! Es gelang ihm, sich in der Richtung, aus der er gekommen war, freizustoßen, einen Schritt, noch einen, es wurde leichter, er stürzte vorwärts, weg, nur weg! In welche Richtung noch? Da! Er lief, so schnell die Beine ihn trugen. Hinter ihm eine dünne Stimme: »Holgi!«

Ihm war alles egal. Er wusste, er war auf dem richtigen Weg. Zum Ausgang. Weg von dieser Verrückten, aus der Höhle, aus Engelskirchen.

Schnelles Fußtrappeln hinter ihm. Brätschett war ihm auf den Fersen. Keuchte: »Mensch, das war doch nur Spaß!«

Er antwortete nicht. Nie im Leben war er so gedemütigt worden. Oder doch? Egal, der Ausgang!

Brätschett hatte ihn eingeholt. »Holgi, es tut mir leid, ich wollte dich nicht …«

»Mach auf!« Holgi war eine Dampflok. Wenn sie nicht aufschloss, würde er sich den Weg freirammen.

Er schoss in Richtung Parkplatz, kaum dass Brätschett aufgeschlossen hatte, erreichte sein Auto, warf sich hinein und startete mit quietschenden Reifen. Wie James Bond. Nur mit feuchtem Popo.

Auch wenn dies einer der Tiefpunkte seines Lebens war, ging Holgi aus der Höhle von Engelskirchen gestärkt hervor. Schlimmer ging nimmer.

In Much **107** lernte er die keusche Katharina kennen, die ihn zu einem Königssaal führen wollte, der – wie sollte es anders sein? – an einem Wanderweg lag. Das vermeintliche Schloss entpuppte sich als unauffälliges weiß gestrichenes Haus mit einem Hinweisschild am Zaun, auf dem von Zeugen die Rede war. Nun war Holgi durchaus ehe-, aber keineswegs zeugungswillig. Katharina schwor bei ihrer Jungfernschaft, sie würde niemals vor dem heiligen Bund der Ehe das Lager mit einem Mann teilen, der nicht getauft sei. Was er dazu tun müsse? Untertauchen und sich retten lassen, lautete die Auskunft. Holgi fand das wenig pragmatisch. Wer sich nicht in Gefahr begebe, müsse auch nicht gerettet werden. Und wer überhaupt diese Jehova sei? Katharina erzählte etwas vom Ende der Welt, das im Oktober

2014 hätte eintreten sollen, dann aber doch nur im Himmel stattgefunden habe, dort sei das Gottesreich ausgebrochen. Holgi fand, wenn es Gott gab, sollte der gefälligst im Himmel bleiben und Ausbrüche unterlassen. Für ihn persönlich *war* im Oktober 2014 die Welt zu Ende gegangen, die Arbeitswelt nämlich. Vom Himmel wollte er noch lange nichts wissen. Ihm reichte es mal wieder. Um eine Erfahrung reicher reichte er Katharina die Hand. Die schenkte ihm zum Abschied eine kleine Illustrierte, auf deren Titelblatt die Aufforderung »Erwachet!« stand und gleich dahinter tadelnd: »Immer im Stress?« Das immerhin hatte Holgi an seinem vorzeitigen Ruhestand zu schätzen gelernt: Ein Leben ohne Wecker entstresste. Wachrufe bedeuteten Druck, den es zu meiden galt! Er entsorgte das fragwürdige Druckerzeugnis an einer Tankstelle.

Nächste Station: Ruppichteroth 108. Resi versprach ihm rosige, nein, silberne und goldene Zeiten. In der Perle des idyllischen »Brülltals«, wie sie sagte. Holgi konnte es nicht recht mit »Idylle« zusammenbringen. Sie hatte ihn zu einem – was wohl? – Spaziergang eingeladen. Durch das Döörp, das Dorf, wie sie ihm schrieb. Das klang klein und kuschelig, nicht nach Gewaltmarsch. Resi selbst war denn auch alles andere als riesig, aber ihre rosigen Bäckchen, die auf den ersten Blick so reizend wirkten, resultierten aus einer Resolutheit, die Holgis Hoffnung rigide reduzierte. Ihr Rosenspalier im Vorgarten sei dringend renovierungsbedürftig. Ein Schlosser komme ihr sehr gelegen. Ruppichteroth sei bundesdeutsches Vorzeigedorf, mit Silber- und Goldmedaillen überhäuft, was Menschen wie ihr geschuldet sei, die in gründlichen Säuberungsaktionen jegliches »Pfui« bekämpften und mit blühenden Vorgärten für »Hui« sorgten. »Hui« hörte Holgi gern, der aber eher ein Hochzeits-

als Rosenspalier im Hinterkopf hatte. Auf die Frage, ob sie einen Handwerker oder einen Heiratskandidaten suchte, reagierte Rosi mit Rückzug, wandte ihm den Rücken zu und räumte Renate das Feld. Die in Nümbrecht **109** seiner harrte. Aus Gründen der Rationalisierung hatte Holgi eine zweite Station auf der Strecke eingeplant. Diesmal darauf bestanden, dass er keinen Meter gehen würde. Renate schlug einen Restaurantbesuch vor. Erwartete ihn hoffnungsfroh lächelnd am Eingang von Holsteins Mühle. Mit Häubchen und Hanfgewand. Nein, nicht Karneval, ein Mittelalterdinner stand an. Dem hungrigen Holgi war alles recht. Die »gar köstlich Speys« ließ ihn über Dudelsack- und Schalmeiengequäke, schon gar über Renates Gequassel hinweghören. Dass es keine Gabel gab, war ganz nach seinem Geschmack. Er haute mit beiden Händen rein, bis der Zeremonienmeister ihn aufforderte, sich um die Hand seiner Liebsten zu schlagen. Mit einem Schaumstoffschwert. Da zog er gern den Kürzeren und überließ dem Kämpen das Feld. Und Renate.

Zu Hause angekommen, setzte er auf der Plattform der »Einsamen Herzen« sein Häkchen bei »Leverkusen« und hakte das Zielgebiet »Bergisches Land« endgültig ab. Am nächsten Morgen lag Post im virtuellen Briefkasten. Eva aus Edelrath **110** sah Gemeinsamkeiten: die räumliche Nähe und die Liebe zur Technik. Er, der Schlosser, sie, die ehemalige Ingenieurin bei Ford. Nach dem Tod ihres dritten Mannes vermisse sie sehr die körperliche Nähe, Zärtlichkeit und – ja, sie scheute sich nicht, das S-Wort zu gebrauchen – Sinnlichkeit. Holgi war aufs höchste erregt. Man traf sich am gleichen Abend. Was für ein Weib! Was für ein Ausschnitt! Dass er bei so einer je eine Schnitte kriegen würde, hätte Holgi in seinen kühnsten Träumen nicht zu hoffen gewagt! Das Kurvengelände unterhalb des Ausschnitts durfte er zwei Tage später in der Saunalandschaft Mediterana 111 bewundern. Nie zuvor hatte er ein derartiges Etablissement betreten. Hunderte nackeliger Menschen! Aber er hatte nur Augen für Eva. Dampf und Dunst, Schwüle, Schweiß und Schwaden – er sah nur die eine im Evakostüm und sein Adamsapfel hüpfte, so sehr musste er schlucken. Vor Evas Haustür nahm Holgi all seinen Mut zusammen und ihre Hand in die seine und drückte einen Kuss darauf, woraufhin sie sich mit einem gurrenden »Gute Nacht, mein Moppelchen!« von ihm verabschiedete. Anderntags bat er sie – *er*! – um einen Spaziergang am Rhein. Sie bummelten bis zur ehemaligen Wuppermündung, wo er sie an der Schiffsbrücke 112 zu Kaffee und Bockwürstchen einlud. Unterwegs erzählte er ihr von seiner Einsamkeit und sie erzählte ihm von ihrer Einsamkeit. Und er ihr, dass er es leid sei, allein zu wohnen, und sie ihm, dass ihr Ex sie aus der ehemaligen Ehewohnung geklagt habe und sie nun bald auf der Straße stehe. Und er fragte sie, ob er ihr sein Haus zeigen dürfe, die Wohnung seiner Mutter stehe frei und ihr zur Verfügung. Und sie versicherte ihm, dass das ganz reizend, aber sie schon so oft betrogen worden sei, dass sie den Worten keines Mannes mehr Glauben schenkte. Selbst schriftlich Zugesichertes sei doch im Zweifelsfalle zweifelhaft, sobald Männer ihrer Natur gemäß der nächsten Frau nachstellten und sie, Eva, im Regen stehen ließen.

Holgi beteuerte hoch und heilig, er sei anders. Ehrlich, treu, verlässlich, könnte niemals einer Frau etwas zuleide – zumindest, so sagte er sich und nicht laut, solange ihm nichts angetan werde. Er sprach mit Engelszungen und schließlich gelang es ihm, sie dazu zu bewegen, dass sie mitkam, nur um einen Blick hineinzuwerfen. Tat's und war entzückt. Holgi hatte oft gezweifelt, ob er die Möbel seiner Mutter, ihre Habseligkeiten, die Spitzendeckchen, den ganzen Nippes nicht endlich entsorgen sollte. Evas Begeisterung bestätigte ihm, dass er recht daran getan hatte, alles an seinem Platz zu belassen.

Eine Woche lang hatte sie keine Zeit für ihn, sei auf Wohnungssuche, erzählte am Telefon von Besichtigungen, Wartelisten, Verhandlungen, Aussichten. Holgis Verzweiflung wuchs von Tag zu Tag. Endlich vereinbarte er erst einen Notartermin, dann einen mit Eva. Im Restaurant. Hielt ihr das Papier unter die Nase. Sie las, ihre Hände begannen zu zittern, die Stimme auch, als sie stammelte: »Lebenslängliches Wohnrecht … im Todesfalle erben …« Sie schluchzte auf, warf sich ihm an den Hals und ließ die Tränen fließen. Er wusste nicht, wohin mit den Händen, die gerne ihren Rücken bis ganz unten gestreichelt hätten. Beherrschte sich und bestellte Champagner. Sie stießen an und während ihre Blicke ineinander versanken, erzählte sie ihm von dem traditionellen Seifenkistenrennen, das in Edelrath am Samstag stattfinde. Sie habe selbst eine Kiste gebaut, die sie nun ihm widmen und zur Verfügung stellen wollte. So er den Mumm besäße. Holgi hätte nicht davor zurückgeschreckt, einen Starfighter für sie zu steuern. Es sei ihm eine große Ehre, für sie anzutreten, versicherte er und wurde mit einem Lächeln belohnt, das Eisberge zum Schmelzen gebracht hätte.

Das Wochenende kam und mit ihm der Seifenkistencup samt Festzelt, Kirmes und Dixielandkapelle. Holgi und Evi, wie er sie nun nennen durfte, ließen Evis Konstruktion vom TÜV be-siegeln, dann zog es Holgi – eingedenk der Engelskirchener Nöte – zum Dixiklo, während Evi den kleinen Flitzer einem letzten Tuning unterzog. Sie begleitete ihn zur Startrampe, nannte ihn »mein Bärchen« und gab ihm einen so innigen Kuss, dass Holgi es kaum erwarten konnte, das Ende der 650 Meter langen Strecke zu erreichen. Der Gedanke an die Liebste beflügelte ihn derart, dass sein ganzes Sinnen und Trachten nur darauf gerichtet war, maximales Tempo aufzunehmen. Erst als die S-Kurve in Sichtweite war, tippte er vorsichtig auf das Bremspedal. Mehr um zu testen, wie die Kiste reagierte. Gar nicht. Er verstärkte den Druck. Nichts. Er schoss in die Kurve. Viel zu schnell! Was war mit dem Pedal? Holgi trat durch. Nichts. Er riss das Steuer herum. Die Kiste geriet ins Schlingern.

Da. Plötzlich. Fiel es ihm wie Schuppen aus den Haaren. Mama! Mamas Rache! Für die manipulierten Bremsen. Weil Mama Else gesteckt hatte, Holgi leide an Tripper. Weil Else Holgi den Laufpass gegeben hatte. Weil Mama Holgis Liebe ausgebremst und er Mama ungebremst in den Tod geschickt hatte.

Die zweite Kurve schoss auf ihn zu. Keine Chance, sie zu kriegen. Holgi hob ab. Er flog. Einen großartigen Moment lang flog er himmelwärts, dann überschlug der Wagen sich und der Asphalt raste auf seinen Kopf zu, alles verzerrte sich – warum kamen ihm Donauwellen in den Sinn? Du hast recht, Mama, Pommes sind doof, dachte er im letzten Moment, bevor es Pomm! machte.

102 BIERBÖRSE

Wenn man sich außerhalb Leverkusens umhört, was mit Leverkusen assoziiert wird, dann ist die Wahrscheinlichkeit hoch, dass nach Chemie, Sport und Jazz das Stichwort »Bierbörse« fällt. Wenn man sich in Leverkusen umhört, ist die Bierbörse ein wichtiger Initiationsort. Ein nicht zu unterschätzender Anteil der nach 1970 Geborenen hat sich zum ersten Mal im Leben nach einem Besuch der Bierbörse aufgrund von Alkohol übergeben müssen. Seit 1986 – immer im August – ist laut Veranstalter die älteste und größte der Welt eine Institution in Opladen 22 und lockt über 200.000 Gäste an, die es sich am Wiesengelände entlang der Wupper an über 100 Bier- und Imbissständen gut gehen lassen. Etwa 1.000 Sorten Bier aus aller Welt und von beeindruckender Vielfalt werden hier angeboten: Da kann man Biere mit Bananen-, Kirsch-, Hibiskus- oder Schokoladengeschmack testen. Oder auch britisch-irische Sorten: Guinness, Kilkenny, Murphys oder London Pride. Nahrungsgrundlagen aller Art gibt es natürlich auch: Falafel, Bratwurst, Crêpe, Glasnudeln, Flammkuchen, Brezeln, Gulasch. Wem noch nicht schlecht ist, der genießt im Festzelt Guildo Horn und die »Orthopädischen Strümpfe« oder die Kölner Band »Höhner«, die 2017 zwar nicht dabei war, aber durch andere Kölner Musiker wie Björn Heuser, Fiasko, Räuber, Miljö und Cat Ballou würdig vertreten wurde. Auf »Welpenschutz« wird neuerdings geachtet: Jugendliche unter 16 Jahren haben nur in Begleitung ihrer Eltern Zutritt zur Bierbörse. Das Mitführen von Hunden ist aus Tierschutzgründen untersagt.

103 GUMMERSBACH

Gummersbach wird oft mit dem VfL assoziiert, dem Handballbundesligaverein. Was der Name »Gummersbach« ursprünglich bedeutete, ist unklar, aber eine erste Erwähnung fand der Ort 1109 als »Gumeresbracht«. 1857 erhielt er die Stadtrechte. Mit der Kommunalgebietsreform 1975 wuchs die Einwohnerzahl noch einmal sprunghaft an und pendelt heute bei knapp über 50.000. In der Altstadt sollte man einen Blick in den Oberbergischen Dom riskieren, eine evangelische romanische Hallenkirche. Gegenüber dem Kino »Burgtheater« liegt das Vogteihaus von 1700, die »Burg« genannt. Die kämpferische Inschrift »Inhabitamus ut emigremus«, lateinisch für: »Wir wohnen hier, um auszuziehen«, weckt mitten in der Fußgängerzone Kaiserstraße/Hindenburgstraße Assoziationen an die missverständliche Parfümerie-Werbung »Come in and find out«, die von vielen deutschsprachigen Kunden als »Komm rein und finde wieder hinaus« verstanden wurde. Mitten im Zentrum, hinter dem Rathaus, liegt auch der Freizeitpark Hexenbusch mit Skulpturen, Schaukeln, Springbrunnen und einer Seilbahn.

Das eigentliche Stadtzentrum ist von vielen idyllischen Orten umgeben. Besonders beliebt ist Lieberhausen mit seiner »Bunte Kerke« aus dem 11. Jahrhundert. In Richtung Bergneustadt stößt man auf die 1814 als Öl- und Lohmühle errichtete Dümmlinghauser Mühle, in der seit 1989 von dem Jazzclub Alte Mühle allmonatlich Konzerte veranstaltet wurden, die 2016 leider eingestellt wurden, weil sich kein Nachfolger fand, der die Organisation übernahm.

Daneben ist Gummersbach beliebt für grüne Ausflugsziele wie die Trinkwassersperre Genkel, die zum Wandern einlädt, und die Aggertalsperre 115, die ideal für Wassersport ist. Von Gummersbach ist es nicht weit zur höchsten Erhebung des Bergischen Landes, dem Homert, 519 Meter über Normalhöhennull, umgeben von zahlreichen Wäldern.

Zu der in der Geschichte angesprochenen kriegerischen Seite: 1880 wurde auf dem Gummersbacher Kerberg ein großer Turm als Kriegerdenkmal für die Gefallenen der Kriege 1866 und 1870/71 errichtet. Nach dem Ersten und Zweiten Weltkrieg wurde die Anlage erweitert, eine größere Sanierung Ende der 1950er durchgeführt, dennoch musste der Turm in den 70er-Jahren wegen Baufälligkeit abgerissen werden. Eine Reminiszenz an das Dritte Reich verschaffte die Familie des Industriellen Dr. Lebrecht Steinmüller nach dessen Tod der Stadt: Sie schenkte Gummersbach 1960 zur Einweihung der neuen Sporthalle an der Reininghauser Straße das bronzene Skulpturenpaar »Sportkameraden«, geschaffen von einem Künstler namens Prof. Seeger, das 1936 zur Berliner Olympiade das Reichssportfeld dekoriert hatte. Die Häufung von sogenannten Reichsbürgern – allein 30 in Gummersbach, 100 in der näheren Umgebung – sicherlich Zufall. Wer die Existenz der Bundesrepublik leugnet und darauf beharrt, dass das Dritte Reich fortbestehe, mag solche Erinnerungsorte allerdings kultig finden.

104 BÖDINGEN

Bödingen ist ein Ortsteil der Stadt Hennef und liegt am äußersten südlichen Rand des Bergischen. Er ist der älteste Wallfahrtsort Deutschlands mit der »ältesten Mutter Deutschlands« in der nach ihr benannten Marienkirche »Zur Schmerzhaften Mutter Gottes«, die das Kind Jesu mit den Wundmerkmalen in den Armen hält. 1408 wurde die Kapelle mit dem Marienbild geweiht, 1424 befand sich dort bereits eine ganze Klosteranlage, so beliebt war die

Maria bei Pilgern. Bei Dunkelheit wird die Plastik heute eindrucksvoll beleuchtet. Eine Replik befindet sich am Eingang zum Kirchplatz. Seit über 600 Jahren wird in Bödingen am vierten Freitag nach Ostern das Kompassionsfest gefeiert, bei dem das Bildnis in einer Prozession durch das Dorf und den Klosterhof geführt wird.

Mit der Säkularisation wurde 1803 das Kloster mit 16 Höfen und zwei Mühlen enteignet, 1834 die Wallfahrtskirche zur Pfarrkirche erhoben. Seither gehört sie zur Pfarrei Bödingen. Auf den Pilgerweg kann man sich vom Wanderparkplatz Driesch begeben, von da sind es 7,3 Kilometer bis zur Kirche, oder von einem der Bahnhöfe: Von Hennef sind es fünf Kilometer, von Blankenburg drei Kilometer.

Ob die gute Lage an dem Eisen-Handelsweg die Pilgerei befördert haben mag, muss dahingestellt bleiben. Mit Sicherheit ist die Kirche einen Besuch wert. Auch der Ort mit seinen historischen Fachwerkhäusern, der 1988 die Goldplakette im Rhein-Sieg-Kreis-Wettbewerb, 1989 Silber im Bundeswettbewerb »Unser Dorf soll schöner werden« errang.

105 ENGELSKIRCHEN

»Engellerskerken« lautete die erste schriftlich festgehaltene Nennung des Orts im Jahre 1353, der dem Lindlarer Fronhof zugeordnet wurde. 1566 erlaubte der Herzog von Berg die ersten Eisenhämmer, die zur Herstellung von Fassreifen eingesetzt wurden. Daneben wurde in den Wäldern Holzkohle gewonnen, die Industrialisierung setzte erst spät ein. Friedrich Engels setzte 1837 einen entscheidenden Impuls, als er die Baumwollspinnerei Ermen & Engels aufbaute. Die Energieversorgung durch die Agger und die arme Bevölkerung, die billige Arbeitskraft versprach, gaben für ihn den Ausschlag zuungunsten Overaths. Sein Sohn Friedrich Engels junior sollte später mit Karl Marx die marxistische Gesellschaftstheorie entwickeln. 1850 war fast die Hälfte der Bevölkerung in der Spinnerei tätig. In der zweiten Hälfte des 19. Jahrhunderts gewann die Eisenhüttenindustrie an Bedeutung. Die ehemalige Baumwollspinnerei Ermen & Engels ist heute einer der Standorte des Rheinischen Industriemuseums. Außerdem beherbergt die Stadt ein Schmiedemuseum, den Oelchenshammer.

Als im Zuge der kommunalen Neugliederung 1975 die bis dahin selbstständigen Gemeinden Ründeroth und Engelskirchen zusammengelegt wurden, gab die Namensnähe zu Friedrich Engels, der hier geboren war, den Ausschlag, den Namen Engelskirchen weiterzuführen. Dies war auch noch in anderer Hinsicht ein kluger Schachzug. Vom 15. November bis zum 22. Dezember wird in Engelskirchen ein Weihnachtspostamt eingerichtet. Dann können Kinder Wunschzettel an die folgende Adresse schicken: An das Christkind in 51766 Engelskirchen. Freiwillige Postbedienstete beantworten alle Briefe.

Und natürlich gibt es in Engelskirchen auch ein Engel-Museum mit mehr als 2.000 Exponaten aus der Sammlung von Johann Fischer aus Kürten-Engeldorf, der laut Guinness-Buch der Rekorde mit 15.000 Exemplaren die größte Engelsammlung der Welt besaß, die er dem Engelskirchener Engelverein e. V. vermachte.

Im Walbachtal im Naturschutzgebiet Altenberg liegt in der Straße Im Krümmel 39 die Aggertalhöhle Ründeroth mit einer Länge von 1.071 Metern, bei einem maximalen Höhenunterschied von 31 Metern. Da sie unter Tonschiefer liegt, sucht man hier vergeblich Tropfsteine, findet dafür aber Versteinerungen aus dem Devon. Tatsächlich gibt es in der Aggertalhöhle einen Pastorengang. Der Name ist zurückzuführen auf einen Pastor, der die Höhle 1890, kurz nach ihrer Entdeckung, aufsuchte und in diesem Gang stecken blieb, bis man ihn mit vereinten Kräften befreite. In der Aggertalhöhle werden gelegentlich Konzerte veranstaltet, unter anderem kann man dort in das Didgeridoo-Spiel eingeführt werden.

Dem Engelskirchener Schnee sagt man nach, dass er besser ist als im Sauerland, für Schlittenfahrer ein guter Tipp. Auch etwas ganz Besonderes, nicht nur für Kinder: In Engelskirchen-Hollenberg bietet der Balsamhof Lama-Trekkingtouren an.

106 MATCHBOXTHEATER

Das Matchboxtheater ist die wohl kleinste Spielstätte Leverkusens, in Hitdorf 18 in der »Villa Zündfunke« in der Hitdorfer Straße 169 gelegen – circa 80 Quadratmeter groß, mit 55 Sitzplätzen. Das Programm bietet Theatervorstellungen, Kabarett, Varieté, Lesungen und Kindertheater.

Der Name »Matchboxtheater« hat historische Wurzeln. Das Ensemble tritt in den Räumen der ehemaligen Streichholzfabrik Salm auf, die um 1870 erbaut wurde. Die Voraussetzungen für die Herstellung von Zündhölzern waren gut in Hitdorf: Im Hafen des Rheinörtchens landeten Flöße, die Pappelholz aus dem Mainfränkischen brachten; das in Rheinnähe gelegene Holzsägewerk des Kaufmanns Sigmund Pabstmann lieferte die gewünschten Längen; und Kleinlandwirte sowie Tagelöhner aus dem Hafenbetrieb waren froh über einen Zweitjob. Zündholzfertigung war bis dahin eine Handarbeit gewesen, die zu Hause erledigt wurde, eine typische Kinderarbeit. Das

Tunken der Streichholzköpfchen in Phosphor führte zu schweren gesundheitlichen Schäden, die Phosphornekrose breitete sich aus. Salm gelang es, den Produktionsprozess auf Maschinenarbeit umzustellen. 1907 übernahm Fritz Middelanis (1874–1955), der Schwiegersohn des Verstorbenen und Namensgeber der Hitdorfer Fähre **19**, die Geschäfte. 1970 führte der Staat ein Zündholzmonopol ein, das für die Hitdorfer Fabrik das Aus nach 150 Jahren bedeutete. Ein Schwiegersohn verwandelte das Unternehmen in eine Essigdestillation, musste jedoch nach dem Schwarzen Freitag 1929 die Produktion aufgeben. Im Dritten Reich diente das Fabrikgebäude als Schulungsraum für die Hitlerjugend und für den Bund Deutscher Mädel, in den 50er-Jahren wurde es als Lagerraum genutzt. 1996 zog die Kindertagesstätte »Die Rheinpiraten« ein, 2000 kam das Theater dazu, seit 2011 ist die »Villa Zündfunke« außerdem Jugend-Kultur-Werkstatt, Bürgertreff und Generationenhaus. Ein Umbau sollte zukünftig dafür Sorge tragen, dass die unterschiedlichen Nutzer das Fabrikensemble über getrennte Eingänge betreten können. Der Ausbau eines Stadtteiltreffs wurde im Sommer 2017 allerdings wegen des hohen Aufwands einer notwendigen Dachsanierung verworfen.

Das Matchboxtheater steht unter der Leitung von Martina Vikanis und ist ein Laientheater mit spannendem Programm, das von einer Profi-Bühne kaum zu unterscheiden ist, was auch die ausverkauften Vorstellungen beweisen. Die erste Inszenierung war »MacBest« von Terry Pratchett. Sir Terry Pratchett besuchte das Theater höchstpersönlich zweimal und lobte die Inszenierungen ausgiebig.

107 MUCH

Das Gebiet der Gemeinde Much, zum Rhein-Sieg-Kreis gehörig, ragt in die Region des Rheinisch-Bergischen und des Oberbergischen Kreises hinein. Es liegt an einem Zufluss der Sieg mit dem inspirierenden Namen Wahnbach und verfügt über nicht minder inspirierende Ortsteile wie Hohn und Höhnchen. Das Unschöne vorneweg: Im Dritten Reich erfolgte die Deportation der Juden des Sieg-Rhein-Kreises über das Internierungssammellager Much, woran heute ein Gedenkstein an der Brückenstraße erinnert. Historisch ist Much katholisch-christlich geprägt, wovon heute noch die stattliche Anzahl von 221 Wegkreuzen, Kapellen und Heiligenhäuschen, die im 12. Jahrhundert erbaute Kirche St. Martinus, ein aus dem 30-jährigen Krieg stammender Wallfahrtsbrauch zum Fest Mariä Heimsuchung und der traditionelle Weihnachtsmarkt Zeugnis ablegen. Ein spiritueller Anziehungspunkt ist auch der Königreichssaal der Zeugen Jehovas in Wersch.

Für den kleinen Spaziergang: Der Mucher Ortskern steht unter Denkmalschutz. Für den großen: Die Umgebung bietet ein Wanderwegenetz mit 110 Kilometern Strecke.

Für Gartenfreunde: Die Besitzer des Mucher Hofs Tüschenbonnen initiierten 2004 die »Bergische Gartentour«, für die Privatgärten an zwei Wochenenden im Juni und September ihre Tore für Besucher öffnen und an der sich mittlerweile um die 20 Gemeinden beteiligen.

Für Sportler: Der naturbelassene Golfplatz des Clubs »Overbach« und das von den Bürgern betriebene Waldfreibad am Wahnbach sind mehr als einen Besuch wert.

Just for fun: Bei den sommerlichen »Heufresser-Wettkämpfen« im Ortszentrum treten seit 2006 Ortsgemeinschaften, Vereine und Teams in verschiedenen Disziplinen gegeneinander an, unter anderem mit einem Heuwagenrennen. Der Name hat mit einer überlieferten Anekdote zu tun: Ein Mucher Pfarrer, Bürgermeister und Arzt hatten gewettet, ob es dem Kirchenmann gelingen würde, die Mucher Bürger dazu zu bringen, dass sie Heu fräßen. Er gewann die Wette. In dem Glauben, es handele sich um Kräuter, die vor Seuchen und Fegefeuer schützten, fraßen ihm die Gläubigen das Heu gewissermaßen aus der Hand.

Für Literaten: In Much-Neßhoven wurde zu Heinrich Bölls 100. Geburtstag ein Weg nach ihm benannt. Von 1944 bis 1946 hatte die Familie des Nobelpreisträgers dort Zuflucht gefunden.

108 RUPPICHTEROTH

Die Bröltalgemeinde Ruppichteroth ist eine Zusammenfügung der 843 erstmalig erwähnten Bauernschaft Ruppichteroth mit den Gemeinden Schönenberg und Winterscheid am Fuße des Goldbergs – ja, das ist sein Name! –, der zum Naturpark Bergisches Land und zum Staatsforst Waldbröl gehört. Die 362 Meter hohe Anhöhe ist über den lateinischen Spruch »mons praeclare« (»Schöner Berg«) im Wappen verewigt, der den Ausruf des Ritters Dietrich von Bruell – ja, das ist sein Name! – wiedergibt, als er, zurückgekehrt von einem Kreuzzug unter Kaiser Friedrich I., die Heimat wiedersah. Die Region ist durch Land- und Forstwirtschaft geprägt. Heute ist sie nicht nur beliebt bei Wanderern und Radfahrern, für die E-Bike-Verleihe und Ladestationen eingerichtet wurden. Die Gemeinde wirkt schon äußerlich wie ein Bilderbuchdorf. Aber die Bürgerschaft engagiert sich auch in Hinsicht auf die soziale, kulturelle, wirtschaftliche, bauliche und ökologische Entwicklung – lauter Kriterien, die die Bröltalkommune für Auszeichnungen prädestinieren: Der Ortsteil

Winterscheid wurde 1973 und 1981 als »Schönstes Dorf im Rhein-Sieg-Kreis« prämiert. Schönenberg errang den Titel 1994. Ruppichteroth wurde 2016 »Silberdorf« im Bundeswettbewerb »Unser Dorf hat Zukunft«. Grund genug, dass Touristen selbst aus dem fernen China anreisen und staunen. Am Burgplatz startet ein Wanderweg über 11,5 Kilometer mit Infotafeln zum ortstypischen Fachwerkbaustil.

109 NÜMBRECHT

1131 wurde »Nuenbret« urkundlich erwähnt, die Siedlung gab es aber vermutlich schon im 8. Jahrhundert. Nachdem Gottfried I. von Sayn um 1270 die Höhenburg Homburg bauen lassen hatte, gehörte Nümbrecht mit Wiehl 88 und Marienberghausen zum in der Folgezeit protestantisch geprägten »Homburger Ländchen«. Als Nümbrecht und Marienberghausen 1969 zusammengefügt wurden, erhielten sie zunächst auch den Namen »Homburg«, bis die Gemeinde die Umbenennung in »Nümbrecht« beantragte. Heute hat sie den Status eines Luftkurorts sowie heilklimatischen Kurorts und steht für sanften Tourismus.

Ihr bedeutendstes Bauwerk ist das Schloss Homburg, das seit 1926 musealen Zwecken dient und heute das Museum des Oberbergischen Kreises sowie Ausstellungen beherbergt. Der Naturerlebnispfad Schloss Homburg ist ein Rundweg, der unter anderem an der historischen Holsteins Mühle vorbeiführt. Bis 1969 diente sie als Mehl- und Sägemühle, dann wurde sie unter Denkmalschutz gestellt und wird seitdem gastronomisch genutzt. Unter anderem werden hier gerne mittelalterliche Dinnerspektakel inszeniert. Und noch weiteres absolut Sehenswertes bietet Nümbrecht: die 1.000-jährige evangelische Kirche, die romanische und barocke Elemente vereinigt; der 150 Jahre alte »Waisensaal« am Dorfplatz, heute Diakoniestation; die »Bunte Kerke« in Marienberghausen mit mittelalterlichen Wandgemälden und der 34 Meter hohe hölzerne Aussichtsturm »Auf dem Lindchen«, von dem aus man bei gutem Wetter bis zum Sieben- und Rothaargebirge gucken kann. Wer sich für Naturdenkmäler begeistert, sollte die 350 Millionen Jahre alten »Dicken Steine« besuchen. Unterhalb des Dorfs Spreitgen befinden sich zwei Teiche, die »Hexenweiher« genannt werden. Man nimmt an, dass dort zur Zeit der Hexenverfolgung die sogenannte Wasserprobe vorgenommen wurde: Frauen, die der Hexerei beschuldigt wurden, wurden gefesselt in den Teich geworfen. Schwammen sie oben, war bewiesen, dass sie Hexen waren. Gingen sie unter – nun ja.

110 EDELRATH

Edelrath liegt im Südosten Schlebuschs 73 und ist ein eher ländlicher Ort. Bis heute wird hier eine Tradition gepflegt, die im Jahr 1909 ihren Ursprung nahm, als 18 junge Männer aus der Ortschaft einen Verein mit dem Namen »Gesellschaft Erholung Edelrath-Uppersberg« gründeten. Fern vom Stadtzentrum Schlebuschs wollte man das dörflich-idyllische Leben gesellig aufwerten. Dieses Vereinsziel findet nach wie vor guten Zuspruch: Die Hälfte der heute um die 80 aktiven Mitglieder ist U40. Ohne den Verein gäbe es die Edelrather Kirmes nicht. Ohne die Kirmes kein Seifenkistenrennen. Im September 2004 fand es zum ersten Mal statt. Seine Popularität ist ungebrochen. Die Teilnehmer beziehungsweise Teams rekrutieren sich aus allen Bevölkerungsgruppen und Altersklassen der ganzen Region. Seit 2016 bauen Studierende der Rheinischen Fachhochschule Köln im Rahmen einer Uni-Projektarbeit Flitzer, die sie am 3-D-Drucker entwickeln und nach dem Bau im Windkanal testen. Aus gutem Grund. Im ersten Jahr der Teilnahme belegten die Studenten den letzten Platz. Die Scharte galt es auszuwetzen. 2017 misslang das Bemühen allerdings: Nach Niederschlägen musste das Rennen aus Sicherheitsgründen abgesagt werden. Die Startplätze sind begehrt. Maximal 60 Kisten in vier Klassen können gemeldet werden: »Junioren« für Teilnehmer von acht bis zwölf Jahren, »Senioren« für Fahrer von 13 bis 17 Jahren, »Freestyle« für alle ab 18 Jahren und »Profis« für diejenigen, die auch bei deutschen Meisterschaften mitfahren. Die Strecke beträgt 650 Meter und weist eine scharfe S-Kurve auf. Damit die Wagen Fahrt aufnehmen, wird von einer vier Meter hohen Rampe aus gestartet. Wie die Kisten aussehen, spielt keine Rolle – außer für die Show. Es können Badewannen, Einkaufs- oder Bollerwagen sein. Einzige Bedingung: Die Seifenkisten müssen vorher durch den TÜV. Wer bis zum Renntag damit wartet, riskiert, dass er nicht mehr nachbessern kann. Neben dem Seifenkistencup am Samstag hat die Edelrather Kirmes noch einige Events mehr zu bieten. Los geht es am Freitag mit dem Ausgraben des Zachäus 43, am Sonntag ist Messe, anschließend Frühschoppen, Königshahneköppen, Kaffeeklatsch und Schürreskarrenrennen. Dabei geht es darum, dass mit einer alten Schubkarre ein Eimer Wasser im Staffellauf über die Straße bugsiert wird. Natürlich kommt es auf Schnelligkeit an. Aber jeder Kubikzentimeter verschüttetes Wasser gibt Strafpunkte. Anschließend wird der neue Hahnenkönig gekrönt, es gibt eine große Party mit Tanz und Tombola. Zu guter Letzt wird der Zachäus wieder begraben, und die Feier endet mit einem Feuerwerk.

111 SAUNALANDSCHAFT MEDITERANA

Die Sauna des CaLevornia 17 entspricht hohen Standards, was Ausstattung, Gestaltung und vielseitige Angebote angeht. Die Bergisch Gladbacher 97 Saunalandschaft Mediterana toppt jedoch alles. Einerseits steht sie auf historischem Gelände: Der Ortsteil Saaler Mühle im Bergisch Gladbacher Stadtteil Kippekausen ist nach einer gleichnamigen Mühle benannt worden, die hier seit dem Mittelalter bis in die 1960er-Jahre gestanden haben muss. In der Neuzeit wurde sie als Getreidemühle aufgegeben, im 18. Jahrhundert als Ölmühle wieder in Betrieb genommen, im 20. Jahrhundert schließlich stillgelegt und zu einem beliebten Ausflugsziel am Bensberger See, auch »Saaler Mühlenteich« genannt. Mit den 60er-Jahren machte eine neue Nutzung des Geländes – Schulen, Eissporthalle und Hallenbad – das historische Gemäuer überflüssig. Es kam zum Abriss. Aus dem Hallenbad entstand ab den 90er-Jahren die Wellness-Oase Mediterana, die mehrfach um- und ausgebaut wurde. Heute ist es eine Gebäudeanlage im indisch-arabischen und maurischen Stil mit Außen- und Innenbecken sowie 15 Sauna- und Bäderkreationen, in denen unterschiedliche Aufgüsse und Zeremonien angeboten werden, mit großzügigen Ruhebereichen, Sonnenterrassen und -wiesen, mit Thermalbad- und Massagebereich, Restaurant und Bistro. Dazu kommen vielfältige Events wie Livemusik, Gitarren-, Piano-, Buddha-Meditationskonzerte oder Gongreisen und Saunen-Lesungen. Abends wird die Anlage traumhaft beleuchtet. Es lohnt sich definitiv einen Tag bis zum Abend dort zu verbringen. Allerdings muss man am Wochenende oder je nach Wetter- und Feiertagslage damit rechnen, dass man lange ansteht oder der Einlass wegen Überfüllung gestoppt wird – die

Kehrseite der Beliebtheit weit über die Bergisch Gladbacher Region hinaus.

112 SCHIFFSBRÜCKE

Am Rheinuferweg 100 in Leverkusen-Rheindorf 84 findet sich eine verkehrsgeschichtliche Rarität: die Schiffsbrücke. Da sie sich im Landschaftsschutzgebiet befindet, ist sie nur zu Fuß oder mit dem Fahrrad erreichbar. Parken können Besucher in Leverkusen-Wiesdorf am Neulandpark, etwas mehr als einen Kilometer entfernt, oder an der Burgstraße/Unterstraße in Rheindorf, wo es mit den Stellplätzen schwieriger und die Strecke kaum kürzer ist. Der Weg ist ausgeschildert. Er führt an einen Ort, der nicht mehr ist, was er einmal war: die Wuppermündung. Diese wurde Mitte der 90er-Jahre ein Stück flussabwärts verlegt, weil die Deponie 1, 41 erweitert wurde. Damit verlor die Schiffsbrücke ihre Daseinsberechtigung. Aber alles auf Anfang: 1920 hatte der Rheinschiffer Heinrich Gless eine Geschäftsidee. Bayer-Arbeiter und Spaziergänger, die zwischen Rheindorf und Wiesdorf 2 pendelten, konnten ihren Weg am Rhein entlang erheblich abkürzen, wenn er sie im wahrsten Wortsinne über die Wupper brachte. Statt einer Fähre nutzte er drei Holzboote, die er nebeneinander ankern ließ und mit Latten verband – fertig war die Einnahmequelle an der Mündung: fünf Pfennig für Fußgänger, zehn für Radfahrer. Ab 1938 musste er keinen Brückenzoll mehr kassieren, denn die Stadt Leverkusen zahlte einen Zuschuss. Im Krieg wurde die Brücke zerstört. Gless ersetzte die Holzschiffe durch Eisenpontons, die das Hochwasser 1956 nicht überlebten. Daraufhin erwarb er einen Klipper namens »Einigkeit« – ein schnelles Frachtsegelschiff mit dem Baujahr 1907 – und den Tjalk »Freiheit«

von 1902, einen Wattsegler mit Plattboden, also ohne Kiel. Dazu kam elf Jahre später, 1967, der Aalschokker »Recht«, Baujahr 1924, ein Aalfanggerät ohne eigenen Antrieb. Bis Gless 1974 starb, war die Schiffsbrücke in den 70er-Jahren ein beliebtes Ausflugsziel geworden, zumal die Gaststätte »Zur Wuppermündung«, die der Eigner betrieb, zum Verweilen einlud. Die Verlegung der Wupper Mitte der 90er-Jahre machte aus ihrer Mündung einen kleinen Rheinarm. Das Ensemble war verkauft und weiterverkauft worden, eine Weile waren die Besitzverhältnisse unklar. Obwohl es 1983 unter Denkmalschutz gestellt wurde, verfiel es, war Vandalismus ausgesetzt, 1992 brannte die »Recht« aus und sank. Ein 1995 gegründeter Förderverein konnte neun Jahre später die neue Inbetriebnahme der Brücke feiern. Eins nach dem anderen waren die Schiffe abgeschleppt und restauriert worden, die »Einigkeit« verhalf als Letzte dem Dreiklang zur Wiedervereinigung in der ursprünglichen Folge von der Rheindorfseite zum Rhein: »Freiheit«, »Recht« und »Einigkeit«. Das umgebende heutige Landschaftsschutzgebiet eignet sich ideal zum Spazieren und Radfahren. Die Schiffsbrücke schließt nicht nur eine Lücke auf dem Weg entlang des Rheinufers, sondern bietet Erfrischung und Stärkung vor idyllischer Kulisse und einen ungewöhnlichen Raum für private und öffentliche Veranstaltungen, Feste, Weinverkostungen, Krimi- und andere Lesungen, Konzerte, Buddelschiff-Bastelkurse und weitere Aktionen. Der Fördervereinsvorsitzende Karl Lange und die Geschäftsführerin Gabriele Pelzer wurden 2014 wegen ihres von vielen Mitstreitern unterstützten Engagements mit dem Bundesverdienstkreuz ausgezeichnet. Um den Betrieb aufrechtzuerhalten, bedarf es allerdings ehrenamtlichen Nachwuchses, der nicht nur genießt, sondern übernimmt. Schon

2016 machten Leserbriefschreiber ihrem Unmut Luft, dass Steuergelder, die in die Renovierung geflossen seien, nicht garantierten, dass die Brücke an hochwasserfreien Tagen genutzt werden könnte, zeitweise sei sie wöchentlich nur wenige Stunden freigegeben. Ja, Einigkeit und Recht und Freiheit müssen ständig erarbeitet werden.

DAS WANDERN IST FRAU MÜLLERS FRUST

Sie hatte Wandern immer schon gehasst. Erst recht diese alberne Art von Ausflügen und Leibesertüchtigungen, die nur einem Zweck dienten: Ausbeutung. Erzwungene Gemeinsamkeit im Dienste der »Corporate Identity«. »Incentives« oder wie diese Veranstaltungen auf Neudeutsch hießen. Die mit dem frisch gebackenen Chef Einzug gehalten hatten. Unternehmungen, um Menschen zusammenzuschweißen, ihnen die letzten Refugien zu nehmen, die sie neben einem anstrengenden Arbeitsleben hatten: Feierabend. Wochenende. Zeit für sich. Privatsphäre.

Dass dabei was auf der Strecke blieb, war doch kein Wunder!

Wie Herr Fehl aus der Kommunikation. Auch so ein Begriff: *Kommunikation*! Früher hieß das Werbung. Das war wenigstens ehrlich. Heute sorgte diese Abteilung nicht mehr nur dafür, die Welt da draußen zu verdummen, sondern es ging gegen die eigenen Leute. Zuckerbrot und Peitsche in einem. In Frau Müllers frühen Jahren hatte es Betriebsfeiern gegeben. Da wurde gefressen, gesoffen und – na ja, *der* Kelch war an Frau Müller vorübergegangen, aber manche ließen bei solchen Gelegenheiten eben nichts anbrennen. Die Spitz aus der Buchhaltung zum Beispiel. Die hatte ihrem Namen immer wieder alle Ehre gemacht. Wie lange war es nun her, das letzte Betriebsfest? Vor der Klöter-Ära jedenfalls. Ausgerechnet nachdem der Vogel von der EDV der Frau Müller bei einem Glas Bier das Du angeboten hatte. Ernst hieß er. Wie ernst es ihm gewesen war, zeigte sich im weiteren Verlauf des Abends, als er mit der Spitz in der Herrentoilette verschwand.

Nach solchen Exzessen wurden die Karten neu gemischt. Herr Vogel kam in den Außendienst. Dann die Übernahme und mit ihr Herr Fehl. Das, was früher Betriebsfeier war, hieß bei ihm »Unternehmenskultur«. Es ging nicht mehr darum, mal fünfe gerade sein zu lassen – bis zu einer gewissen Grenze natürlich –, sondern man besuchte Veranstaltungen, auf denen man sich beweisen musste. Etwas lernen sollte. Im Team. Es ging um Weiterbildung, Potenzial, Kompetenzen. Um Auslese.

Für Herrn Fehl war das erste Jahr dann auch das letzte. Man fuhr ins Freilichtmuseum nach Lindlar 113. Statt Schampus wurden im Bus Isodrink-Fläschchen, Protein-Smoothies und Powerriegel gereicht. Die ganze Firma wurde zum LVR-Gelände geshuttelt und marschierte an der Schmiede und dem Bandweberhaus vorbei zur Imkerei. Dort erfuhr die Belegschaft allerhand über die Bedeutung der Biene für das Bergische Land. Und die Bedeutung der Bienen füreinander. Eusozial, neues Wort. Alle für einen. Die Königin sei allein nicht mehr überlebensfähig.

»Wer ist der Chef bei Ihnen?«, fragte der Imker.

Alle zeigten auf Dr. Klöter.

Der Mann drohte mit dem Finger. »Er hat das Sagen. Aber ohne seine Mitarbeiter ist er aufgeschmissen. Merken!«

Es war nicht klar, wem die Aufforderung galt. Im Folgenden ging es um seine Bienen. Fleißig. Immer im Dienst der Gemeinschaft. Selbstaufopferung und so.

Irgendwas an dem Modell musste der Kommunikationsfritze in den falschen Hals bekommen haben. Beim Pausenpicknick. Als man zu der Stelle zurückkehrte, wo die Mitarbeiter ihre Habseligkeiten deponiert hatten, griff der Gute allzu gierig nach dem Iso-Gesöff. Setzte an, trank, zuckte zusammen, würgte, griff sich an die Gurgel, schien spucken zu wollen, was ihm nicht gelang, krächzte, wandte sich Frau Müller zu. Suchte er Hilfe? Sie registrierte nicht ohne Genugtuung Fehls unsicheren Tritt, sah, wie er rot anlief, röchelte, torkelte, fiel – vor ihr auf die Knie! Das Detail gefiel ihr ausnehmend gut. Die Spitz stürzte herbei, schrille Schreie ausstoßend und sich nach seinem Befinden erkundend, als würde der Fehl den Eindruck machen, als wäre er in der Stimmung, darüber Auskunft zu erteilen. Sie klopfte ihm heftig auf den Rücken. Fehls Gesicht verfärbte sich blau. Die übrige Belegschaft trainierte Teamfähigkeit. Man diskutierte verschiedene Diagnosen und Maßnahmen, suchte einvernehmliche Lösungen. Herr Pohl, einer der Prokuristen, erklärte, was genau unter stabiler Seitenlage und Mund-zu-Mund-Beatmung zu verstehen sei. Seine Sekretärin, Frau Goldammer, widersprach und gab entsprechende Anweisungen an Frau Spitz, die binnen kürzester Zeit wirkte, als würde sie sich am liebsten neben den Fehl legen.

Dr. Klöter, der mit dem Imker am Bienenhaus stehen geblieben war, kam dazu und fragte lautstark, ob jemand den Notarzt informiert hätte. »Eins, eins, null!«, rief Paul, unser Facility Manager, der Einzige im Betrieb, den alle duzten und der alle duzte, wenngleich er alle mit Nachnamen ansprach. In dem Punkt unterschied er sich nicht von dem guten alten Hausmeister, der er ursprünglich gewesen war. Frau Remmert von der Distribution rief die 112 an, während die Übrigen debattierten, welche Endziffer denn nun die richtige sei.

Herr Fehl verschied, ehe der Rettungswagen die Imkerei erreicht hatte. Wer hatte auch ahnen können, dass der großer Kommunikator unter einer Bienenstichunverträglichkeit litt? Womöglich er selbst nicht. Vielleicht hätte er den Stich in die Kehle auch ohne den allergischen Schock nicht überlebt.

Die Kommunikation war nach Fehl vorübergehend nicht besetzt. Dann kam Frau Kaya. Und mit ihr die Vornamenkultur. Jeder sollte sie Betül nennen. Paul blieb Paul. Frau Müller hieß jetzt Edelgard. Ihr Hass auf die Kommunikation trieb Blüten. Nur Herr Dr. Klöter blieb Herr Dr. Klöter.

Heike Spitz kam als Erste mit der Neuigkeit in die Kantine, dass das nächste Incentive in der Wahner Heide **114** stattfinden würde. Die Betül hätte es ihr an der Kaffeemaschine gesteckt. Einen ganzen Tag im Schutzgebiet der Natur auf der Spur. Führung durch den Förster.

Man traf sich am Parkplatz an der Alte Kölner Straße. Frau Müller, die mit der Edelgard auf Kriegsfuß stand – zumindest gehörte die nicht auf die Zungen der Kollegen! –, Edelgard Müller also kannte das Gelände wie ihre Westentasche. Vielmehr tausendmal besser, da sie nie Westen trug. Sie war in Rösrath aufgewachsen. Das plauderte sie Dr. Klöter am Parkplatz aus. Der wie immer freundlich tat, das Gefühl vermittelnd, dass er nicht zuhörte.

Sie waren eine halbe Stunde gewandert und hatten sich allerhand anhören müssen über Kröten, Keiljungfern und Knabenkraut, da klingelte Dr. Klöters Smartphone. Er blieb stehen. »Ja?« Nach einer Pause: »Warum haben Sie nicht angerufen?« Sein Blick streifte Frau Müller, er wandte sich ab.

Sie konnte schlecht stehen bleiben, drehte sich aber ein paarmal nach ihm um, sah ihn gestikulieren. Dann schloss er wieder auf. Nach einer Weile klingelte es erneut. Der Doktor zückte das Gerät und stöhnte: »Nicht schon wieder!«, bat Frau Müller: »Können *Sie* dem Kollegen Pohl erklären, wo wir sind? Dem hat jemand heute Morgen den Reifen zerstochen. Jetzt findet er uns nicht.« Er reichte ihr den Apparat.

Sie war überrascht, dass er ihr doch zugehört hatte. Nahm das Gespräch an, ließ sich beschreiben, wo Prokurist Pohl im Moment war. Schüttelte den Kopf. »Das ist ja *völlig* abwegig! Was hat Ihnen der Chef denn *da erzählt*?« Freute sich diebisch, dass der es mit anhören musste. Prompt ging der Doktor ein paar Schritte vor. Sie erklärte Henning Pohl, wie er am schnellsten nachkommen konnte, beschrieb markante Bäume, Wegweiser, wünschte Glück, schloss auf, gab Dr. Klöter das Telefon zurück, frotzelte: »Orientierung ist Glückssache, nicht wahr?« Wohl wissend, wie schlecht der Doktor Kritik vertrug. Wie oft gab es schon die Gelegenheit, den Chef abzuwatschen?

Waren es fünf Minuten? Mehr? Eine Detonation ließ die ganze Gruppe zusammenfahren. Ein Stück entfernt, aber doch verdammt nah. »Was war das?«, kreischte Elisabeth Goldammer. Ihr Blick suchte den Himmel ab, der friedlich über ihnen blaute. Keine Gewitterwolke, kein Überschallflieger.

»Haben Sie nicht gesagt, heute fände hier keine Bundeswehrübung statt?«, rief Heike Spitz.

Der Förster hob beschwichtigend die Arme: »Das kam aus der roten Zone! Wahrscheinlich ein Maulwurf, der einen Sprengkörper angebaggert hat. Alles im grünen Bereich!« Die Beunruhigung wuchs: rote Zone! Die Belegschaft rottete sich zusammen wie eine römische Phalanx, Frauen in der Mitte, man spähte nach allen Seiten, als wenn hinter jedem Gebüsch eine germanische Granate lauerte. In Edelgard Müller wucherte ein heilloses Kichern. Sie versetzte

Dr. Klöter einen Stoß mit dem Ellenbogen. »Rufen Sie den Pohl mal an!«

Dr. Klöter machte runde Augen. Er zückte das Handy und drückte die Wahlwiederholung. Es blinkte. Dann die Ansage: »Teilnehmer nicht erreichbar.«

Noch einmal. Gleiches Ergebnis.

Es schien, als wäre plötzlich die Aufmerksamkeit aller auf sie beide gerichtet. Stille kehrte ein.

»Henning?«, wisperte Elisabeth.

Betül, die Fachfrau für Kommunikation, vergewisserte sich: »Sie versuchen Henning Pohl zu erreichen?«

»Er war verspätet am Treffpunkt erschienen«, sagte Dr. Klöter. Es klang schuldbewusst. Aller Augen richteten sich auf den Führer.

Der runzelte die Stirn. »Da war ein Kollege abgängig?«

»Frau Müller kannte sich ja aus«, stammelte Dr. Klöter. »Sie hat ihm beschrieben, wie er hierher findet.«

»Nachdem *Sie* ihn in die Irre geschickt hatten!«, schnaubte Frau Müller. »*Ich* habe ihm gesagt, er muss sich an den roten Pfosten orientieren!«

»Und jetzt ist er nicht erreichbar?« Der Förster schien not amused.

»Ich versuche es noch einmal!«, rief Elisabeth. Tat's. Gespannte Erwartung. Nach einer gefühlten Ewigkeit rief sie: »Henning! Geh doch dran!« Ein nervöses Schluchzen überkam sie. Während sie das Smartphone zuklappte, brach sie in Tränen aus. Paul, der danebenstand, legte den Arm um ihre Schulter.

Der Führer griff zum Funkgerät.

Details zum frühzeitigen Ableben des Prokuristen Pohl machten noch am gleichen Abend die Runde, auch wenn keiner der Beteiligten ihn mehr zu Gesicht bekam. Viel war wohl auch nicht mehr zu sehen. Zumindest nicht am Stück. Mitten in der roten Zone hatte eine Granate aus dem Ersten Weltkrieg ihn zerlegt.

Zwei friedliche, wanderfreie Jahre gingen ins Land. Es schien, als sei die neue Leitlinie dem Untergang geweiht. Dr. Klöter, der den Laden doch erst vor ein paar Jahren übernommen und sich angeschickt hatte, ihn mit einer neuen Firmenphilosophie zu infiltrieren, war scheinbar auf Tauchstation gegangen. Dann der Knaller: ein Tauchausflug zur Aggertalsperre 115. Der Chef hatte tief ins Portemonnaie gegriffen: Bötchentouren für die Feiglinge, der Rest durfte einen Schnuppertauchkurs besuchen. Ein paar Cracks verfügten ohnehin schon über einen Tauchschein. Nur Jessica Remmert, die noch nicht einmal schwimmen konnte, durfte zu Hause bleiben und Telefondienst schieben. Edelgard Müller haderte mit sich. Sie war fast 50. Hatte sie es nötig, sich etwas zu beweisen? Am Ende überwog der Hass auf die, die es ihr zeigen wollten. Denen würde sie es schon zeigen! Sie setzte ihr Kreuz beim Tauchgang. Ließ sich ärztlich attestieren, dass sie topfit war, verabredete sich zur Vorbereitung sogar mit Heike Spitz im CaLevornia, weil die behauptete, sie sei schon mal getaucht und die Edelgard müsse das Blubberfeeling unbedingt mal mit der Taucherbrille vor der Massagedüse üben. Eine der Dauer-Massagedüsen-Besetzerinnen beschwerte sich beim Bademeister. Edelgard würde sie stalken. Der Kerl erteilte ihr Beckenverbot. Heike sonnte sich auf der Wiese und lachte sich scheckig.

Wer sich zum Tauchgang eingetragen hatte, bekam vorab eine Theorieschulung. Der Tauchlehrer, Jay, war ausgerüstet mit Powerpoint und erzählte einen Tag lang alles zu den Themen Ausrüstung, Sicherheitsregeln, Druckausgleich, Dekompression und die Sache mit den Buddys, den Tauchpartnern, die man nie aus den Augen verlieren sollte.

Dann ein Abend Praxis im Pool. Schließlich der große Tag. Busfahrt zum See. Einstieg an der Westseite der Staumauer. Mit der Wassertemperatur im CaLevornia konnte das Aggerwasser natürlich nicht konkurrieren. Und schon gar nicht in Hinsicht auf Sauberkeit und klare Sicht. Die Bötchenfraktion, die erst eine Stunde später am Jugendzeltplatz Aggertal mit Kanadiern und entsprechendem Gerät starten sollte, ließ sich entspannt am Ufer nieder, amüsierte sich prächtig über die Verrenkungen der Kollegen beim Anlegen der Ausrüstung und über Heikes Kreischen beim Einstieg ins kalte Wasser. Edelgard Müller schämte sich fremd fast noch mehr als für ihre Fettbeulen. Kompensierte Kälte mit Wut.

Nachdem die ersten Tauchübungen im seichten Uferwasser absolviert waren, brachen die Kanuten auf. Nicht ohne zu drohen, dass man sich im See wiedersähe. Edelgard Müller memorierte die Lernziele des heutigen Tages: sich Ängsten stellen, Grenzen überwinden, neue Erfahrungen machen, Geben und Nehmen. Bla und Blub. Sie verfluchte die Entscheidung für den Unterwassergang. Jay kündigte an, man werde nun bis auf 20 Meter Tiefe tauchen. Ordnete ihr Heike Spitz als Buddy zu. Okay-Zeichen? Okay. Und ab!

Blubbernd entwich Luft aus den Tarierwesten. Druckausgleich! Wo war der Buddy? Wie sollte das mit dem Zusammenbleiben klappen, wenn die dumme Pute dauernd ausbüxte? Ein Neoprenanzugträger mit Tank und Taucherbrille sah doch aus wie der andere! Zumal die blöde Brille für Scheuklappen sorgte und in einer Tour beschlug. Alles ging drunter und drüber. Mal war die Heike vor ihr, mal hinter, über, unter, mal rechts oder links. Und dauernd kam was dazwischen. Auftrieb, Wasserwiderstand, Strömung, Blubberblasen, aufwirbelnde Partikel und querende Kollegen. War das nicht Herr Dr. Klöter? Der Tauchlehrer kreuzte mehrfach ihren Weg, kontrollierte die Ausrüstung, ließ sich das Okay-Zeichen zeigen. Betül Kaya und Paul schwebten vorbei, winkten. Elisabeth Goldammer und Ernst Vogel. Ha! Der konnte es nicht lassen! Warum war der nicht mit dem Paul unterwegs? Die Goldammer hatte neulich Silberhochzeit gefeiert. Der Spitz hätte Frau Müller es ja gegönnt, wenn der Vogel mit der Goldammer – die Vögel-Häufung entfachte ihren Ingrimm erneut.

Hatte sie den beiden zu lange hinterhergeguckt? Heike Spitz war weg. Dann eben ohne. Abtauchen hieß ja auch: endlich Ruhe. Vor den Idioten. Die gab's hier. Die Ruhe. Idioten auch.

Da! Heike! Ha! Sie hielt auf sie zu. Die Spitz hatte ihr gerade noch gefehlt!

Grundgütiger!

Das Gefährlichste war das Auftauchen. Nur in Etappen! Wegen des Drucks. Edelgard Müller hielt sich an Jays Worte. Wiewohl ihr Herz raste, ihre Sinne Samba tanzten, ihr Verstand nur noch ein Wort formte: raus! Sie pumpte Luft in die Weste, stieg auf, die Ohren ertaubten, jäher Schmerz, Stopp, Druckausgleich, weiter. Endlich brach sie durch die Wasseroberfläche, spuckte den Regulator aus, riss sich die Taucherbrille von den Augen, schrie, verschluckte sich, stammelte, schrie: »Hilfe!«

Jays Kopf tauchte vor ihr auf. »Was? Wer?«

Frau Müller japste: »Die Spitz!«

Auf der Rückfahrt im Bus herrschte Stille. Fragen standen im Raum. Wie hatte das passieren können? Blicke streiften Edeltraud Müller. Was sollte sie sagen? Welchen Grund hätte Heike Spitz gehabt, dort unten in 20 Metern Tiefe ihr Atemgerät abzulegen? In Abwesenheit ihres Buddys! Eine Panikattacke? War die Buchhalterin selbstmordgefährdet gewesen? Oder hatte sie testen wollen, ob sie es schaffte, das Gerät allein wieder anzulegen? Im Uferwasser hatten sie das noch geübt. Was war da unten passiert? Hatte ein Wels sie attackiert, dessen Gelege sie zu nahe gekommen war? Wer hatte die Spitz zuletzt gesehen?

Fragen über Fragen.

Eins konnte die Rechtsmedizin klären: Tod durch Ertrinken. Kein Herzschlag, Gift, keine Allergie, Pistolenkugel, kein Würgemal. Ein Unfall. Was sonst?

Eine Pause von zwei Jahren folgte.

Dann die Einladung – ja, es stand »Einladung« darauf, dabei war es doch nichts anderes als eine Anweisung! – zu einer Besichtigung im Königsforst **116** mit anschließendem Besuch beim Italiener. War man am Ende wieder beim Modell »Fressen-Saufen-Vö…llerei« angekommen? Einen 20-minütigen Vortrag, stand da, würde es zum Thema Bergbau geben. Bergbau? Lag der Königsforst im Ruhrpott? Kopfschütteln unter den Kollegen. Welche Tugenden wollte Dr. Klöter ihnen diesmal vermitteln? Dankbarkeit, dass sie über Tage arbeiten durften? Demut, dass sie klimatisierte Luft statt Kohlenstaub atmeten? Oder sollten sie einfach wieder Durchhaltevermögen beweisen? Sich auf dummes Zeug mit ungewissem Ausgang einlassen?

Edelgard Müller konnte man nichts erzählen. Die Rösrather Region war ihr Gebiet. Tatsächlich hatte der Königsforst zum Bensberger Erzrevier gehört. An gut 20 Gruben waren Stollen in Hügel getrieben worden. Die Eingänge, »Mundloch« genannt, wurden später vermauert, verschlossen, zum Teil verschüttet, ebenso wie die unterirdischen

Gänge, oft an sogenannten Pingen erkennbar – trichterförmigen Vertiefungen im Boden, wo es Einstürze gegeben hatte.

Natürlich blieb es bei 20 Gruben nicht bei 20 Minuten. Ob die Kommunikationsexpertin sich die Bereitschaft der Belegschaft, sich auf weitere Bildungsabenteuer einzulassen, durch schamlose Untertreibung des Zeitaufwands hatte sichern wollen oder ob es ein Kommunikationsproblem zwischen der Kaya und der Fachfrau für den Königsforster Abbau gegeben hatte – der Vortrag dauerte eine gute Stunde. Ein Fußmarsch war auch wieder damit verbunden. Wenn man wenigstens etwas Neues erfahren hätte! In den hinteren Reihen kam verhaltenes Murren auf. Nur Dr. Klöter heuchelte Interesse. Edelgard Müller kochte. Sie schlich sich hinterrücks an ihn heran, raunte: »Sagen Sie, Chef, sollten Sie im Lokal nicht Bescheid geben, damit das Essen nicht anbrennt?«

Er sah überrascht auf und auf die Uhr. »Stimmt!« Beugte sich zu Betül, raunte: »Ich gehe schon mal vor!« Sprach's und verschwand durch den Wald gen Osten, Richtung Rösrath. Neidische Blicke folgten ihm. Vermehrtes Murren. Edelgard Müller zischte in Betül Kayas Ohr: »Ich muss dringend auf die Toilette, ich gehe auch schon mal vor!«

Die drehte sich unwillig um, schickte einen strengen Blick in die Runde und raunte zurück: »Wenn's sein muss! Es ist nicht weit – da!«, in die Richtung weisend, in der Dr. Klöter verschwunden war: »Lehmbacher Hof.«

Kaum zehn Minuten später erreichte Frau Müller das Ristorante. Der Wirt empfing sie mit geöffneten Armen: »Willkommen, Signora! Gesellschaft Dr. Klöter?« Frau Müller bestätigte, erkundigte sich nach der Toilette, wo sie sich ausgiebig erfrischte und gründlich die Hände wusch.

Als sie zurückkehrte, wuselte der Wirt zwischen Eingang und Küche hin und her, fragte: »Wo bleiben die Kollegen?«

In dem Moment tauchten die ersten auf, vorneweg Jessica Remmert, die sich von Edelgard die Keramikabteilung zeigen ließ, grummelnd: »Wieso hat man an solchen Tagen seine Tage?«

Der Rest eroberte lärmend den Raum, suchte Plätze, bestellte Getränke, prostete sich zu, schwätzte.

Bis auffiel, dass der Chef nicht nur nicht da, sondern noch gar nicht angekommen war.

Es war wohl weniger der Person Dr. Klöters geschuldet als der Beunruhigung, die die vorangegangenen Exkursionen mit sich brachten, dass ein Großteil der Belegschaft aufsprang und den Weg durch den Wald zurückverfolgte, den er genommen haben musste.

Frau Müller blieb, nuckelte an einem Aperitif, kostete ihre Wut aus. Wie die übrigen Hiergebliebenen. Der Wirt rang stumm die Hände. Das Essen!

Nach einer gefühlten Ewigkeit wurde Geschrei laut. »Wir haben ihn!« Man hatte Dr. Klöter in einer dramatischen Kletteraktion aus einem Loch geholt, in das er gestürzt war. Genau genommen hatte er Paul seine Rettung zu verdanken. Der hatte mit seiner Handytaschenlampe den Boden abgesucht und in einer Senke eine unscheinbare Öffnung und darin Dr. Klöters grau melierten Hinterkopf entdeckt. Der Chef reagierte nicht, als Paul seinen Namen rief. Lag bewusstlos auf dem Boden eines Stollens, der nicht weit hinter dem Haus in den Berg führte. Erst als Ernst Vogel sich zu ihm hinunterarbeitete und an ihm rüttelte, kam er zu sich. Lallte, gelangte mit Vogels Hilfe auf die Beine, mit vereinten Kräften in die Höhe, an die Erdoberfläche zurück und konnte sich nicht erinnern, was passiert war.

Wieso das Loch nicht erkennbar oder gesichert war, ob ihn jemand geschubst hatte – die Umstände blieben im Dunkeln. Auf seine Mitarbeiter gestützt, erreichte er den Lehmbacher Hof. Nein, kein Arzt. Schon gar keine Polizei. Alles in Ordnung! Klar, alles andere wäre nur wieder hochnotpeinlich geworden.

Er beruhigte den Wirt, orderte eine Runde Schampus für den ganzen Saal, der ihm erleichtert zuprostete. Obwohl – wenn man's recht bedachte – Edelgard Müller hätte ihn gerne am Grund des Orkus gesehen. Mit Sicherheit nicht als Einzige.

Dass der ach so hilfreiche Vogel ein Jahr später im Baum hing, war natürlich unschön. Am Morgen nach einem – was wohl wieder? – Wandertag. Diesmal durchs Windecker Ländchen 117. Zum Siegwasserfall. Picknick an den Wasserkaskaden. Beeindruckender Blick in vier Meter Tiefe. Hochstimmung. Hoher Mut kommt gelegentlich vor dem Fall. Rückkehr zur historischen Unterkunft im Eulenbruch. Vielleicht hatte Ernst Vogel ja am Waldrand nächtliche Tuchfühlung zu seinen Namensvetterinnen aufnehmen wollen und sich versehentlich beim Klettern stranguliert? Der Knoten im Seil ließ eher suizidale Absichten vermuten. Oder hatte ihn jemand mit vorgehaltener Pistole genötigt? Absurd!

Im gleichen Jahr die Weihnachtsfeier in Marialinden 118. Idyllischer Markt rund um den Dom. Nach der obligatorischen Peitsche, in Form einer Führung durch die Wallfahrtskirche mit eingehender Würdigung der Pieta, der Muttergottes mit Leiche, hielt Dr. Klöter die Gesellschaft mit Zuckerbrot in Form von Glühwein frei. Alle Getränke aufs Haus. Kein Wunder, dass binnen kürzester Zeit alle sturzbesoffen waren. Im Gedränge der Weihnachtsmarktbesucher konnte keiner mehr Freund von Feind unterscheiden. Dass der gute Paul irgendwann auf der Suche nach einem Dixiklo hinter der Bude auf die Straße torkelte und sich unters nächste Auto legte, war kein Wunder. Dass er mit ein paar gebrochenen Knochen einschließlich Schädel überlebte, war durchaus eins. Wer wollte da noch darüber nachdenken, ob jemand seinen Sturz befördert haben mochte?

Paul wurde nach seiner Entlassung aus dem Krankenhaus dennoch nicht mehr gesehen. Nach gut einem Jahr Reha nahm der Facility Manager freiwillig vorzeitig den Hut.

Insgeheim nötigte Dr. Klöters Hartnäckigkeit Edelgard Müller mit den Jahren eine gewisse Bewunderung ab. Er gab nicht auf! Im Gegenteil. Im Folgejahr setzte er noch eins drauf: Schluss mit Zuckerbrot. Hatte Pauls Fall nicht hinlänglich die Gefahren der Völlerei verdeutlicht? Jetzt sollte Fasten angesagt sein. Im Zisterzienser-Kloster Seligenthal 119. Ein mehrtägiges Incentive zum Einschwören auf den Guide of Conduct.

Den was?

Die Verhaltensrichtlinien des Unternehmens.

Sturm der Entrüstung!

Die Kommunikationsexpertin beschwichtigte. Moderne Unternehmen seien nun mal ethischen Prinzipien verpflichtet. Nicht nur dem Kunden gegenüber. Es gehe um Arbeitszufriedenheit und -hygiene. Und natürlich müsse niemand hungern! »Fasten« hieße bei den Nonnen lediglich, dass es jeden zweiten Tag Fisch geben würde. Edelgard Müller fiel auf, dass Betül Kayas schwarz glänzender Schopf mit grauen Strähnen durchsetzt war. Ha! War sie nicht diejenige, die Jahr für Jahr den Kopf für ihren Chef hingehalten hatte? Die die Belegschaft mit schöner Regelmäßigkeit lockte und genauso unschöner Regelmäßigkeit schockte? Höchste Zeit, dass es ihr an den Kragen ging, fand Frau Müller.

Eine der Nonnen übernahm eine Führung über das Klostergelände. Wieder ein Wallfahrtsort. Edelgard Müller fühlte Überdruss in sich aufwallen. Eine Rochuskapelle! »Mein Lieblingsheiliger!«, rutschte es ihr heraus. Die Nonne musterte sie, sagte: »Wenn Sie einen Rochus auf jemanden haben, dann hat das nichts mit dem Heiligen zu tun. Das kommt vom jiddischen ›Rauchen‹. Vor Zorn nämlich.«

Frau Müller fühlte sich ertappt und nicht weniger wütend. Der heilige Rochus, fuhr die Nonne fort, habe die Ruhr abgewendet. Nicht den Fluss. Die Rote Ruhr. Dysenterie.

»Durch Glutenunverträglichkeit?«, warf Betül ein.

»Die bakterielle Variante.« Besorgter Blick. »Wenn Sie eine Unverträglichkeit haben, sollten Sie unbedingt in der Küche Bescheid geben.«

Frau Kaya lächelte. »Habe ich.«

Dass sie die Verhaltensrichtlinien in den nächsten Tagen nur als Kopien aushändigen konnte, weil sie nicht mehr vom Klo kam, beeinträchtigte die Arbeitszufriedenheit unter den Kollegen nur unwesentlich, um nicht zu sagen, es kam der Sache eher zugute. Die Küche schwor, ihre Brotkörbchen seien extra gekennzeichnet worden, jemand müsse die Markierung vertauscht haben. Wer will sich schon Ärger einhandeln?

Alles in allem in Hinsicht auf die Arbeitshygiene ein verträgliches Incentive.

In Hinsicht auf Ausfälle ebenfalls. Frau Kaya erschien bald nach der Rückkehr aus dem Kloster wieder auf der Arbeit.

Im Jahr darauf ging es nach Morsbach **120** zu den Ellinger Teichen. Größtes Amphibienlaichgebiet im Oberbergischen Kreis. *Laich*gebiet. Wie sollte das gut ausgehen? Eine ursprüngliche Moorlandschaft, heute unter Naturschutz, in der fünf ehemalige Fischteiche allerhand Flora und Fauna aufboten, wo es in erster Linie um eins ging: fressen oder gefressen werden. Der NABU-Experte, der die Gesellschaft in die Geheimnisse der Natur einführte, ging die Nahrungskette rauf und runter: Libellenlarven fraßen Amphibienlarven, Gelbrandkäfer fraßen Libellenlarven, Fledermäuse Insekten, Fische ebenfalls und Vögel wiederum Fische. Sollte das als ethisches Prinzip für betriebliches Miteinander herhalten?

Nach dem Abendessen ging es schon wieder los. Zu einer Fledermauswanderung. Jagdzeit für fliegende Hunde. In zwei Gruppen die Seen entlang. Edelgard heftete sich Dr. Klöter an die Fersen, der seinerseits angeregt mit Jessica Remmert plauderte. Frau Remmerts Lachen hatte einen gurrenden Unterton. Sie wich dem Chef den ganzen Abend nicht von der Seite. Als man endlich den Rückweg antrat, war der Mond untergegangen. Frau Müllers Laune auch. Gründlich. Die ersten verabschiedeten sich und trotteten zur Pension. Einzelne hockten sich ans Wasser. Die Damen aus der Buchhaltung breiteten eine Decke aus und ließen eine Sektflasche kreisen. Anderswo wurde geflüstert. Frau Müller hatte die Faxen dicke. Sie sah die Hand nicht mehr vor Augen. Jessica Remmert war verschwunden. Rums! Dr. Klöter hatte kehrtgemacht und war mit ihr zusammengestoßen.

»Oh! Verzeihung.«

»Orientierung ist Glückssache«, gab Edelgard grantig zurück. »Wo wollen Sie denn hin?«

»Ich … äh, ich wollte nur sehen, ob alle … alle so weit zufrieden sind.«

Zufrieden?, dachte Frau Müller. Der Tonfall des Chefs trug nicht dazu bei, ihr Misstrauen zu zerstreuen. Er führte etwas im Schilde. Jessica! Den ganzen Abend … Wo war sie? Wartete sie auf ihn? Na warte!

Sie verbrachte viel Zeit damit, in der Dunkelheit herumzustreifen. Nicht als Einzige. Welche Rolle spielt Zeit, wenn es darum geht, ein aufgewühltes Gemüt ruhigzustellen? So viele Geräusche in der nächtlichen Fauna, in der nicht nur Fledermäuse Opfer suchten.

Anderntags schwamm im Teich eine Leich. Frau Remmerts. Wie kann man als Nichtschwimmerin denn auch so leichtsinnig sein, in der Dunkelheit allein zwischen unbekannten Gewässern herumzustiefeln?

Von der ursprünglichen Belegschaft gab es nur noch Elisabeth Goldammer und sie, Edelgard Müller. Die Luft war dünn geworden.

Das war sie auch beim nächsten Betriebsausflug. Man hauste hoch in den Wipfeln bei Waldbröl 121. Im Naturpark Panarbora. Thema: Übersicht. Das große Ganze im Auge behalten. Frau Müller hatte sich für die gleiche Unterkunft wie Dr. Klöter eingetragen. Sieben Meter über dem Boden. Das höchste Baumhaus. Das Fußvolk war in den Erlebnisdörfern untergebracht. Wer nicht schwindelfrei war, genoss gewissermaßen den Unterblick. Durfte durch den Wald stapfen, während der Rest anderthalb Kilometer Luftlinie nahm und in 34 Metern Höhe Aussichten genoss, die Edelgard Müllers Selbstgefühl tatsächlich einen nicht unerhebenden Kick gaben. Nachmittags traf man sich im Seminarhaus und erfuhr Zukunftsperspektivisches. Partizipation durch Kapitaleinbringung. Formwandel. Eine AG als Eintrittskarte in den US-Markt.

Im Vollmond zog es Edelgard Müller an die Balustrade

vor der Chefetage. Wo bereits eine einsame Gestalt stand. Der Doktor.

Wenn das keine Gelegenheit war. Unter vier Augen. Auf Augenhöhe.

Sie gesellte sich zu ihm. »Darf ich?«

»Das kommt ganz auf das Vorhaben an.« Er trat einen Schritt beiseite. »Was sagen Sie zu den bevorstehenden Veränderungen?«

»Sie haben ja lange genug darauf hingearbeitet. Die Firma ist fast altlastenfrei.«

Er runzelte die Stirn. »Ich?«

Sie lachte. »Verstehen Sie *sich* etwa als Altlast?«

Trotz der Dunkelheit war das Entgleisen seiner Gesichtszüge unübersehbar. »Sie …«

»Ja! *Ich*!«, unterbrach sie ihn. »Sähen Sie mich nicht am liebsten da unten?« Sie wies in die Schwärze zu ihren Füßen.

Dr. Klöter krächzte: »Sie! Das sagen ausgerechnet *Sie*? Wer war denn jedes Mal …«

»Sie! Wer sonst?«

Die Stimme des Doktors versagte. Er zischte: »Ich werde es Ihnen schon zeigen!«

»Werden Sie nicht!« Frau Müllers Adrenalinpegel hatte den zulässigen Grenzwert überschritten. Sie ging kurz in die Knie, umfasste die Beine des Doktors am Oberschenkelansatz und stemmte ihn mit Schwung in die Höhe, sodass er über dem Geländer hing. »Höchste Zeit, dass man Ihnen das Handwerk legt!«

Die Hormonversorgung von Dr. Klöter war auch nicht von schlechten Eltern. Sein Oberkörper schnellte herum und er hebelte Edelgard, die nach wie vor seine Beine umklammert hielt, unter den Achseln in die Höhe, nahm sie sich quasi zur Brust, leider ohne dass es ihm gelang, dadurch die entscheidende Gewichtsverlagerung zur sicheren Seite zu erlangen. Im Gegenteil. Ihr Bodenkontakt war perdu und da sie nicht losließ, umschlangen ihre Arme nun seinen Mittelbau. In enger Umarmung und ineinander verkeilt rangen sie miteinander auf der hölzernen Reling. Lautlos. In höchster Anspannung. Kein Quäntchen Kraftreserve, um zu schreien. Edelgard spürte, wie ihr Körper nachgab. Der Doktor warf einige Kilo Masse mehr in die Waagschale. Auch schien er zwischen den Streben Fuß gefasst zu haben. Auf der richtigen Seite. Während sie unaufhaltsam gen Abgrund zu rutschen begann. Da! Der Punkt, an dem sie sich nicht mehr halten konnte. Realisierte, dass ihr Leben an einem seidenen Faden hing. Vielmehr an dem Klöter. Realisierte gleichzeitig, dass der nicht lockerließ.

»Warum tun Sie das?«, keuchte sie.

»Ja, wollen Sie sich denn umbringen?«, japste der zurück.

Edelgard verstand. Schlagartig.

Edel war der Mensch. Hilfreich und gut.

Ganz im Gegensatz zu ihr.

Die jahrelang angestaute Wut entlud sich in einem letzten Aufbäumen, mit dem sie das Kräftegleichgewicht wieder zu ihren Gunsten verschob. Dass der Klöter sie nicht preisgeben wollte, geriet ihm zum Verhängnis. Das Geländer gab nach. Gemeinsam traten sie den letzten Ausflug an. Zum Incentive im Inferno. Den Shuttle ins Schattenreich.

FREIZEITTIPPS:

113 LINDLAR

Lindlar ist eine relativ dünn besiedelte Gemeinde zwischen Engelskirchen, Gummersbach 103, Marienheide 83 und Wipperfürth, die sich inmitten feuchter Flusstäler und trockener Höhen angesiedelt hat. Auf archäologisch einzigartigem Gebiet: Der nachweislich älteste Wald der Welt stand in Lindlar. Erst während der Völkerwanderung im 5. oder 6. Jahrhundert erfolgte eine Besiedelung. 1109 wurde der Ort »Lintlo« erstmals urkundlich erwähnt. Damals muss es dort schon eine große Pfarrei gegeben haben, die zwischen 893 und 958 entstand. Der Turm der romanischen Kirche St. Severin aus dem 12. Jahrhundert ist bis heute erhalten, um 1500 wurde das spätgotische Langhaus mit Querschiff erbaut. Das Taufbecken der Kirche stammt aus der gleichen Zeit wie der Turm.

In der Region wurde über 1.000 Jahre Grauwacke und seit dem 16. Jahrhundert Eisenerz abgebaut.

Im 20. Jahrhundert erlebte Lindlar eine unrühmliche Zeit, als 1937 ein Zeltplatz für die Hitlerjugend, ein Lager für den »Reichsarbeitsdienst« in Schloss Heiligenhoven – eine bereits 1363 erwähnte Burg, 1760 neu erbaut – und für den »Weiblichen Arbeitsdienst« im Ortsteil Schwarzenbach eingerichtet wurde. Im Zweiten Weltkrieg entstanden in Lindlar und Hommerich zwei Kriegsgefangenenlager. 42 von 98 sowjetischen Soldaten starben allein in Hommerich. Noch acht Tage vor dem Einmarsch der Alliierten wurden im Lindlarer Steinbruch zehn sowjetische Kriegsgefangene als Sühne für einen ermordeten NS-Mann erschossen.

Im Lindlarer LVR-Freilichtmuseum wurden historische Gebäude aus 150 Jahren zusammengetragen und neu aufgebaut. Der älteste Teil ist die Hofanlage »Zum Eigen« mit Wohnstallhaus, Zehntscheune, Backhaus, Speicher und Scheune. Im »Lingenbacher Hof« ist ein Museumsrestaurant eingerichtet und die »Museumsherberge Gut Dahl«, eine rekonstruierte Hofanlage aus dem 18. Jahrhundert, bietet Übernachtungen in außergewöhnlichem Ambiente.

Daneben kann man anschaulich alte Gewerke kennenlernen wie eine Schmiede, Stellmacherei, Imkerei, Seilerei, ein Bandweberhaus, Forsthaus oder auch einen Kiosk aus den 1930er-Jahren.

Rund um Lindlar lässt sich der »Kapellenkranz« erwandern. Auf der Route stößt man auf eine Reihe von Kapellen, die teilweise aus dem 14. Jahrhundert datiert sind.

114 WAHNER HEIDE

Die 177 Quadratkilometer große Wahner Heide zwischen Köln, Rösrath, Lohmar und Troisdorf ist seit 1931 Natur-, außerdem Vogelschutzgebiet, das rund 700 bedrohten Tier- und Pflanzenarten durch eine Mischung aus Feucht- und Trockengebieten einen idealen Lebensraum bietet. Dort gibt es Sümpfe, Moore, Heideflächen und Dünenlandschaften dicht nebeneinander, eine Chance für große Artenvielfalt. Im Gut Leidenhausen – ehemaligem Rittersitz aus dem 14. Jahrhundert, später Wirtschaftshof für das Gestüt Röttgen, seit 1963 im Besitz der Stadt Köln, heute Naturmuseum und Waldschule – kann man viel über Natur, Greifvögel, Wild und Jagd erfahren. Die Beschaffenheit der Böden der Wahner Heide machte sie unattraktiv für eine über Viehweideland hinausgehende landwirtschaftliche Nutzung. Auch heute werden hier Tiere gehalten: Ziegen, Schafe, Glanrinder und Wasserbüffel. Die Heide wurde und wird aber vor allem zu militärischen Zwecken intensiv genutzt. Zur Preußenzeit war sie bereits Schießplatz, im Ersten und Zweiten Weltkrieg Truppenübungsplatz, Flugfeld und Kriegsgefangenenlager. Die Bayer-Werke testeten hier die Giftgase, die im April 1915 erstmalig eingesetzt wurden und Tausenden französischen Soldaten einen qualvollen Tod bescherten. Nach dem Krieg baute die Royal Air Force einen Fliegerhorst der Luftwaffe aus, belgische Streitkräfte nutzten das Gelände unter anderem als Sondermunitionslager, auch für Atomwaffen. Zuletzt fanden auf dem Areal vor allem Bundeswehr-Truppenübungen statt. Die militärische Nutzung fügte der Natur zwar Schäden zu, verhinderte aber eine Ansiedlung in größerem Umfang. Heute befindet sich in der Wahner Heide der Flughafen Köln/Bonn und die Stadt Rösrath. Seit 1978 kann das militärische Sperrgebiet auch von Erholungssuchenden genutzt werden, allerdings müssen sie sich an das markierte Wegenetz halten. Schrifttafeln weisen an mit Munition und Sprengkörpern verseuchten Arealen darauf hin, dass das Betreten lebensgefährlich ist. Der Süden der Wahner Heide wird während Bundeswehrübungen ohnehin gesperrt. Für Militaria-Sammler natürlich ein hochspannendes Gebiet, das sie mit Metalldetektoren nach Blindgängern absuchen. Im Mai 2017 kam es in einem Hennefer Wohngebiet zu Explosionen, Munition detonierte und eine Garage geriet in Brand. Die Polizei und der Kampfmittelräumdienst mussten anschließend mit zwei kontrollierten Sprengungen das vorzugsweise in der Wahner Heide zusammengetragene Granatenarsenal eines Waffennarren vernichten.

Die Stadt Rösrath ging aus dem heutigen Stadtteil Forsbach hervor. 1356 wurde sie erstmals urkundlich erwähnt. »Ros« steht für ein feuchtes, sumpfiges Gelände, »rath« für eine Rodung. Seit der Mitte des 19. Jahrhunderts wurden in

Rösrath Buntmetallerze abgebaut. Als Wahrzeichen der Stadt gilt der ehemalige Rittersitz Schloss Eulenbroich. Zuletzt machte der Ort durch die Aktion »Rösrath wird zur Galerie« Schlagzeilen: Privatleute, Stadt und Betriebe stellen Grundstücke und Fassaden zur Verfügung für Skulpturen. Es gibt also allerhand zu entdecken.

115 AGGERTALSPERRE

Zwischen Gummersbach 103, Bergneustadt und Meinerzhagen liegt die Aggertalsperre, die sich aus Agger, Genkel und Rengse speist. 1929 wurde die 45 Meter hohe und 225 bis 230 Meter lange Staumauer fertiggestellt. Ziel der Anlage sind Stromerzeugung, Hochwasserschutz, Niedrigwasseraufhöhung und Brauchwasserversorgung, nicht Trinkwasserspeicherung, weshalb Naturfreunde und Wassersportler das Gewässer nutzen können. Zum Segeln, Kanufahren, Angeln und Baden. Im Nordosten wurden direkt am Ufer zwei Zeltplätze eingerichtet. Insbesondere für Taucher ist die Aggertalsperre interessant, kann man doch allerhand unter Wasser entdecken: ein voll erhaltenes Viadukt zum Durchtauchen, eine Brecheranlage, Stau-, Bruchsteinmauern und Felswände. 2002 wurde im Zuge größerer Sanierungsmaßnahmen das Wasser aus der Sperre abgelassen, was auch Nichttauchern spektakuläre Ein- und Aussichten ermöglichte. Überregionales Interesse erlangte die Aggertalsperre wie die Wiehltalsperre 88 durch die Krombacher Werbung.

116 KÖNIGSFORST

Seit der Jahrtausendwende ist der im Rechtsrheinischen gelegene Königsforst das größte zusammenhängende Waldgebiet der rechtsrheinischen Mittelterrasse und nach einer wechselhaften Geschichte Naturschutz- und Vogelschutzgebiet. Von einer Besiedelung während der Eisenzeit zeugen zahlreiche Hügelgräber, die allerdings kaum noch zu erkennen sind. Die Funde gehören heute zum Bestand des Römisch-Germanischen Museums. Unter den Frankenkönigen war das Areal Bannwald, das heißt, hier durfte man nicht siedeln. Die späteren Besitzer, die Herzöge von Berg, nutzten den Wald zum Jagen. Während der französischen Besatzung wurde er weitgehend geplündert, das Nutzholz nach Frankreich verbracht. Die Preußen forsteten ihn systematisch wieder auf. Im Zweiten Weltkrieg war er militärisches Truppengelände, daher findet man immer noch Betonmauern ehemaliger Bunker und Fundamente des Fliegerhorstes Ostheim. Vielerorts wurde Bergbau betrieben. Von den ehemals 20 Gruben sind nur noch Rudimente erhalten. Am Fuß des Bergs hinter dem heutigen Restaurant »Lehmbacher Hof« befand sich tatsächlich ein Versuchsstollen. Heute ist der Königsforst ein beliebtes Naherholungsziel, nicht nur für Kölner. Man kann dort auf einem gut ausgebauten Wegenetz, das unter anderem einen Teil des Jakobswegs einschließt, laufen, reiten oder Radfahren. Es gibt einen Waldlehrpfad, ein Wildgehege und eine Wassertretstelle zum Kneippen. Kölns höchster Punkt, der »Monte Troodelöh« mit einer Höhe von 118 Metern, liegt tatsächlich nur zur Hälfte auf Kölner Stadtgebiet. Die höchste Erhebung des Königsforsts ist mit 212 Metern der »Tütberg«. Exakt auf der Grenze zwischen Köln, Bergisch Gladbach und Rösrath wurde der Giesbach in einem Becken kanalisiert. Weitere Bäche sind zum Teil zu kleinen Weihern gestaut. Mehrere Gedenksteine erinnern an Menschen, die mit dem Wald zu tun hatten. Achtung beim Besuch des Ausflugslokals »Asado«:

Die Stadtgrenze zwischen Köln und Rösrath verläuft mitten durch das Restaurant.

117 WINDECKER LÄNDCHEN

Die Kommune Windeck setzt sich aus den ehemaligen Gemeinden Herchen, Dattenfeld und Rosbach zusammen und liegt zwischen Eitorf und Ruppichteroth 108 im Siegerland sowie zwischen Waldbröl 121 und Morsbach 120 im Oberbergischen. Den Namen erhielt die Region durch die Burgruine Windeck auf dem Schlossberg oberhalb von Altwindeck, 1174 bereits als »castrum novum in windeke« schriftlich erwähnt. 1648 wurde die Burg zum ersten Mal zerstört, 1852 gelangte die Ruine in den Besitz eines königlich-preußischen Landrats aus Waldbröl, der sie erst zu einer Parklandschaft umgestaltete und 1860 auf den Fundamenten das Schloss Windeck errichtete. 1945 geriet es durch amerikanisches Artilleriefeuer in Brand. 1960 ließ der Rhein-Sieg-Kreis die Reste des Schlosses abreißen, um die Burgruine wiederherzustellen. Heute werden dort vor wildromantischer Kulisse Kulturveranstaltungen wie Theaterstücke und Festivals angeboten. Unterhalb der Burgruine ist das Museumsdorf Altwindeck mit seinen Fachwerkhäusern und Bauerngärten, mit Backhaus, Schmiede, Tante-Emma-Laden und Schulzimmer. Demnächst soll dort auch eine alte Schnapsbrennerei aufgebaut werden.

Die Region ist Teil des Landschafts- und Naturschutzgebiets Siegauen – ein Wander- und Wassersportrevier, in dem man auf der Sieg und bei entsprechendem Pegelstand auch auf der großen Nister Kanutouren machen kann. Zu Fuß, per Rad oder übers Wasser empfiehlt sich ein Ausflug zum größten Wasserfall Nordrhein-Westfalens, dem

84 Meter breiten Siegwasserfall, der sich in mehreren Stufen über vier Meter hinab ergießt.

Das Fachwerkanwesen Haus Eulenhof, als ein Beispiel unterschiedlichster Unterkünfte für Erholungssuchende, stammt aus dem 18. Jahrhundert und liegt im Eulenbruch, einem Ortsteil von Rosbach. Es besteht aus einem Wohnhaus, einer ehemaligen Scheune sowie einem historischen Backhaus und wird heute als Pension genutzt.

Ähnlich wie Ruppichteroth 108 wurde auch Windeck-Herchen mehrfach im Bundeswettbewerb »Unser Dorf soll schöner werden« ausgezeichnet und zum schönsten Dorf im Rhein-Sieg-Kreis gewählt. Ausflugsziele sind der Thingplatz neben der katholischen Kirche St. Peter, wohin die »Kölner Kanonen« – zwei preußische Geschütze aus dem Krieg 1870/71 – verbracht wurden, die bis zum Ende des Ersten Weltkriegs auf dem Kölner Heumarkt gestanden hatten, und die Aussichtsplattform des ehemaligen Hindenburgdenkmals. Die Schauspielerin und Grimme-Preisträgerin Renan Demirkan, vor wenigen Jahren selbst von einer Krebserkrankung betroffen, stellt seit 2017 unter dem Motto »Zeit der Maulbeeren – Raum zum Ausruhen« ihr Haus im malerischen Windecker Ländchen kostenlos für bedürftige krebskranke Frauen mit und ohne Kinder zur Verfügung, die dort drei Wochen Auszeit nehmen können.

118 MARIALINDEN

»Sevenlynden«, hieß es in einer Urkunde von 1515, werde nun umbenannt in »Marienlynden«; 1526 ist auch von »Mergenlynden« die Rede. Grund: In einer der sieben Linden, die dem Ort den Namen gegeben hatten, war ein Marienbildnis gefunden worden. Man baute wegen des Funds ein Heiligenhaus, dann eine Kapelle, 1516 sogar die dreischiffige Wallfahrtskirche St. Mariä Heimsuchung, Wahrzeichen des Ortes. 1897/98 wurde sie nach Plänen des Kölner Architekten Theodor Kremer verlängert, wobei sie eine neugotische Zweiturmfassade im Westen vorgesetzt bekam. Dem bis heute andauernden Andrang der Gläubigen trägt der Name der Hauptstraße, »Pilgerstraße«, Rechnung, die gleichzeitig Handels- und Erzabfuhrstraße war. In der Kirche gibt es zwei hölzerne Pieta-Skulpturen aus dem Mittelalter. Sehr beliebt ist der Weihnachtsmarkt »rund um den Dom« mit seinen offenen Feuerstellen, der kunstvoll ausgeleuchtet wird.

Heute ist Marialinden ein Stadtteil von Overath. Ältestes Haus des Ortes ist das »Burgerhaus« unweit der Kirche. Ein stattliches Fachwerkhaus aus dem Jahr 1671, vermutlich als Gasthaus für Pilger genutzt. Seinen Namen erhielt es 1856 nach dem damaligen Besitzer.

119 KLOSTER SELIGENTHAL

1231 wurde das Franziskanerkloster Seligenthal im heutigen Wahnbachtal bei Siegburg konsekriert. Vorausgegangen war ihm die Einsiedelei St. Annenkloster. 1255 wurde die Antoniuskirche eingeweiht, die erste überlieferte Wallfahrt dorthin fand 1627 statt. 1709 baute man zur Abwehr der Roten Ruhr die Kapelle des nicht kanonisierten Volks-Heiligen Rochus (1295–1327), der vielen Pestkranken geholfen haben soll. Die Rote Ruhr hat nichts mit dem Fluss zu tun, allenfalls mit dem Namen: Das althochdeutsche »ruora« bedeutet Strömung, schnelles Fließen. Die »Rote Ruhr« bezeichnet eine bakterielle Entzündung des Dickdarms, die meist blutigen Stuhl zur Folge hat und auch bei Glutenunverträglichkeit entstehen kann. Immer am 16. August, dem Rochustag, finden Wallfahrten zur Kapelle statt. Der acht

Kilometer lange Mönchweg ist auch für profane Wanderungen geeignet. Er startet am Wanderparkplatz Siegelsknippen, führt durch den Kaldauer Wald, an der zerstörten Ummigstalbrücke und der Klosteranlage vorbei zur Wahnbachtalsperre, zum Gut Umschoß und zurück zum Startpunkt. Die weiteren Klostergebäude entstanden im 19. und 20. Jahrhundert und werden heute als Event-Hotel der Viersternekategorie genutzt. Fasten gehört dort nicht zum Angebot, und die Anlage wird auch nicht von Nonnen geführt. Zum Ausgleich für die »Mogelei« hier ein gastronomiegeschichtlicher Hinweis: Siegburg gilt historisch als Töpferstadt des Bergischen Lands, im Ortsteil Aulgasse wurde in Konkurrenz zu Frechen im Kölner Westen gesintertes Steinzeug hergestellt und zum Teil kunstvoll verziert. Tolle Erfindung: die Schnelle – ein schlanker, hoher, sich nach oben zylindrisch verjüngender Krug mit Deckel, der dem Schalwerden des Biers entgegenwirkte. Die heutige Kölschstange ist die moderne gläserne Variante der Schnelle, die durch die geringe Sauerstoff-Angriffsfläche den CO_2-Verlust bei obergärigen Bieren wie dem Kölsch minimiert und die Schaumkrone frisch hält.

120 MORSBACH

Morsbach ist die südlichste Gemeinde des Oberbergischen und liegt in direkter Nachbarschaft zu Waldbröl 121 und Reichshof 88, 90. Sie schmückt sich mit dem Beinamen »Republik«, wozu es viele Erklärungen gibt. Etwa die, dass der Ort durch die umliegenden Höhenzüge relativ abgeschirmt gelegen ist. Oder die, dass das katholische Morsbach sich gegen umliegende evangelische Gemeinden habe behaupten müssen. Oder die, dass die Morsbacher im Dritten Reich von Hitler weit weniger gehalten hätten als die umliegenden Einwohner. Oder die, dass Morsbach nach dem Krieg das Armenhaus des Regierungsbezirks Köln gewesen sei und zur Selbsthilfe gegriffen habe. Oder auch die, dass Morsbach eine Hochburg des Karnevals ist. Die Morsbacher halten ihre Republik jedenfalls in Ehren. Die mit 444 Metern höchste Erhebung der Gemeinde ist durch einen – geklauten – Grenzstein als »Gipfel der Republik« markiert. In der Kirchstraße 13 gibt es sogar ein »Wirtshaus zur Republik«. Seit 1997 wird das legendäre Schubkarrenrennen mit verrückten Gefährten um den »Großen Preis der Republik« veranstaltet, bei dem jeder Teilnehmer in den Löschschaumwogen der Feuerwehr endet. Seit 2006 findet immer im August eine »Lange Nacht der Republik« statt, in der Läden, Lokale, Handwerk und Vereine Aktionen und Attraktionen anbieten.

Der Morsbacher Humor muss mit der Lage des Orts zusammenhängen. »Humor« stammt aus dem Lateinischen und bedeutet »Feuchtigkeit«, was sich daher ableitet, dass im 16. Jahrhundert angenommen wurde, der Mensch bestehe aus vier elementaren Körpersäften (»humores«), die sein Temperament bestimmten: cholerisch, phlegmatisch, sanguinisch, melancholisch. Die Engländer grenzten die Wortbedeutung dann auf die lustige Komponente ein. »Morsbach« ist von der Wortbedeutung her gleich doppelt feucht, steckt in dem Namen doch »Moor« und »Bach« – zwei Landschaftsmerkmale, die für die Gegend typisch sind und sich auch im Wappen der Stadt zeigen: Drei Moorkolben über einem Bachlauf und unter dem Bergischen Löwen verweisen auf das ehemalige Feuchtbiotop, das sich heute in den Ellinger Teichen konserviert hat. Dabei handelt es sich um eine alte Fischteichanlage, die der Gemeinde übereignet wurde und die diese mithilfe des Naturschutzbunds

NABU zum größten Amphibienlaichgebiet des Oberbergischen umgestaltete.

121 WALDBRÖL

Waldbröl wurde 1131 zum ersten Mal urkundlich als »Waltprugele« erwähnt und liegt heute mitten zwischen Reichshof 88, 90, Morsbach 120, Windeck 117, Ruppichteroth 108 und Nümbrecht 109. Der Name geht auf das latinisierte keltische Wort »brogilus« für »Sumpf« zurück; zusammen mit dem »Wald« liegt auch hier die Naturnähe auf der Hand. Dass es bei Waldbröl-Neuenhähnen ein Naturschutzgebiet und am Stadtrand den Naturerlebnispark Panarbora gibt, scheint stimmig. Panarbora bietet eine Jugendherberge mit fünf Baumhäusern, einen 1.635 Meter langen Baumwipfelpfad, einen Heckenirrgarten, Spieltunnel und Sinnespfad-Waldweg. In der Stadt Waldbröl findet alle zwei Wochen donnerstags ein traditioneller Vieh- und Krammarkt statt, der als Attraktion im Oberbergischen gilt. Für Freunde der geführten Naturannäherung ein Fast-nicht-mehr-Geheimtipp: In der Ortschaft Geilenkausen kann man im »Kräutercafé« Wanderungen buchen, auf denen Kräuterdelikatessen am Wegesrand gepflückt und anschließend zu Limonaden verarbeitet, in Frühstücken oder mehrgängigen Menüs genossen werden können. Man kann dort aber auch einfach spannende Naturküchenkreationen genießen.

Ein sehr besonderes Baudenkmal ist die Waldbröler »Hitlermauer«. Sie ist der Rest einer geplanten »Adolf-Hitler-Schule«, einer Nationalpolitischen Erziehungsanstalt, die, nachdem Unbekannte sie in den 80er-Jahren mit dem Schriftzug »Nie wieder Krieg« versehen hatten, als Mahnmal für den Frieden anerkannt wurde.

Ein Kriminalfall aus Waldbröl machte 2016 Schlagzeilen: Eine von Eifersucht geplagte Krankenschwester hatte ihrem Mann, einem Polizisten, einen Denkzettel aus verschiedenen Psychopharmaka, Schmerz-, Schlafmitteln sowie Opiaten gemixt, damit er sich nicht mit ihrer Nebenbuhlerin treffen konnte. Der Mann wurde von einem Kollegen aufgefunden. Die Giftmischung hätte zwar zu bleibenden Schäden führen können, befand das Gericht, aber zu einer Tötung hätte es nicht gereicht. Im Mai 2017 geriet Waldbröl wieder in die Schlagzeilen: Vier alkoholisierte Unruhestifter zogen los, um »Flüchtlinge aufzumischen«. Nachdem ihnen drei Asylbewerber entkommen konnten, prügelten sie einen Familienvater zu Tode. Im gleichen Monat gab es aber auch noch Erfreulicheres zu vermelden: Kanzlerin Angela Merkel besuchte den Ort im Rahmen ihrer Wahlkampftour.

Zu den Persönlichkeiten, die in Waldbröl gelebt beziehungsweise gewirkt haben, gehören die Frauenrechtlerin und Publizistin Alice Schwarzer und der englische Romancier D. H. Lawrence, der 1912 hier Teile seines Romans »Söhne und Liebhaber« schrieb.

Du musst den Tag nutzen. Du gehst raus. Überlegst an der Schwelle kurz, wohin. Wendest dich in Richtung Innenstadt. Vor der Brücke verlässt dich der Mut. Du gehst über den Parkplatz ins Grüne. Den Weg am Fluss entlang. Das Grün und das Wasser tun gut. Weil du es kennst. Du hättest nie gedacht, dass es so viel davon gibt. Die Kälte ist wohl der Preis dafür, dass es nicht wegtrocknet.

Hunde kommen dir entgegen. Die an dir schnuppern und anschlagen. Hunde an langen Leinen, an deren anderem Ende Menschen hängen. Die Befehle bellen. Manchmal lassen die Hunde dich daraufhin in Ruhe, manchmal werden sie weggezerrt. Ist »Pfui!« das Wort für »Hund« oder ein Gruß an dich? Du sagst nicht »Pfui«, versuchst deine Angst wegzulächeln.

Vor einem Haus eine Gabelung nach rechts, ein hölzernes Schild. Da steht etwas. Du zückst das Smartphone, öffnest den Übersetzer, vergleichst die Buchstaben. Das erste Wort beginnt mit »Wald«. »Baum«, sagt das Wörterbuch. Ja, das Schild ist an einen Baum genagelt. Dahinter steht »Haus«. Das kennst du. »Waldhaus« 122. Ein Haus aus einem Baum? Aus Holz? Das zweite Wort heißt »Römer« 122. »Glas«, schlägt das Lexikon vor. Ein Baum aus Glas? Ein gläsernes Haus? »Unzuverlässige Übersetzung«, zeigt die App an. Sie weiß vieles nicht. Kennt kein »Leverkusen« und keine »Düsseldorfer Straße«. Immerhin »Straße« kennt sie. Straßen gibt es überall. Wie sollst du dich zu Hause fühlen an einem Ort, von dem du nicht einmal weißt, was er bedeutet?

Du wählst den schmaleren Weg nach rechts, weil da das Wasser sein muss, hinter den Bäumen. Er führt zu einem Platz auf der Rückseite des Hauses, umgeben von Wald. Dort entdeckst du Holztische und -bänke. Eine Gastwirtschaft. Aber es ist niemand da. Die Tür ist verschlossen.

Du setzt dich auf eine der Bänke, die in der Sonne steht. Schließt die Augen, fühlst vertraute Wärme auf der Haut.

Dann Stimmen. Laute, jugendliche. Eine Horde junger Männer taucht auf, Dosen in den Händen, aus denen sie trinken. Sie setzen sich breitbeinig auf die Bänke, rufen dir etwas zu. Du hebst die Arme, wendest die gespreizten Hände hin und her. Sie verstehen, dass du nichts verstehst, lachen lauter. Drei kommen auf dich zu. Die Größten und Dicksten. Du stehst auf, willst gehen. Einer greift nach deinem Arm, zieht dich zurück auf die Bank. Er lässt nicht los, redet auf dich ein. Die anderen lachen. Einer beugt sich zu dir herüber und hält dir seine Dose hin. Es riecht nach Bier. Du schüttelst den Kopf. Der neben dir setzt sein Getränk ab und greift mit der freien Hand nach deinem anderen Handgelenk. Du versuchst ihm zu entkommen, der Dritte hilft nach. Die anderen schreien, feuern an. Der mit der Dose schüttet dir den Inhalt ins Gesicht. Weil du den Mund zusammenpresst und den Kopf wegdrehst, läuft es an deinem Hals herunter, über dein T-Shirt. Die Männer äugen auf deine Brust.

Du weißt, was jetzt kommt. Versuchst dich zu ducken, unter dem Griff wegzudrehen. Stürzt, gerätst zwischen Bank und Tisch, jetzt sind sie über dir, zerren dich in die Höhe, werfen dich auf den Tisch, leeren ihre Bierdosen auf dir, die Übrigen kommen dazu, johlen, bespucken dich, viele Hände halten dich fest, beginnen an deiner Hose zu zerren. Der dich zuerst festgehalten hat, öffnet seinen Gürtel.

Du siehst den Himmel über dir, die Fratzen, die tun, als ob sie fröhlich wären. Dabei kennen sie nur Hass. Sie lachen, um dir ihre Verachtung zu zeigen. Ihre Verachtung für dich und das, was sie im Begriff sind, mit dir zu machen. Liebe.

Du schließt die Augen. Es wird wehtun, aber das wird vorbeigehen. Nur – wie oft diesmal? Du hast sie nicht zählen können. Ändert es etwas, wenn du es weißt?

Ein Hund schlägt an, mehrere. Das Bellen nähert sich. Du spürst, wie die Hände von dir ablassen, öffnest die Augen, richtest dich auf. Die Kerle verziehen sich blitzschnell in die andere Richtung, der dickste hoppelt beim Laufen, weil ihm die Hose im Schritt hängt. Das Paar, das hinter zwei Hunden um das Haus kommt, mustert dich misstrauisch, wie du mit nassem T-Shirt in der Sonne auf dem Tisch hockst und an deiner Hose fummelst. Du behältst sie im Auge, während du den Weg ausspähst. Als du eine ältere Frau vorbeigehen siehst, rennst du los, heftest dich an ihre Fersen. Erreichst die Düsseldorfer Straße, das Haus, schleichst dich ins Zimmer, reißt dir das T-Shirt vom Leib, wäschst dich und den stinkenden Stoff am Waschbecken, einmal, zweimal, dreimal. Du ziehst den geflickten Salwar Kamiz an und kriechst unter die Decke.

Nein, du weinst nicht. Du hast ganz andere Dinge ausgehalten. Die Tränen kannst du dir für die Nacht aufsparen. Wenn alles wiederkommt. Wenn du schläfst. Wenn du dich nicht wehren kannst. Jetzt musst du – kannst du –, willst du stark sein.

Du gehst in den Gemeinschaftsraum, wo es Essen gibt. Sprichst nicht, grüßt nur kurz, bedankst dich. Die Betreuerin fragt, wie es dir geht. Du sagst: »Gut.« Es ist das erste Wort, was du hier gelernt hast. Alles ist gut.

Im Flur hängt ein Stadtplan. Du willst dich von dieser Stadt nicht unterkriegen lassen. Du wirst sie dir zu eigen machen. Dein Leverkusen. Du wirst bis zum anderen Ende der Stadt fahren. Mit dem Fahrrad. Damit bist du schnell. Damit kann dich niemand so leicht festhalten. Du malst

Straßennamen auf einen Zettel ab. Ganz am Ende steht »Köln«.

Du trägst dein Fahrrad vor die Tür und startest Richtung Süden. Die Düsseldorfer Straße, dann die H-u-m-b-o-l-d-t-straße, immer weiter geradeaus, ein bisschen hin und her auf die S-c-h-l-e-b-u-s-c-h-e-r Straße, weiter geradeaus, nach Schlebusch-r-a-t-h, und auf einmal weißt du nicht mehr, wo du bist. Du bleibst stehen. Siehst eine große Einfahrt vor dir, schiebst dein Fahrrad auf den Hof 123, um deinen Zettel zu zeigen. Du kommst in ein Paradies. Das Gehöft ist alt, es sieht anders aus als die Häuser deiner Heimat, aber auch sie waren alt, auch da gab es Scheunen und Schuppen und Blumen. Nein, nicht so viele, so schöne Blumen. Du stehst und staunst. Eine Frau tritt aus dem Haus und stellt dir eine Frage. Du zeigst ihr den Zettel. Sie sagt etwas und zeigt mit dem Arm in die Richtung, in die du fahren musst, tippt auf den Zettel und zeigt wieder eine Richtung, fragt: »Okay?« Du nickst, und sie fragt wieder etwas, was du nicht verstehst. Da macht sie ein Zeichen, als würde sie ein Glas zum Mund führen. Du nickst und sie holt dir Wasser, zeigt auf die Bank vor dem Haus. Du setzt dich und trinkst. Sagst »Shukran« und »Danke« und »Gut« und wieder »Danke« und »Säläm« und als sie das nicht versteht, sagst du: »Bai«, und sie winkt und sagt: »Bye-bye!«.

Als du weiterfährst, steigen dir Tränen in die Augen. Von dem Wind.

Du musst jetzt bald an der Stadtgrenze angekommen sein. Biegst nach links ab und gelangst zu einer Kirche. Zuerst denkst du, es sei eine Festung. Aber oben auf dem Turm ist ein Kreuz. Das kennst du. Du hast seit einem Jahr keine Moschee mehr betreten. Weil dein Gott unter den Trümmern geblieben ist. Gibt es in Leverkusen überhaupt

Moscheen? Du hast nur Kirchen gesehen. Du trittst näher und liest S-t.-T-h-o-m-a-s-M-o-r-u-s [124], schreibst die Buchstaben ab, um es dir zu merken. Als du in das Gotteshaus hineingehst, siehst du, dass es eine Baustelle ist. Der ganze Innenraum ist mit Gerüsten vollgestellt. Aber da sind keine Bauarbeiter. Im Eingangsbereich hängen Bilder und Zeitungsartikel. Du studierst sie und versuchst die Wörter zu übersetzen. Du verstehst, dass die Decke gestützt werden muss, weil sie sonst einzustürzen droht.

Als du weiterfährst, hast du schon wieder Wasser in den Augen. Du bist den Wind nicht gewöhnt.

Du schlägst einen kleinen Bogen zurück, willst an dem Fluss entlangfahren, den du auf der Karte gesehen hast. D-h-ü-n-n. Es geht eine befahrene Straße abwärts, du weichst auf den Bürgersteig aus. Da kommt jemand aus einem Haus, vor dem ein Plakat steht, du kannst gerade noch bremsen, wackelst, stößt gegen den Aufsteller, der umkippt, gegen den Mann, der aus dem Laden getreten ist. »Aafuan!«, rufst du. Das deutsche Wort fällt dir so schnell nicht ein.

Der Mann sagt: »Alles gut! Alles gut!«

Gemeinsam hebt ihr das Fahrrad und den Aufsteller auf. Du versuchst zu buchstabieren, was darauf steht: L-e-v-l-i-e-s-t [125]. Die ersten drei Buchstaben kennst du, so fängt Leverkusen an. Der Mann ist deinem Blick gefolgt, er fährt mit dem Finger an den Buchstaben entlang, liest das Wort vor, indem er jeden Buchstaben hervorhebt.

Du fragst: »Leverkusen?«, und bist stolz, dass du das Wort ohne Stottern über die Lippen gebracht hast.

Er nickt, legt die Hände vor der Brust zusammen, klappt sie auseinander und lässt seinen Blick in den Handinnenflächen hin und her wandern. Du lachst und zeigst auf das Schaufenster, neben dem ihr steht. Es ist voller Bücher. Er nickt erneut und drückt dir ein schmales Heft in die Hand. Wieder steht da »Levliest«. Du steckst es ein und winkst, und da ist auch schon der kleine Fluss vor dir, du musst nur den Weg noch finden. Es ist gar nicht so schwer. Du hast kein Wasser in den Augen, als du zurück zur Düsseldorfer Straße radelst. Dazu ist der Kopf zu voll.

Voller Bücher. Geschichten. Du denkst an Suheil Fadél, der sich später Rafik Schami nannte. An die Märchen aus 1001 Nacht. An Scheherazade, die um ihr Leben erzählte.

Zum Abendbrot bist du zurück. Gehst gestärkt auf dein Zimmer. Du setzt dich an den Tisch und übst Schreiben. Fremde Buchstaben, fremde Worte. Die du dir zu eigen machen willst. Der Name der Stadt, in der du lebst, ist ein Anfang. Danke, Bitte, Auf Wiedersehen, Entschuldigung – du hast es nachgeguckt – genügt nicht. Du willst sagen können: »Fahr zur Hölle«.

Als du im Bett liegst, weißt du, sie werden wiederkommen. Lebenslänglich vermutlich. Sie werden auch in Leverkusen Nahrung finden.

Du dachtest, du wärst durch die Hölle gegangen. Als Freunde und Nachbarn unter den Giftgasbombardements krepierten. Als deine Familie im Raketenhagel in der Moschee lebendig begraben wurde. Als du dich allein auf den Weg machtest, Entbehrungen, Gewalt und Tod erlebtest.

Die Hölle ist überall.

Aber du kannst dich wappnen. Mit Bildern, Worten, Geschichten.

Du hast ein Paradies gefunden, ein verloren geglaubtes. Ein uraltes Haus, wunderschöne Blumen, einen Menschen, der dir Wasser, einen, der dir etwas zu lesen gab, ein Geschichtenverkäufer. Bilder, an die du immer denken, von denen du erzählen kannst. Du willst es festhalten, aufschreiben. Weil es das bedeutet, was dein Name sagt: Amal. Hoffnung.

Du kannst dich wehren. Und du hast das verlorene Gotteshaus wiedergefunden, das einstürzt, weil auf Gott kein Verlass ist. Es steht noch da. Für dich. Du kannst sie alle dort einpferchen. Die Dschinn deiner schlechten Träume, die Bomberpiloten, die Männer mit den Bierdosen. Und dann kannst du es krachen lassen. Sooft sie dich heimsuchen in deinen Albträumen. Nacht für Nacht.

Killing you softly. Again and again.

Du wirst es aufschreiben und dich auf diese Weise rächen. Tag für Tag kannst du lesen und andere lesen lassen, wie sie tausend Tode sterben. In Gedanken. In Worten statt in Taten. Leverkusen ist nicht mörderisch. Vielleicht kannst du es lernen zu lieben.

Und es dich.

FREIZEITTIPPS:

122 WALDHAUS RÖMER

Der Architekt Professor Peter Klotzbach erhielt 1915 von dem Opladener 22 Fabrikanten Max Römer 54 den Auftrag, ein Wochenend- beziehungsweise Forsthaus an der Wupper zu bauen. Das Fachwerkhäuschen ging nach Römers Tod an die öffentliche Hand und wurde zunächst einem Schäfer zur Verfügung gestellt. In der Nachkriegszeit fanden in dem »Sommerhaus« hintereinander zwei Familien ein neues Dach über dem Kopf, nach Feuchtigkeitsschäden mussten sie jedoch ausquartiert werden. Der Vogelschutzverein Opladen mietete es an und benannte es um in »Haus Berlepsch« – nach dem Begründer des wissenschaftlichen Vogelschutzes. Der Verein durfte das Haus mietfrei nutzen, hatte aber Auflagen zur Instandhaltung, der er nicht nachkam, weshalb die Stadt das nahe der Wupperbrücke gelegene Gebäude, nachdem es 1999 unter Denkmalschutz gestellt worden war, 2005 teilweise wieder herrichtete und zur weiteren Sanierung für einen Euro an eine Gastronomin verkaufte, die Ende 2007 darin das »Café Irrlicht« eröffnete. Seitdem können Spaziergänger, Wanderer und Radfahrer dort einkehren. Neben Erfrischungen und Kuchen wird ein Kleinkunstprogramm geboten. Drei Jahre später mussten die Betreiber bereits verkaufen, sie hatten sich finanziell übernommen. Unter dem neuen alten Namen »Waldhaus Römer«, mit dem gleichen Konzept, führt die aktuelle Besitzerin den Gastronomiebetrieb fort: als Kleinbühne für Musik, aber auch Lesungen, Kabarett und Ausstellungen.

123 HEMMELRATHER HOF

Die erstmalige Erwähnung des landwirtschaftlichen Betriebshofs im Stadtteil Manfort 81 datiert von 1050. Seit 1235 war er im Besitz des Klosters Gräfrath. Zeitweise gehörte er zum Anwesen der Freiherren von Diergardt auf Schloss Morsbroich 69. Am Ende war er Teil des Wuppermannwerksgeländes 80. Seine heutige Adresse lautet Hans-Gerhard-Straße 17. Erhalten ist nur noch ein Rest der Gebäude, die auf der Urkarte des Hofs von 1830 abgebildet sind. Das heutige Haupthaus, ein Backsteingebäude mit Krüppelwalmdach, stammt von 1902, die Stallungen wurden 1829 gebaut. Ursprünglich war der Hof eine vierseitige geschlossene Hofanlage, bestehend aus dem Wohnhaus, einem Haupteingang mit Mittelrisalit und angegliederten Zwischenbauten, einem Wirtschaftsflügel, Stallungen und einer Fachwerkremise. Da der Hof in den Händen der LEG (Landesentwicklungsgesellschaft), Verwalter des Wuppermanngeländes, lange leer stand, verkamen die Gebäude, Vandalismus beschleunigte den Verfall, der Hausschwamm nistete sich ein. 1993 wäre die Anlage fast zum Komplettabriss freigegeben worden, ein paar Jahre später, 1997, stellte die Stadt die Gebäude schließlich unter Denkmalschutz. Die LEG ließ es trotzdem weiter verfallen, wollte es lieber gewinnbringend veräußern, was sich bei dem Zustand und den denkmalpflegerischen Vorgaben als utopisch erwies. 1999 gab es eine Ordnungsverfügung und ein Gutachten, das dem ganzen Areal nur noch einen Wert von einem Euro zuerkannte. Die Stadt wäre bereit gewesen, es zu dem Preis zu übernehmen, doch die LEG mauerte weiter, bis schließlich 2007 nach jahrelangen Verhandlungen über Nutzungskonzepte der Inhaber eines Gartenbaubetriebs den Hof erwarb und mit Familie, viel Herzblut und findigen Ideen an die Sanierung ging. Heute ist der Hof ein Schmuckstück, umgeben von einem blühenden Paradies.

124 ST.-THOMAS-MORUS-KIRCHE

Die Schlebuscher 73 katholische Kirche am Alten Grenzweg mag man als Mahnmal für den Zustand der Religionen in Deutschland begreifen. Das Dach ist einsturzgefährdet, aber man wendet lieber große Summen auf, um den Status quo festzuhalten, als um klare Konsequenzen zu ziehen: Rettung oder Abrissbirne. Die Sanierungskosten lägen im sechsstelligen Bereich. Dabei könnte eine Rettung des 1962 eingeweihten Gebäudes ein positives Signal setzen. Wer den Innenraum des trutzigen Ziegelrundbaus mit den schießschartenähnlichen Fensterschlitzen betritt, kann sich dem Zauber des Ortes nicht entziehen – trotz der Gerüste. Die schlichte Gestaltung lenkt die Aufmerksamkeit auf Details wie die figürlichen bronzenen Türgriffe oder die Büste des Namensgebers der Kirche an der Wand. Das Dämmerlicht, das durch die Fenster fällt, bildet mit schlichten Strichen den Kreuzgang ab, aber entfaltet auch eindrucksvolle Farbenpracht.

Das Haus wurde nach einem Entwurf des Kölner Architekten Erwin Schiffer auf einem Grundstein eines Grabmals der römischen Calixtus-Katakombe erbaut. Bis in die 90er-Jahren erfuhr das Gemeindeleben um die Kirche eine Blütezeit. Priestermangel und stark sinkende Mitgliederzahlen der katholischen Kirche zogen zunächst eine Kooperation mit der Gemeinde St. Andreas 72 nach sich, die Schließung von Bücherei und Kindergarten signalisierte und beförderte schließlich den Niedergang der mittlerweile kleinsten Gemeinde im heutigen Seelsorgebereich »Rund um die Gezelinquelle«.

125 LEVLIEST

Alle zwei Jahre findet seit 1998 in Leverkusen die Buchwoche »Levliest« mit zuletzt über 100 Veranstaltungen statt. Koordiniert wird das Projekt vom städtischen Kulturbüro und der Stadtbibliothek, getragen wird es von Schulen, Gastronomen, Erwachsenenbildungsträgern, Theatern, Kultureinrichtungen und -vereinen, Kinos, lokalen Medien, vielen Wirtschaftsbetrieben, Buch- und anderen -händlern.

Überwiegend werden Lesungen veranstaltet, etwa die Hälfte davon als Fremdlesungen, in knapp mehr als der Hälfte der Lesungen lesen Autoren ihre Texte selbst. Ungewöhnlich sind die Orte, an denen gelesen wird. Wann kann man schon mal in einem Steinbruch, in einer Müllverbrennungsanlage, auf einer Fahrradtour oder in einem Bettenstudio thematisch passende Geschichten hören? Und die Darbietung: mit Livemusik, szenisch, als Filmzitatelesung, Gruseltour oder Poetry Slam. Zur Auftaktveranstaltung wird ein überregional bekannter Schriftsteller oder eine überregional bekannte Schriftstellerin eingeladen, gerne mit Bezug zu Leverkusen. Wie etwa die in Monheim geborene Ulla Hahn, die 1964 im damaligen Freiherr-vom-Stein-Gymnasium 45 – Städtisches neusprachliches Gymnasium mit altsprachlichem Zweig und Gymnasium in Aufbauform für Realschulabsolventen – im ersten Realschul-Absolvent(inn)en-Jahrgang das Abitur erwarb. Ein Höhepunkt ist die Vergabe des Leverkusener Short-Story-Preises, der seit 1997 verliehen wird. Auch für die Verfasserin dieser Zeilen ein besonderes Ereignis, wurde sie dort doch für den ersten Schreibversuch ihres Lebens ausgezeichnet. Ohne diese Veranstaltung gäbe es dieses Buch mit Sicherheit nicht.

Danke, Leverkusen!

ENDE

Weitere Titel finden Sie auf den folgenden Seiten und im Internet:

WWW.GMEINER-VERLAG.DE

Kriminelles **Köln**

© Mr. Nico / photocase.de und © Torsten Lorenz / Fotolia.com

Regina Schleheck
Wer mordet schon in Köln?
Krimineller Freizeitführer
280 Seiten, 12 x 20 cm
Paperback
ISBN 978-3-8392-1962-1
€ 9,99 [D] / € 10,30 [A]

Eine Multikulti-Metropole wie Köln eröffnet vielseitige Krimi-Settings, etwa solche mit historischen Bezügen – römischen, französischen, preußischen, jüdischen – oder »et hillije Kölle« in Person der Stadtpatronin Ursula. Neben dem Tatort Rhein bieten sich die Medien- und Museumslandschaft oder die Schwulenszene an. Auch das »Jeföhl« kommt nicht zu kurz: Karneval, Komödiantenkultur, Kölschen Klüngel und den FC Köln verwebt Schleheck in elf bitterbösen und schwarzhumorigen Liebeserklärungen an ihre Heimatstadt.

GMEINER SPANNUNG

WWW.GMEINER-VERLAG.DE
Wir machen's spannend